冯骥才 著

艺术家们

作家出版社

图书在版编目（CIP）数据

艺术家们 / 冯骥才著 . -- 北京 : 作家出版社，2025. 8.
-- (冯骥才小说文库). -- ISBN 978-7-5212-3651-4

Ⅰ. I247.5

中国国家版本馆 CIP 数据核字第 20257NP847 号

艺术家们

作　　者 : 冯骥才
策划编辑 : 钱　英
责任编辑 : 省登宇
装帧设计 : TT Studio
出版发行 : 作家出版社有限公司
社　　址 : 北京农展馆南里 10 号　　　邮　　编 : 100125
电话传真 : 86-10-65067186 (发行中心)
　　　　　86-10-65004079 (总编室)
E-mail:zuojia @ zuojia.net.cn
http://www.zuojiachubanshe.com
印　　刷 : 北京博海升彩色印刷有限公司
成品尺寸 : 145 × 210
字　　数 : 240 千
印　　张 : 10.875
印　　数 : 001—5000
版　　次 : 2025 年 8 月第 1 版
印　　次 : 2025 年 8 月第 1 次印刷
ISBN 978-7-5212-3651-4
定　　价 : 52.00 元

写作中的冯骥才

摄影：ALEXANDER RUAS（美）

冯骥才

　　1942 年生于天津，祖籍浙江宁波，中国当代作家、画家和文化学者。在中国当代文学史上，冯骥才是新时期崛起的第一批作家，也是"伤痕文学"的代表人物，其作品题材广泛，形式多样，尤以"文化反思"系列小说著称，多次在国内外获奖。已出版各种作品集二百余种，代表作有《啊！》《雕花烟斗》《高女人和她的矮丈夫》《神鞭》《三寸金莲》《珍珠鸟》《一百个人的十年》《俗世奇人》《单筒望远镜》《艺术家们》等。作品被译成英、法、德、意、日、俄、西、阿拉伯等二十余种文字，在海外出版译本六十余种。冯骥才的绘画以中西贯通的技巧与含蓄深远的文学意境见长，因此他又被称为"现代文人画的代表"。自 20 世纪 90 年代初以来，他投身于中国的城市历史文化保护和民间文化抢救，其倡导与主持的中国民间文化遗产抢救工程、传统村落保护等文化行为，对当代人文中国产生了巨大的影响。

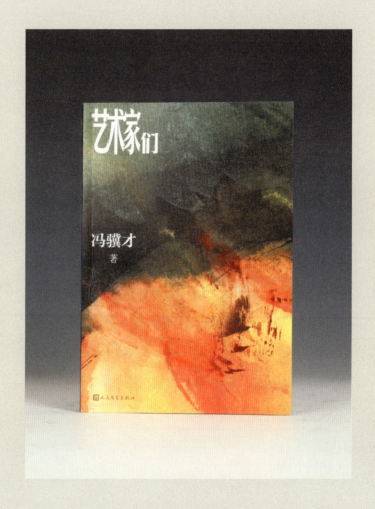

◎《艺术家们》 2020 人民文学出版社

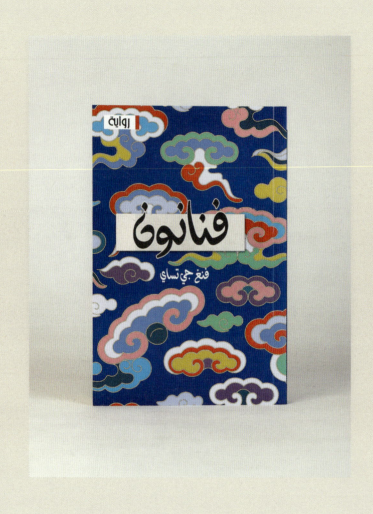

◎《艺术家们》阿拉伯文版 2022 沙特阿拉伯阿拉伯文学出版中心

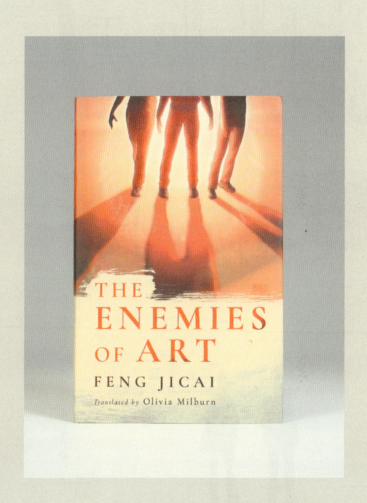

THE
ENEMIES
OF ART

FENG JICAI

Translated by Olivia Milburn

◎《艺术家们》英文版 2023 英国查思出版有限公司

◎ 楚云天和隋意的『天堂』 2022 冯骥才作

◎ 楚云天与罗潜 2002 冯骥才作

◎ 二十世纪初英国人盖的一幢木楼 2022 冯骥才作

◎ 洛夫 2022 冯骥才作

◎ 易了然 2022 冯骥才作

◎ 白夜 2022 冯骥才作

我的小说库

（自序）

　　作家出版社要帮助我以出版方式建立起我的小说库。这想法我不曾有过。

　　从字面上解，库是存放或收藏东西之处。"我的小说库"应是专放我的小说的地方。可是我的小说都在哪里呢？还不清楚。

　　和多数作家一样，每写完一篇小说，发表或出版后，便不会再去顾及。写作时与小说的情节、人物、细节、语言死死纠缠，以至"语不惊人死不休"。待写完发表后，便与小说的一切再无瓜葛，很少去翻看，有的甚至一眼也没再看过。为什么？作家竟如此无情吗？当然不是，是因为作家把自己的全部心灵、精神与创造力，都放在下一部小说里了。

　　作家的工作就是不断拿出对生活的新发现、对文学的新理解，创造出具有新的审美价值与思想深度的作品来。作家永远属于将要写作或正在写作的作品。这样，一路写下来，一边把一篇篇小说交给读者，一边随手放在身边什么地方。丰子恺说放在身边一个篮子里。我没有篮子，我随手乱放。

　　断断续续写了四十多年小说，究竟写了多少，都是哪些小说，我不大清楚了，以致今天整理我的小说库时，充满了好奇——我怎么写过这篇小说？那篇小说又写了什么？时隔久了，记不清楚，这很自然，就像分别太久的老朋友们。

但谁还需要这些在岁月里长了胡子的小说？

前些天法国一位艺术家把我一个短篇改编成话剧，要在戏剧节上演。据说她很喜欢这个叫人发笑、自谑性、黑色幽默的故事。这小说名叫《我这个笨蛋》，是我 1979 年写的小说。细节大多记不得了，只记得这小说充满了批判性的调侃和那时代的勇气。还有一次，我收到一位意大利读者寄来的一支名贵的石楠木刻花的烟斗。他是看过《雕花烟斗》后受了感动寄给我的。《雕花烟斗》是我的第一个短篇，写于上世纪七十年代末。

我很奇怪，这些早期的小说还有人会读吗？读者没有把它当作陈谷子烂芝麻吗？其实对于读者来说，没读过的书永远是新的。或者说，书不分新旧，只是有没有阅读价值。有的小说会过时，有的小说可以跨时空。好小说是不长胡子的。

由于这次对"小说库"做整理，我才知道几十年里我写了一百多部长长短短的小说。现在，当我触摸它们时，我仿佛碰到了一个个阔别已久的朋友，感到一种老友重逢的欢悦，我很快拥抱起它们！我闻到了它们曾经的动人的气息，看见了它们昔日的光影与表情，甚至感受到那些过往生活特有的一切。尽管昔日里年轻、单纯还幼稚，但是我被自己昨日的真诚与情感打动了。我从中发现我曾经苦苦的追求、曲折的探索、种种思考，以及得与失，它们原来全在我的小说库里。

只有我离开过它们，它们从来没有离开过我。

在写作中，小说是其中一种；但小说不同于其他写作，它是一种特殊的写作，是虚构的、无中生有的、想象的、创造的。它通过现实主义的写作，对社会现实做出一己的判断；采用浪漫主义的写作，张扬生活情感与想象；凭借荒诞主义写作，强烈地表达生活与人性中的假恶丑与愚昧。一个作家不会只用一种手法写作。何况我生活和写作的城市又是一座"天下无二"的"双城"：一半本土，一半洋化。我是吃着两种食品——煎饼果子和黄油面包长大的。我在两种文化的融合又撞击中生存，我不同于任何人。因之，我的小说世界错综复杂，我的探索之路辗转迂回；尽管小说是纯虚构的，但它或隐或显地折射出我身处的时代的变迁、特异的地域和我人生与精神多磨的历程。

本小说库凡八卷，长篇两卷中篇三卷短篇三卷。虽非全集，略做取舍，但它是我迄今为止小说作品最为齐全的版本。其本意为二：一是为读者提供我小说作品的全貌；二是为自己漫长的小说人生留下一份见证。

为了这个小说库，我的工作室同仁和作家出版社编辑们对我散布各处的小说广为搜集，严格整理，勘误改正，悉心尽力；此事此意，有感于心，在此一并深表谢意。

是为序。

目录

序言　　　　　　　　　　　…… 001

序文　关于艺术家　　　　　…… 003

前卷　　　　　　　　　　　…… 001

中卷　　　　　　　　　　　…… 127

后卷　　　　　　　　　　　…… 225

·序言

　　我一直想用两支笔写这本小说，我的话并非故弄玄虚。这两支笔：一支是钢笔，一支是画笔。我想用钢笔来写一群画家非凡的追求与迥然不同的命运；我想用画笔来写唯画家们才具有的感知。尽管这群画家纯属虚构，但他们与我同时代，我深知他们的所思所想，苦乐何来，在哪里攀向崇山峻岭，在哪里跌入时代的黑洞，在哪里陷入迷茫，以及他们调色盘中的思想与人性的分量。

　　艺术家食人间烟火，但由于他们的工作是致力创造一个个永存的审美生命，在思维、感受、想象乃至心理上，他们则是非同常人的一群异类。这就迫使我必须使用另一套不同于写本土小说的笔墨。我要用另一套笔墨写另一群人物和另一种生活。

　　我不回避写作的批判性。这是探讨生活真理之必需。

　　我不回避自己是一个理想主义者和唯美主义者。我的理想发自心灵，我的唯美拒绝虚伪。

　　我知道，我的读者一半是我的同时代人，一半比我年轻。我相信，我的同时代人一定会与我感同身受；我更希望比我年轻的读者，通过书中人物的幸与不幸，能成为艺术家们的知己，也成为我的知己。

冯骥才　2020 年 5 月

·序文　关于艺术家

人类艺术史的进程中，两次迈出巨人的脚步：一次是从自发的艺术到自觉的艺术，一次是从自觉的艺术到艺术的自觉，后一次的缘故是艺术家的出现。自此，艺术就变得无比艰难。

艺术家的工作是把艺术个性化。创造的含义就变为独创。艺术中没有超越，只有区别，成功者都是在千差万别中显露自己。艺术家的个性魅力成了他艺术的灵魂。于是，平庸与浅薄被视为垃圾，因袭模仿被看作偷窃，都是艺术的淘汰物。但是如何把个性的魅力变成个性的艺术？艺术家们各有各的秘密。

凭仗着他们的努力，创造一个世界。这世界不是现实世界的复制。智慧到处发光，才华到处流溢；所有颜色都是语言，所有声音都有灵性，所有空间都充满想象。艺术中的一切，都是由无到有，每个人物都是虚构而成，还要同活人一样有血有肉有性格有心灵，可是这些人物的生命却从不依循活人的生死常规；不成功的人物生来就死，成功的人物却能永恒。有时，他们在书中戏中电影中死去，但在每一次艺术欣赏中重新再活一次，艺术有它神秘的规律。由于艺术的本质是创造生命，它一如人的生命本身，是个古老又永远不解的谜。

艺术家活在自己的艺术中，艺术一旦完结，艺术家虽生犹死。

长命的办法唯有不断区别别人，也区别自己。这苛刻的法则便逼迫艺术家必须倾注全部身心，宁肯在人间死掉，也要在艺术中永生。难怪他们在现实生活中七颠八倒，在虚构的世界里却不会弄错任何一根纤细的神经。反常的人创造正常的人物。人们往往能宽恕艺术中的人物，并不能宽恕生活中的艺术家。

真正的艺术常常不被世人理解。在明天认可之前，今天受尽嘲笑；不被理解的艺术与失败的艺术，同样受冷落，一样的境遇，一样的感觉。艺术家最大的敌人是寂寞，伴随艺术家一生的是忽冷忽热的观众、读者和一种深刻的孤独。

这便是我心中的艺术家。他们的苦恼不是缺乏世俗的财富，而是不能创造出更有价值的艺术和精神的财富。所以，他们是天生的苦行僧，拿生命祭奠美的圣徒，一群常人眼中的疯子、傻子或上帝。但如果没有他们，人类的才智便沉没于平庸，生活化为一片枯索的沙漠，好比没山，地球只是一个光秃秃暗淡的球体。

1987 年 11 月

2020 年 6 月改写

前卷

荒原上的野花是美丽的天意。

他外衣兜里揣着半本没有封面、缺张少页的小画集，却像得到一本天书那样，兴奋得好似浑身冒光。他使劲蹬着一辆老旧的匈牙利自行车，吱吱呀呀穿行在雨后漆黑的街道上。他喜欢驰车在这种晚秋时节雨后冷飕飕的夜里。昏暗的路灯在雨湿的柏油路面反射着迷离的光，并与树隙间楼宇中远远近近的一些灯光柔和地呼应着，让他感受到自己这座城市生活特有的静谧与温馨。只有老的城市才有这样深在的韵致。

在这个没有私家车和高楼大厦的年代，城市的空气中常常可以感受到大自然的气息。房屋老旧，行人很少，纯净的空气里充满了淋湿的树木散发出的清冽的气味，叫他禁不住大口地吸进自己的身体里。他感觉就像穿行在一片无边、透明、清凉的水墨中。

临出来时，妻子隋意几次叫他围上围巾，他还是忘了；脑袋全是口袋中那本画集里各种神奇的画面，其他什么都不重要了。迎面扑来很凉的风从领口一直吹到他的胸膛上，他也没有感觉。他急着要给好友罗潜带去一个剧烈的震动，他要看到罗潜面对这本意外的画集表现出的目瞪口呆。他能想象得出罗潜会是什么样子。他那双小眼，还不从脸上蹦出来！

他进了罗潜家所在的大杂院里，一直把车骑到院子的最里边才下来，急急忙忙把车子倚在树上，锁了车。罗潜在家，他的窗子亮着。

往常，他总会情不自禁在罗潜屋前停住脚步，欣赏一下罗潜这个分外迷人的小屋。他特别欣赏这间小屋如画一般的景象。别看这小屋不过是二三十年代一座老楼后院的一间储藏室，低矮又简陋，一门一窗而已。然而，它远离前边那座拥挤着五六户人家的老楼，独处后院的一角。看上去，好像被历史遗忘在这里。屋顶和门都有点歪，墙皮剥落得厉害，颜色却斑驳又和谐，屋前几株老树有姿有态地横斜遮翳。他——楚云天曾笑着对罗潜说，像一间世外的僧房。

罗潜笑了，他很满足。他喜欢这样的生活——叫人忘了才好。

今天雨后这小屋应该更美。但他下了车，停也没停，急匆匆几步就闯进屋，从衣兜里掏出那半本画集往罗潜手中一塞，什么话也没说，两眼只盯着罗潜的反应。罗潜把画集一翻，果然傻了，一脸惊呆的表情，问他："你从哪儿弄到的？"

他笑道："刚从一个亲戚家一堆发还的抄家物资里拣出来的。"他摆一下手说："先不说这些。先说这画集怎么样吧？"

"太伟大了！"罗潜按捺不住心里的冲动，他说，"老实说，我从来没见过这些画，也不知道这些画家是谁，但肯定是一本多人集。哎，洛夫马上就要来，他说他借来了几张好唱片。咱叫他看看，这方面他知道得多。噢，他来了。"

罗潜话音刚落，门儿开了。一个年轻男子裹着一股冷风与雨气生气勃勃地闯进来。这男子个子不高，身体结实，像个足球队员；面孔漂亮，头发又浓又密，有点天然的卷发；深陷在眼窝里的眼睛闪着活力。他带着一种冲动说："好啊，云天也来了。罗潜把你叫来听音乐的吧。今天我叫你们听一听——什么是天堂里的声音。"说着，他一掀外衣，从怀里拉出一个挺大的扁扁的纸包。

罗潜却说："你先别急，这里有更厉害的东西先叫你享享眼福！"他把手中的画集递给洛夫，但他不是随随便便递过去的，而是像把一件什么非凡的宝贝交给洛夫，那神气竟有点"神圣感"。

洛夫拿到手里一看，竟然惊奇地叫起来："这是——哎呀，是马蒂斯！凡·高！这也是凡·高啊，还有雷诺阿，这是莫第里安尼！这是——这是谁我不知道；但这一张肯定是伟大的毕加索呀！"洛夫是一个太容易激动的人，他说："这些画家我对你们都说过，全是印象派抽象派的大师！我老师原先珍藏着一套全集，二十四本，日本人印的，我翻过好多遍，可惜抄家时全给烧了。这是谁的？从哪儿借来的？能看几天？"

罗潜和楚云天笑而不答。洛夫愈问，他们愈不急着回答。

洛夫说："你们不告我，我就不叫你们听这唱片。罗潜，你敢说你不想听这唱片吗？你知道这是什么音乐吗？"

罗潜是音乐迷。在这个精神饥荒的时代，他扛不住这诱惑，马上服软了。他笑着对楚云天说："告诉他吧。"

楚云天对洛夫说："这本画集是咱三人的，无限期共同享用。"

洛夫一听，激动得张开臂膀，一下子把楚云天拥在怀里。跟着，他把自己带来的纸包打开，里边是两张黑胶唱片。他先拿出一张，说："这张上边写着中文，你们猜是谁的曲子？肖邦的《波兰舞曲》，顾圣婴弹的。"

罗潜说："顾圣婴弹得很优雅很深切，她内心修养很深，可惜她自杀了。没想到现在还能听到她弹的肖邦。"

洛夫说："这一张上边是外文。不是英文，是俄文，我看不懂。罗潜，你中学学的是俄文，能认出是谁的曲子吗？"

罗潜接过唱片仔细一看，露出的惊讶不亚于刚才洛夫看见画集时的表情。他张着嘴，一时竟然说不出话来。

"你这神气是什么意思？"云天问他。

"这是老柴的第一啊！"罗潜说。

"什么叫老柴的第一？"云天问。

显然云天不如罗潜和洛夫更懂得音乐。洛夫对他说："柴可夫斯基的第一钢琴协奏曲呀！他最棒的协奏曲！就像你拿来这本画集一样棒。'文革'前我听过一次，激动得全身发抖。我一直认为这辈子再也听不到这曲子了呢。噢！今天居然听到了。"他的眼睛直冒光，他接着说："怪不得昨天我对延年说我很想念柴可夫斯基，再也听不到他的音乐了。他听了从柜子下边把这两张唱片掏出来，说借给我听。我一看，一张是肖邦，这张是俄语，我看不懂。我问他这是柴可夫斯基的吗？他说你一听就知道了。我猜是，可没想到竟然真是！延年这家伙，真够朋友！哎，咱们还扯什么啊，快听啊！"

对于楚云天，有两个家。一个是他与妻子隋意的"二人世界"，那个世界妙不可言。一个就是好友罗潜这间矮小简陋的僧房，这地方却是他的精神的殿堂。他喜欢这个狭仄而贫寒的小屋，所有东西没有一样是刻意放在那里的，全部是随手放在那里的。一种散漫和自由自在的气息融混在一种淡淡的油画颜料和松节油的气味里。连挂在墙上的大大小小的画，也是东一幅西一幅，没有讲究。这些油画、水彩、炭笔的草稿都是罗潜自己画的，他屋里从不挂别人的作品，他只活在自己的世界里。连屋子里的床、桌子、沙发，也全是自制。但他无心把这些东西制作得精致，只是用长长的钉子把一些粗大的木头横竖钉在一起，再配上一些用稻草、棉花和粗布缝制的垫子，上边扔几块杂色的旧毯子，可是坐上去却很舒坦，好像随便倚在土坡或草堆上。桌上几个粗拉拉却有味道的陶罐，搪瓷的水杯，吃东西的盘子，杂书和纸，中央撂着一个橄榄绿釉的空酒坛子，被当作花瓶使用，这便是屋子里最考究的装饰品了。坛子里的花草却是罗潜进出家门走过院子时，看到哪一丛野花或哪几枝叶子有些味道，顺手摘采下来放进去的。有时是一束才刚钻出许多发亮的嫩芽的枝丫；有时是一束变红了的多情的秋草。他的眼光独特，他采摘来的东西总有一种特异的美。有时——他会把这些闲花野草搬到画布上，再挂上墙。他说："艺术可以把瞬间变作永恒。"

他屋里还有一件东西，在屋角，像一个小小的立橱，上边蒙着一张破旧的军毯，毫不起眼。但军毯下边却是一台老式的柜式的唱机，它是罗潜的宝物，也常常是他们三人聚会时的主角。

这唱机应是几十年前租界时代的遗物，原是罗潜一个朋友家里的老物件，没人听了，东西大又占地方，罗潜喜欢，朋友就给了他。唱机里居然还有满满一小铁盒唱针。在那个时代，广播里能够听到的只有语录歌和样板戏。有了这老唱机，对于罗潜他们可就拥有了天堂的一部分。接下来他们要努力做的事情，就是想方设法去搜寻一些老唱片。不管谁弄到一张，三人必约在这里一起来听。听这些被禁的唱片是有风险的，他们屏声静息，把声音调到很小，还不时到窗口看看外边有没有人。然而，偷吃禁果从来都是一种极大的快乐，不管是哪种禁果。现在，当罗潜把"老柴的第一"小心翼翼放在唱机上，再把唱机头轻轻放在唱片上，坐在沙发上的洛夫和楚云天都不觉把身子和脑袋向前探，好似急切地获得这来自天外的神曲。当音乐声一起，他们便立即被老柴无比的魅力，被一种富丽堂皇、壮美雄浑的旋律所震撼、所笼罩、所征服。特别是楚云天，他头一次听到这曲子，他感觉一股极其巨大、流光溢彩的洪流由天而降，一瞬间将他裹挟其中，并使他整个人悬浮起来，旋转起来，卷进一片宏大、神奇、优美、让他心灵激荡的轰鸣里。

这里是他们三人的一个小小的沙龙。

当然，他们对外绝对保密。那时人人都活得胆战心惊。特别是由于一九五六年那个匈牙利"裴多菲事件"，沙龙这个词儿便被视为异端。他们认识的几个酷爱诗歌的年轻人常常聚会，被人告发，就莫名其妙地被定性为裴多菲式的"小集团"关进去了。他们悄悄自称这里为"沙龙"，只是因为这里是他们甜蜜的精神聚集地，只是用来表达三个艺术好友相聚一起时分外美好的感觉。他们喜欢这种互为知己的感觉，共同沉浸在一种"艺术美"里边的感觉。他们还以"三剑客"表示他们之间这种精神上的密不可分。每当他们从这个被"大革命"洗劫过的贫瘠又荒芜的城市里，挖到一张禁听的老唱片、一本私藏的画集或一本名著，都会点亮他们的沙龙，带来一顿酣畅的盛宴，成为他们一连多日中心的话题。

楚云天的音乐知识有限，但他有很好的音乐感觉。他很容易被音乐触动、牵动和感动。音乐好像天生与他绘画相关，音乐总焕发出他一些崭新画面的想象。他对罗潜说："你把唱机放到我家去吧。"

一直单身的罗潜笑眯眯说："它是我妻子。"还说："你要把它弄去，就不再到我这儿来了。"

现在坐在那里的楚云天一动不动，已经完全融化到音乐中了。洛夫则不时把抑制不住的激动表达出来。有时禁不住站起来，随着一阵高亢的小号一挥手，高声说："一片光照进来了。"他的眼睛亮闪闪，好似真的面对着一片夺目的强光。罗潜则一直在翻那本画集。

洛夫说："你为什么不听音乐？"

罗潜的眼睛一直痴迷地看画集里的一幅画，嘴里却说："我的耳朵一直在听，我更喜欢刚刚的第二乐章，像一曲牧歌，像我理想中的一幅画。"

楚云天这才说话："我也是，第二乐章太美了，还有一点忧郁，一点失落，一点抚慰。"

罗潜看了楚云天一眼说："你的感觉真好。"

听了老柴，他们便说老柴，由老柴说开去，说到列维坦。楚云天马上联想到契诃夫的《草原》。他们三人中更靠近文学的是楚云天。他读的书最多。他说《草原》里那种淡淡的忧伤可以在列维坦的画里边看到，也可以从老柴这支曲子里听到。于是他们讨论起俄罗斯人的性格与气质。洛夫说："我还是更喜欢法国人。"

罗潜说："我们现在在老柴的音乐里，还想不到法国人。"

洛夫说："你手里的画却是法国人画的。"

这一代人的艺术修养很特别，也很畸形。在他们成长的期间中苏关系好，苏俄文艺几乎占领了中国文化的一半。在中国人眼里，苏俄文学几乎就是世界文学，苏俄艺术的经典就是人类经典。在他们三人中，年长三岁的罗潜尤其如此。洛夫在艺术学院做教师，他眼里的世界自然宽阔了一些。然而，那时代的人都被关在国内，他们的世界只不过都是从所能见到的有限的书本中想象出来的罢了。

楚云天笑着对洛夫说："现在还是多享受一下俄罗斯的忧郁吧，你先把你的法国人收起来。我建议今天咱们先不听那张肖邦，今天心里只带着老柴的感觉回去。"

洛夫很欣赏地看楚云天一眼，说："我赞成，咱们心里的东西不能太杂了，才能记忆得深，消化得好。下次咱们只听肖邦。不过，今天我得把那本画集带回去看。"他不等罗潜反对，便抢着说："音乐在你这儿呢，绘画先给我。对不对，云天？"

楚云天说："我同意，二者不可兼得，一人一件宝贝。"可是他又说："那么我呢，我可是一无所有了。"

洛夫说："你是无产阶级啊！"

楚云天不干。

罗潜说："你又不是纯粹的无产阶级，你心里可装满老柴呢。"

楚云天觉得他这句话好。他现在心里的确装满了老柴。

沙龙活动结束了，夜很深了，他们该散了，外边还有点细小的雨，风更大些而且比来时更凉，那时候的人不大在乎这点风雨。他俩——楚云天和洛夫心满意足地从罗潜的小屋走出来。真好像十九世纪从沙龙出来的巴黎的艺术家们，个个都是神采奕奕。一个口袋里装着那半本画集，一个心里揣着美妙的音乐感觉，自我感觉都是富翁。他俩跨上各自的破自行车，吱吱呀呀骑出罗潜这个老旧、黝黑和湿乎乎的院子，然后相互亲切地摆了摆手，分道扬镳，美滋滋消失在凉得有些发冷的漆黑的雨夜里。

二

　　上天在把你肆掠一空之后，一定还把一件珍贵的东西藏在你的身边，就看你能不能发现了。

　　然而，楚云天和隋意发现到了。他们不是用眼睛，而是凭天性发现的。

　　七年前，当他们被"大革命"扫地出门，被赶到这座小楼的顶层里时，就认定上天并没有亏待他们。

　　这两个几乎一无所有的年轻人，登着这通往老楼顶层的破旧的歪歪斜斜的楼梯，以为从此要苦不堪言。这种尖顶小楼的顶层通常都是一间小屋，间量狭小，一半坡顶；东面和南面各有一扇小窗。这种西式小楼的顶层过去都不住人，用来堆放家中闲置不用的各种杂物，窗子只为了通风。但这房有点特别，有一扇不大的长方形的窗子在坡顶上，是一扇天窗。更特别的是，由于这种楼房是木架结构，顶层里至少有六根柱子，根根粗大，它们是支撑整座小楼骨架中间的立柱。可是到了顶层里，就把本来不大的空间切碎。屋里到处立柱，光线射入，柱影横斜，看上去好像在密林深处。楚云天和隋意都是在洋楼林立的五大道地区长大的，各式各样的房子见多了，却也从未见过如此奇特的房间。虽然狭小，却能引发人的想象力。隋意抬头对个子比她多半头的楚云天微笑着说："我喜欢。"

楚云天说:"我也是。"他好像来到一个新天地。

这时是他俩之间最美好的生活感觉。夫妻间最好的感觉是共同的感觉。

十九世纪末,英国人最早在天津开辟租界时,向西直抵墙子河东岸,没有过河。这条河是咸丰年间著名的统兵大臣僧格林沁为了护卫天津,筑立壕墙,而筑墙必需取土,自然就形成了这条护墙的河,故俗称"墙子河"。河面不宽,弯曲逶迤,一度它是天津老城与租界之间的一条界河。租界在河以东,老城在河以西。庚子事变后,强势的英国人便毫无顾忌迈过墙子河,把河西边一大片土地作为自己辖管与享用的推广租界。于是,各式西方风格建筑便在墙子河两岸形姿各异地冒了出来。谁也说不好楚云天现在住进的这座小楼最早的主人是谁。一些城市建筑史的学者认定是早期居住到这座城市来的外国人,他们的根据是这时期洋人盖屋顶所采用的多是舶来的瓦棱铁板。这种铁板厚重坚实,表面涂漆;有的涂成深蓝色,有的深红色,直到后来再盖房屋才渐渐改用了本地烧制的瓦片。如今这种早期的铁板尖顶的房子已经所存无多了,多少带一点这个城市租界时代初期特有的异样的挺生硬的历史气息。

楚云天住进的这座小楼,南边临河,一排三座,全都不高,式样完全相同,都是尖顶三层,灰白的墙,红色屋顶,竖长的铁框窗,铅制的泄雨水管,没有什么装饰,反倒有些古朴。租界早期建房土地十分宽裕,每座小楼四边都有挺大的院子,房子中间全是高高的树木。由于时过久远,红顶斑驳陈旧,墙体残损灰暗,与四周的树木或隐或显地融为一体。如果站在河对面犹太教堂的高台阶上远远望去，很像一幅褪了色反倒更富于诗意的老画。

城市的历史美只有诗人和画家才能看到。多年里，楚云天常把画架支在对面河堤上，画了许多幅他家的水彩风景。他还约罗潜和洛夫三个人一起来画过。在他自己这个题材的画中，他最喜欢的是一幅雪景。那是在一次大雪过后，他踩着河堤上厚厚的积雪画这幅写生。当时手脚全都冻僵，但他完全顾不上了，他被眼前的景象迷住，便激情难捺地把这景象留在画中：一片大雪皑皑中，三个暗红色峻拔的屋顶默默地挺立着，周围全是树木黑赭色缭乱又自由的枝条。

罗潜也最喜欢他这一幅。他说："立在雪中这三个红色的尖顶小屋，就是我们三个人。"

洛夫说："哪天我们也搬来，一人往一个屋顶。"

楚云天很高兴他们这么说。

女人总是比男人更着意于生活的情致。

隋意迷恋自己这个怪异的顶层小屋。她说这个小屋"天生就是活的"。为什么呢？因为阳光。房间里只有阳光是变化的。由早到晚，光线不同；屋中的光影连同色彩、氛围，也都在变化。窗子小，照进来的阳光就成了一束。她喜欢静静地在屋里读书或做事时，留心这一束光在屋中无声地行走。光线随同时间移动，不留踪迹，屋中的柱子们却一会儿你亮起来，一会儿我暗下去，有的完全成了黑影。这窗子不仅是用画面来呈现的时钟，还是用诗意呈现的日历。当窗外浓荫遮蔽时，夏天充满魅力，外边蝉鸣一片。然而秋天一来，一定会把这大自然厚厚的窗帘一点点扯开，让秋天的太阳在窗子上愈来愈亮。

奇怪的是，这幢至少应该有五六十岁的木结构老屋，怎么还散发着很浓的木头的气味。凡是在城市里生活的人却喜欢闻到这种大自然才有的气味。

最让隋意自豪的还是他们屋顶上的天窗。

她特意把他们一张不大的床放在窗下。她喜欢懒洋洋地躺在床上，面对这面小小的天窗。天窗总是更神奇，不仅有雨点轻轻的敲打，雨水哗哗冲洗，几片落叶或一片落花来做客，隔窗与她相望；还有大雪封窗，然而在冬天的太阳不懈的努力下，这厚厚的封窗大雪从中间一点点化开，露出这世界最纯净、最高远和无穷的蓝色。如果这蓝天深处中还有一只鹰在盘旋呢？

"可惜我无法把它给你画下来。"躺在她身边的楚云天说。

"它不属于绘画，它属于诗、散文、音乐。"隋意说，"你可以把它写下来吧。用你的另一支笔。"她扭头欣赏地看着他。

她欣赏他，当然他也欣赏她。他们彼此的这种欣赏是没有距离的，由来已久地相互交融在一起。他们的父亲都是医生，是朋友，他们童年时期在长辈的往来中就一起玩耍过；他们住在同一社区，而且是非常特别的社区；他们还是少年时代的同学；上大学时楚云天学绘画，隋意学医。但共同的对文学与艺术的酷爱使他们一直来来往往。楚云天有天生的绘画禀赋，也喜欢写诗和散文。如果他学文学，他一定是握着另一支笔的楚云天。隋意并不画画，也不写诗，但她是艺术超级的享受者。因此，她欣赏云天，欣赏他天生对艺术的非同寻常的感知，还有他的艺术想象。在她眼里，楚云天就是一个艺术的源泉，不竭的源泉。

而云天欣赏她，是她对艺术的悟性。悟性是天性。悟性是看不见的。它是一种直觉与感性，但它是艺术的本质。

也许他们也不明白，为什么他被感动的，她很自然也受到了感动？她为之陶醉的，他一准也是。更重要的是，他把艺术奉若神明，她似乎是天生的精神至上。谁能懂得这对年轻人心里装着这些莫名其妙的东西是什么？有什么用？

在外人眼里，这顶层小屋低矮压抑，一堆柱子，天天要躲来躲去，尤其坡顶的一面，个子高高的楚云天常常会撞头。夏天里晒了一天的铁皮屋顶，到了夜间也很难把热气散净，屋里如同蒸笼，实在睡不着时只能坐在窗台上吹风。冬天里小屋的外墙单薄，室内一如冰洞，天天睡觉前楚云天要先钻进被窝，用身体给隋意把被窝焐暖，再叫隋意笑嘻嘻、不大好意思地钻进来。他们为什么还以自己的陋室自豪？

能够真正明白他俩的还是罗潜。在罗潜眼里，楚云天和隋意在一起是上天的杰作。他羡慕楚云天的幸运。你找到生活上的伴侣不难，要得到精神的知音恐怕一辈子都难找到。罗潜说过，为什么上天把隋意这样好的女人给了楚云天？罗潜这是羡慕，还是有一点嫉妒，那就谁也不知道了。

在外人眼里，这对年轻人整天有说有笑，叫人费解。他们都是从五大道"扫地出门"被赶到这里来的。据说他们原先住在睦南道上一座讲究的英国式的别墅。现在他们蜗居在破屋顶里，生活一落千丈，真的能活得如此快活吗？

那不是一个舒畅的时代，照亮内心的还在于自己。这光亮并不是苦苦寻找来的，而是他们的天性，与生俱来。无论是云天把一幅得意的新画作用按钉按在小屋的木墙上，还是隋意买来些好看的碎布缝成一个又优美又优雅的靠垫或枕套。他们都会一同说一说，表达感受，高兴几天。

楚云天在艺术学院毕业后，被分配到轻工业局的设计室工作。他不喜欢那些单调乏味的工业设计，但他不在乎，因为他真正活在他们的小沙龙里，在社会一些真正的艺术与文学的信徒之间，在他与隋意不断用美来创造的小小又生气盈盈的生活空间里。

隋意从小就是那种抱着一本书一看一天的姑娘。楚云天知道她也悄悄写点东西，但她没有给他看过一个字。不像楚云天，一有得意的文字或句子就念给她听。她少年时曾对云天说，她希望自己将来能成为李清照。她曾经还有一个希望，就是能和云天在同一所大学里念文学。她欣赏他文字里常常冒出来的灵气。她说他的灵气像孙悟空那样一下子就蹿出来。然而，少年时的理想在现实面前总像五光十色的肥皂泡儿，一碰就破。到了高中毕业，她的两个梦想竟然全都落空。一是在云天那里，云天认为自己对绘画的理想超过文学。他还认为做作家不用急，大部分作家全是"半路出家"，所以他报考了艺术学院。二是在自己这里，自己没有遂愿是由于顺从了父亲的意志。父亲是国内一流的眼科专家。父亲认为女儿聪慧、文静又镇定，别看她外表不强，但遇事镇定；镇定是学不来的，天生的。父亲还说，他的爱女穿上白大褂就是一位出色的眼科医生。

他们的选择并不如愿。那时代，大学生毕业要听从组织分配。他虽然是高才生，但家庭背景不够硬气，被分配到轻工业局做产品包装设计。这工作与他心中的艺术无关，甚至背道而驰。隋意虽然做了医生，后来由于受父亲"反动权威"所累，被医院当作一个底层的医务人员使用。可是这对于他们都没有太大的妨碍。因为她心中另有一份珍爱与高贵。

爱艺术的人都追求生活的艺术化。爱美的人更加热爱生活。真正热爱生活的人必定关注每个生活的细节。她没有像云天那样把心放在艺术的进取中，却把小小的木屋做了自己焕发想象的空间，她在乎家中每一件东西的品位。事物真正的品位与它的价值贵重与否无关。关键是它的美的形态、色彩的协调与文化的韵致。隋意与云天有共同的准则："美的敌人不是丑，而是俗。"

他们这样的生活观是否有点苛刻了？

洛夫笑着对他们说："有点精神上的奢侈。"

罗潜说："物质上一无所有，精神上不免奢侈一些。"

云天说："我们并不因此而辛苦，而是因此更快活。"

当他俩各推着一辆破自行车走出红顶小楼的院门时，这对年轻人真有点迷人。云天高高的个子，修长的双腿很直；头发又长又软，有点散乱和不修边幅；一双眼睛略带一点忧郁。在他身边的隋意苗条而轻盈，她从小就喜欢剪短发；穿一条洗得发白的毛蓝布的长裤，扁扁的脚穿着白袜黑鞋。她算不上美艳夺目，却有一种娴雅的美。鼓鼓的脑门下，细眉细眼，微翘的下巴；她很少说话，不轻易地笑，但只要她与云天相视，都会不自觉地露出浅浅的笑容。

三

三天后的晚上，是他们三人约定好的"沙龙音乐会"，云天去了，还拉上隋意。隋意很少参与他们的沙龙，但她不能错过千载一逢的肖邦。那个时代哪里还能听到肖邦？云天神秘地对她说，这是一次天堂声音的泄露，几年未必能碰到一次。

他两一走进罗潜的小屋。罗潜一对小眼的上眼角就兴奋地吊起来了。显然不是因为云天，而是因为隋意的突然到来。隋意的外衣外边搭一条长长的土红色的围巾，正好衬托她娟秀又娴静的脸儿。确实，只要隋意出现在一个地方，那里的感觉就不一样了。

使云天惊讶的是，仅仅过了三天，罗潜好像换了一个屋子，屋里什么发生了变化？再一看，原来挂在墙上的画大多变了，大多换上了他的新作。屋子中间还弥漫着一种很浓郁的油画颜料的气味呢！这气味叫人振奋，想画画。

云天和隋意都不自觉地去看他这些新画。云天的眼睛一接触这些新作的画面，立刻感到一种新鲜而有力的冲击。他的画向来是没有冲击力的。他说他不追求冲击力，因为冲击是对着别人，而作画只为了自己。他也不是纯粹一个现实主义者。他称学院派划不清现实主义与写实主义界限，还称写实主义只是抄袭生活。在别人眼里，他画中的一切全是现实的变异。照云天的理解，他的物象不是他眼里的形态，而是折射着他心里的形态。他有很强的主观主义。至于为什么他的变形总有一点畸形，结构上不谐调，色调冷峻而幽暗，还有一种阴冷感。云天也无法解释。可是，不需要解读的绘画是没有意义的，何况云天很喜欢他这种畸形与晦涩的美，它叫云天想到陀思妥耶夫斯基。然而面前这几幅新作怎么一反常态？他从哪里冒出这样一种强劲感与激情？他的画要变吗？因为什么？

隋意却对罗潜说："是不是云天拿给你的那本画册影响了你？"

这句话好像把罗潜一个秘密揭开。他带着惊讶问隋意："你从哪里看出来的？"

隋意并没有就画说画，而是微笑着说："是因为你们看到这样的画册太少了。它才会这么快就影响了你！你是不容易被别人影响的。"

她的话只是一种看法，但这里边有没有批评？

罗潜什么话再没说。他的目光里露出一种对隋意这些知己般的理解由衷的欣赏。但这目光叫楚云天略略感到一点点不舒服。很快，他们都有意改换了话题，去谈那本画册。现在画册还在洛夫那里，他们便去谈画册中各自印象最深的画。隋意的母亲是外语学院一位英文教师，因此她从小就懂一些英文，那本画册她又仔细看过，凡是楚云天和罗潜能说出来的画面，她大多都还记得画名乃至画家。给楚云天印象最深的是莫奈的几幅风景，最深入罗潜心中的是莫第里安尼，还有蒙克，尤其是蒙克那幅《呐喊》和《病室里的死亡》。隋意告诉罗潜这是蒙克最伟大的作品。当然，她不会知道罗潜对这两幅画印象深刻，是他与蒙克有某种精神上的息息相关。

洛夫和罗潜在生活细节上最大的不同是在时间观上。罗潜像德国人那样守时，洛夫总是姗姗来迟。楚云天笑道："如果他按时到了，一定会认为自己吃亏了。"

他们的沙龙音乐会的一个规矩是一定要三人全都到齐，一起欣赏。所以，洛夫进屋时，楚云天对他说："你今天迟到可不能轻易放过，隋意特意为肖邦来的，你不来，她忍了快一个小时了。"

洛夫更像个淘皮的男孩子。他听了，居然原地腾空跃起，向后翻空一跳，说："算我赔罪了！"

隋意说："你吓死我了。"

楚云天说："他原先是学校体操队的，这不算什么，按说应该下跪。"

隋意使劲摇着双手，生怕洛夫再做出什么叫她受不住的动作。

洛夫这才解释说："我来得晚，是因为学院里几个画画的都抢着看这本画册。"他一边把画册从衣兜掏出来一边说："我说好今天把画册交给罗潜，可又不能不让我那几位画友解解馋。"

谁料罗潜说："画册我先不看了。"

洛夫有点奇怪，说："为什么？我可整整看了三天三夜。"

罗潜说："我再看就会跳不出来了。你先还给云天，我过一过再看吧。"说着他看隋意一眼，好像隋意能够明白他的意思。

他这一眼，楚云天也留意到了。云天心中再次出现一个小小的不悦。他不悦，也很自然。谁都不会高兴别的男人与自己的女人知己般地沟通。但是，对于罗潜的想法——要与这本具有强烈魅力的画册保持距离，他心里很赞成。在艺术上，一旦被别人征服，就会失去了自己。

这也是一种艺术上的自我坚守。

当他们完全沉浸在肖邦波兰舞曲华丽灿烂、一如狂飙的乐曲中，这些年轻又敏感的心全都被融化了。本来，乐曲听过，他们会激情洋溢地把各自心中的感受和感动尽情地说出来。但这次有点意外，罗潜一直垂头不语，也不说话。不管他们怎么和他说，他只摇头，还是不说。等了半天还是这样。云天忽然发现他垂头下边的双腿上，有一些水滴，他竟然落泪了？还从来没人见过罗潜落泪，为什么？为了这位演奏肖邦的天才的钢琴家顾圣婴用煤气自杀的那个悲剧吗？不会。这样的事在那个时代太多太多。楚云天知道，问他也没用。他是个自我封闭的人。最好的方式是大家现在全都离开这里，先不去打扰他。有些内心的东西还得自己慢慢消化。

当他们轻声向他告别准备离开时，罗潜只说了一句："把唱片带走，还给人家。"这话是对洛夫说的。这句话给云天他们的感觉，好像这张唱片放在这里会给他压力，给他麻烦。没人去问为了什么，洛夫应声取了唱片。

于是大家一起悄悄走了，带上了门，把他一个人连同问号留在这个又老又破的小屋中。

尽管楚云天与罗潜是好友，罗潜知道云天的一切，云天对罗潜却所知寥寥。这原因可能是楚云天是个不大设防的人，他和隋意彼此也不设防。他又是个爱表达的人，喜欢把自己心里的东西告诉别人。罗潜正好相反，他天性缄默，防卫重重。他是因为防备之心太重而守口如瓶，还是因为天性缄默而显得处处设防？反正，他的家庭、父母、经历、爱情或婚姻，没人知道。他有一点河北沧州那边的口音，但再具体一点就没人知道了。他把自己包裹得很严，甚至叫人怀疑他惹过什么麻烦，不得不以半隐居的方式过活。楚云天好交际，朋友很多；罗潜似乎只有云天和洛夫两个朋友。洛夫还是楚云天介绍给他的。当年楚云天是在颜料店里偶然与罗潜结识，至少相识一年之后，才由浅入深渐渐成为朋友。据这店里的伙计说，只知道他在一个家具厂里干活。干什么不知道。楚云天一次失口说到他干木活的事，他虽然没有否认，却显得很厌烦，这叫云天知道他不喜欢别人知道他的私事。他是一个只谈艺术的人，但那个时代还有几个人只谈艺术？

他个子不算矮，不知是不是天天耸肩猫腰地干活，微微有一点驼背。他平头，大手，喜欢叉着双腿站着，跷着二郎腿坐着；平庸无奇的一张面孔，既无缺欠，也没有灵气，只有一双眼角微微吊起的小眼睛算得上特征。他看上去很像一个工匠。但他的画却显露出他并非凡人。

他那种独特的精神个性与大气，笔触的柔和与沉静，变形的诡异和灵动，色彩的出人意料，特别是意蕴的冷寂与深切，楚云天在当时的绘画中是看不到的，当然，他这种画肯定是主流艺术所排斥的。为此云天对他艺术的来历充满好奇，他总不是天上掉下来的。有一次他们聊天，面对着云天转弯抹角又小心翼翼的探询，罗潜听出来了，只说了一句："一个人的来历全在他的艺术里。"

他又一次把自己包严包紧。

既然他们性格如此不同，不少地方截然相反，缘何总在一起。

如果一些天没有见面，楚云天就会跑去看他，或者罗潜就爬上云天那个木构的踩上去吱吱呀呀的小楼顶层。那个时代没有电话，人之间的联系除去写信，就是直接跑到对方家里去找。这也是两千年以来一成不变的人际交往最原始也是最朴素的方式。

他们之间的往来没有任何功利，也很少为了什么具体事情或要求，只不过彼此看看新作，聊聊天，当然多半的话还是由云天来说。

每每聊天，罗潜总是眯着那双小眼，很欣赏他这位大个子朋友动情地表达自己对艺术、对大自然、对生活、对一个人、对刚看过的一本书及其作家的感受。他这些感受里总有独自的发现并充满感觉。他的述说总是有画面感，有细节，有他话语的感染力，还有文学性。他对他说："其实你更适合当一位作家。当然，当作家比画家危险多了。"

罗潜的话并没有否定他绘画的才能。谁也不会看到谁的将来。但他欣赏这位比自己还年轻的朋友身上所拥有的多方面的天赋。他看到，这种天赋在这个尚且一无所成的年轻人的身上隐隐发光。这恐怕是天性孤独的罗潜一直与楚云天来往的原因了。而这原因他们本人都未必明白。

对于楚云天，能够有个知己兴味十足谈谈艺术，已经很知足了。在那个艺术被荡涤一空的社会上，哪里能有这样精神的往来，能够这样释放内心的能量？

楚云天和罗潜都烟酒不沾，没有任何俗世的嗜好。罗潜唯一的生活所好是茉莉花茶和涪陵榨菜。这是他仅有的世间乐趣。每当楚云天到来，他必是兴致勃勃沏一壶香气四溢的茉莉花茶，两人一人一杯，器具毫不讲究。云天通常用的是一只最廉价的白玻璃杯。如果洛夫赶上，他用的是一个磕得满是疤的搪瓷杯。罗潜自己则用他一个不方不正的陶碗，他喜欢这个釉子厚厚的陶碗，他说陶碗里有厚厚的茶锈，茶水味足；他们中间放一个碟子，放着撕开的一纸包的榨菜。他们就用这些东西来佐他们的精神大餐了。

其实，作为画友，三剑客还有一些风马牛不相及。他们的画毫不相干。罗潜只画油画，而且是带一点抽象意味的油画。洛夫画的是学院派油画。楚云天画中国画出身，一度对技术性极强的宋画钻研很深，而且只画山水。后来又迷上水彩与水粉风景。他最大的兴趣是在吸水性很强的宣纸上做彩墨的实验，这种实验是寻找更丰富更新鲜的表现手段。尽管他们的艺术视野都十分开放，但他们究竟在不同的天地里奋取。各有追求，彼此无关。他们三人更像一个钢琴家、一个古琴师、一个独唱歌手。他们是在更高的审美境界上交谈。专业朋友的交流是在地上，隔行朋友的对话是在天上。这其中的奥妙使他们在一起时其乐无穷。

四

廿世纪初，当英国人雄心勃勃跨过墙子河开辟他们的"推广租界"的同时，法国人在租界以西的老西开建起这座罗曼式的天主教堂。当时这里还不属租界管辖，只是一片蛮荒之地。丛生的芦苇与草丛杂木一望无际，一马平川，一碧万顷，只有一些大大小小野生的水塘在远远近近反射着明亮的天光，好像谁扔在大地上的镜子。这时候，当这个教堂如同一个庞然大物从中拔地而起，确实令人震撼。特别是它奇特、古怪又威严的建筑形态，高高穹顶上直插入云霄的十字架，伟岸的红白相间的墙体，全带着一股不可一世的架势，叫久居这座城市的老天津人感到一种隐隐的不安，甚至不祥。

这种不祥的预感后来得到应验。据那些聚居在教堂周围的人家说，深更半夜常常可以听到教堂里有小孩的号哭惨叫。自从 1870 年由于谣传三岔河口的望海楼教堂残害中国的婴孩而引发的震惊中外的"火烧望海楼"事件以来，人们对这种神秘莫测的教堂里洋人玩弄的把戏猜测纷纭，心存戒惧。深信那种半夜从教堂里传出的哭声，是被残忍地戕害致死的孩童们不散的阴魂。这些灵异而可怕的流言一直传说不绝。为此，民国年间一位在这座教堂主事的德国神父，由于长得鹰鼻狼目，面目狰狞，被认定一定就是那个屠宰孩童、剥皮挖肝、嗜血成性的恶魔，于是百姓们一哄而起，生把这神父打得血肉模糊，一只眼珠子亮闪闪滚在街上。这事曾引起了一场很麻烦的中外纠纷。

然而，这一切都在几年前彻底了结。

在"大革命"狂飙中，教堂对面的市二十一中学英勇百倍的年轻人，狂潮一般冲进教堂，把教堂里的祭坛、圣像、绘画、彩玻璃窗以及一切饰品捣毁一空，赶走所有神职人员。可是他们无力推倒整座教堂，便爬上又高又险的弯顶拆去了那三个巨大而沉重的十字架。

如今，教堂已多年锁门空置，寂寥无人，有一种废墟感，似乎等待着将来某一天自我塌毁。

昨夜下了一夜的大雪。三个馒头状锈绿了的包铜弯顶上边一半白，下边一半绿，并且与下边老墙红黄相间的颜色协调搭配，这在楚云天的眼里真是太美了。

天津有九国租界，各国教堂的式样全不同，这是别的城市很少见到的。

忽然一个东西啪的打在他的背上，他吓一跳，回头看，洛夫站在他不远的雪地里，朝他呵呵地笑。他用雪团击中了云天的后背。地上雪的白色把这个年轻人衬托得十分鲜明。他浓黑的头发，血色充足发红的脸，身穿一件绿色的军大衣，一边跑过来，一边说："你想画它的写生吗？"

"画它不是自找麻烦？"楚云天说，"不过真要画它也不一定要写生。"

洛夫说："你净说聪明的话。"

洛夫和云天像兄弟一般，他们在中学时代同在一个学校上学。他们是校友，却不同班。云天比洛夫高两个年级，洛夫称云天为师兄，自然也称隋意为师姐。云天作为洛夫的师兄还是双料的，他不仅在同一所中学，还在这城中同一座艺术学院上学。洛夫钦佩云天的才气、悟性、眼光，云天读过大量的中外古今的书，洛夫不爱读书。他属于那种看画册只看画、不看画册中文字的年轻人。当然，他在绘画上天生的禀赋称得上出类拔萃，这正是云天喜欢他的地方。

　　他们还有一个不同是家境。云天在旧英租界的推广租界——后来称作"五大道"地区长大，父亲是国内数一数二的心内科名医，生活得很殷实。

　　洛夫就另一样了。他住在西开教堂后边那一片低矮又破落的平房里。这片平房是当年来到这里定居的人们随机盖出来的。从来没人规划。初来这儿安家的人，都是买一块地，盖三两间小屋，圈一个小院。这些人家只有一个共同约定俗成的"规矩"，便是互不借墙，也就是彼此的房子中间留出一个三尺宽的空间，为了防火，但渐渐成了走道。这一大片拥挤的住房和网样交织的走道便成了这个原始社区的特色。由于天津这地方历史上民教相争得厉害，不少教民为了寻求教堂保护而择居于此。多少年过去，这一带社区的居民搬进搬出，不断更新，但至少还有一半是老教民。洛夫的父亲就是虔诚的教徒，但洛夫不信教。他的上帝是米开朗琪罗和毕加索。

　　据说洛夫的父亲并不是他的生父，原是他的叔叔。他的生父有三个儿子，叔叔没有孩子，父亲便把他过继给了叔父。叔父成了他的养父。从他的模样一看，就与他的养父相去千里，找不到一点相像的地方。他结结实实像一只年轻的豹子，圆圆胖胖的养父像只懒熊。养父在一家杂货店做会计，会计大都是谨言慎行。每天下班回来，吃过饭，收拾一下屋子，便沏一杯茶，坐在院中一张笨重的板凳上，抱着一本厚厚的、黑色封皮的《辞海》，埋头卒读。洛夫说他养父读这本辞典之认真无人可比，他从不会跳过一个条目，每行必看，每字必读。不认识的字，就在辞典里查找。洛夫对云天笑道："我父亲看的书没有你多，但他认的字你比不了。"可是《辞海》中的内容全是彼此无关的，读它有什么意义？为了学习知识？学习哪种知识？这种浩如烟海、一片散沙、枯燥乏味的内容怎么能看得下去，他居然看得如此专注！洛夫说他已经读了二十年《辞海》，而且早已从头到尾看过一遍，看过之后从头再来，现在第二遍也看过一多半了。这二十年里唯一的变化是他添了一个放大镜。人老了，辞典的字小，愈看愈吃力了。

这样一个胆小拘谨的家庭，怎么会出现洛夫这样热情奔放、活力四射的艺术家？所以说，艺术家是没有遗传的。艺术家全是从天上掉下来的。

谁给他如此澎湃的热情、如饥如渴的艺术欲望、无所不在的审美的好奇？楚云天还喜欢这个年轻人天性中的憨厚朴实的本质。也许云天身上也有类似的一些东西，他最容易被洛夫打动。进而说，云天更喜欢他的画里那种与生俱来的雄劲而粗粝的生命气质。他一下笔就是这股劲儿，想学可学不来。他这种气质与罗潜的气质截然相反。在罗潜的画中，深邃的生命感平静地隐形于笔触的下边，不动声色地感染着你。他不拉着你一起激动，只求一己的沉思与沉静。洛夫则不然，他的笔触好像生来就是要显示他生命的雄强与厚重，他的色彩也是天生燃烧着他的激情，一切都不是刻意为之。

他与罗潜更大的不同是，罗潜好像已经确定好一条路，只这一条路，非常狭窄，弯弯曲曲，前边幽暗，但他会一直艰难又执着地走下去。洛夫却像常常站在一个四通八达的十字路口上，他对哪一条路上的风光都兴味十足，谁也不知他最终选择哪一条路。

这样两个有才又可爱的朋友自然就被云天视作财富了。

今天是周末，楚云天与洛夫约好去拜访延年。云天没见过延年，他对洛夫嘴里这个钢琴天才充满五光十色的幻想。可是当他随着洛夫走进山西路北端那片老楼，爬上其中一幢，他的心情开始发生变化。那时候，城市很少更新，这样的许多人家杂居的老楼在这座城市里处处皆是。每一层的楼梯间都摆着各家烧饭炒菜的炉子，楼梯的一半堆着各种没用又不舍得扔掉的杂物，上下楼梯必须躲着这些乱七八糟的东西走。墙壁和天花顶全给炉子天天冒出的煤烟熏黑；电线像蜘蛛网那样到处扯着，有的地方扰成一团，从没人管。那个时代，所有众多人家伙住的老楼全是这样。

然而，延年开门一露面，却叫云天感到一种异样。他是一个外国人？虽然他穿着普通的中国人的衣服，但他深眼窝、高鼻梁、浓眉，都分明像一个外国人。他的卷发可比洛夫的"自来弯儿"厉害得多了。他热情地伸出手和云天握手，主动对云天说："洛夫常常和我说起你，我们私下称你'朗费罗'，你对朗费罗这个称呼没有异议吧。"

云天知道朗费罗是十九世纪的美国诗人，但他不知道延年为什么称他为"朗费罗",是洛夫告诉他自己喜欢写诗吗?不知道。反正这名字听起来不错,他便笑了笑。

延年握手时非常有力。云天感觉他不是用力握自己的手,而是他的手天然有力。弹琴人的手都这样有力吗?云天还发现,他说话的口气、表情、眼神、手势,明显也像外国人。他们随着他进入了房间。

他住的这种老房子房间都是又高又大。这种楼房的第二层通常都是原先主人的卧房,里外两间的中间是一个拉门,拉门开着。他的房间十分破旧,家具更破,一个柜子没有柜门,式样却都是租界时代的遗物。两个房间的正中各摆一张床,他叫云天和洛夫坐在北边一间,显然这是他的卧室兼起居室。南面一间的尽头是一面大玻璃窗,玻璃很脏,窗帘已经扯散,不能再拉,一条条破破烂烂、灰蒙蒙地挂在那里。屋中的一切在外边透进来的光线中都像剪影。云天感觉到那间屋子中间一个老式的铁栏杆床上躺着一个人。

"我的母亲。她有病,躺在床上很多年了。"延年解释说,"不用管她,我们说话,有事她会叫我。"

楚云天他们便放低声调说话。这时,楚云天对这个屋子有两个印象很深。一是很冷,现在已是"三九",怎么会这么冷,他家没有生炉子吗?二是他屋子里没有钢琴,钢琴家没有琴怎么行?

延年这个人超级聪明,他虽然没听到楚云天任何问话,却知道云天心里的问号了。他笑着说:"我会叫你听到我手中的琴声的,朗费罗。"然后他话锋一转问楚云天:"你知道我为什么称你'朗费罗'吗?因为洛夫给我看过你的一首诗,叫作《春天不能等待》。你有这么几句我还记着——"

他站起来，用有韵律的腔调朗诵道：

尽管春天一定会来，

　　但你不能等待、等待、总是等待；

你不要再对它沉默

大声呼喊吧，春天——你来！

他真的把云天这几句诗记得一字不差。他朗诵时似乎很激动，嘴巴有些抖，这叫云天感动。延年说："你叫我马上想起那个伟大的美国诗人朗费罗。你很棒！"他控制不住自己的激动，忽然一下紧紧拥抱住云天。在那个时代，人和人还不习惯拥抱。同性之间更不拥抱。云天有一点尴尬。

可是延年不尴尬。他很随性、率性，这是钢琴家必须的吗？楚云天还敏锐地看到，他说话时，他的手不停在动；他的嘴在表达，他的手更想表达。他喜欢两只手十指交叉一起，不停地在捏手上的各个关节。他的手并不算大，手指粗壮、坚韧、灵活、有力。有时他的手好像比他的身体更有力量，比他的感觉还要细微……

这时他母亲那边发出很软弱的呼声。似乎是个外国名字，但听不准。延年对云天他们说："你们稍等，母亲要喝水。"

云天他们怕有不便，起身告辞。到了门口，延年忽然又一次拥抱一下楚云天，并且说："你和洛夫讲的完全一样，我也很喜欢你。"然后他突然说："你们下午有时间吗？我请你们去听我弹琴。"

楚云天喜出望外。

延年对洛夫说："还是四川路那个地下室，四点钟整。"他略沉一下说："你还可以带上你另一个好朋友，姓罗的吧。但不要再带别人了。"

当楚云天离开这破楼时的感觉，可跟刚才进来时完全不一样了。他心里多出一个十分奇特、叫他充满兴趣和好奇的钢琴家的形象。好像十九世纪欧洲小说里的一个人物。

四点钟，楚云天和罗潜来到四川路的街口，只见延年站在路边一棵树下。他们走过去，楚云天把罗潜介绍给延年，实际上他对这位钢琴家的身世与职业还都是一无所知。洛夫还没有到。楚云天说："迟到是他与人约会的内容之一。"

延年笑了。他说他早已习惯，能够忍受。他还说："他不是慢半拍，是慢两拍。"然后他说他们可以先去弹琴的地方。洛夫来过，他来迟了也会自己找来。他引着他们走进一幢古老的红砖楼房。由于年久未修，房基的防水层坏了，受潮的墙面变得深红，墙根都已生霉发黑，院内地面坑洼不平，凹处积水，滋生出许多野草。他们进了楼房，没上楼梯，而是绕到楼梯后边，推开一扇厚重的小门，下了几磴台阶，便是一间黑暗、潮湿又阴冷的地下室。延年打开灯，空荡荡的房间放着一架破三脚琴。一条断了的琴腿下边用几块砖顶住；没有琴盖，暴露在外的琴键好似老马的牙齿七零八落。这是什么地方？难道他就要在这架破琴上演奏吗？他和这破楼里的人家以及这架琴是什么关系？

就在这时洛夫到了，但他不是一个人，同来还有一位很年轻的姑娘。画家们都对形象敏感，一眼看出这姑娘十分漂亮。延年怔了一下，因为他与洛夫说好罗潜之外不要再带别人。

洛夫很灵，马上向大家一一介绍，说这姑娘是他学院二年级的学生，名叫田雨霏。田雨霏很大方，主动先说："真高兴今天一下子把我最想见的几位老师都见到了！"她说得真心，笑容灿烂，给大家一种亲和与快活的感觉。她最多二十岁。她对着站在面前高高又潇洒的楚云天说："我老师说，听您讲故事像看电影。"这话一说，大家听了都笑了。

楚云天听了很舒服。他看了她一眼。她俊美的脸有点朦胧感，是因为她五官的线条全都含蓄和柔和，还是她年轻的脸被一种青春的红晕渲染着？她的一双眼的目光好像不大对焦，这使她天生有一种特别的诱惑。

下边的时间应该属于钢琴家了。延年先从怀里掏出一个玻璃罐，交给洛夫说："你还是先到楼梯口左边找那位俞大爷，找他要一罐热水。我要先暖一暖手。太冷了，手有一点僵。"洛夫接过玻璃罐跑去，很快就拿回热水来。

延年双手抱住热水罐一边不断地转动，一边说："今天我只给你们弹三支短曲。先弹我想弹的，留一支你们来点好吧。"

大家说好。延年的热水罐已经放在钢琴上。没有任何仪式性的开始，流水一般明亮、悦耳、极优美的琴音就从这架破烂不堪的钢琴里流泻出来。宛如从乱石峻嶙的峡谷里流淌出一条清澈和光亮的泉水。这泉水好像大山流泻的春水，一下子变成满目青山，花开满地，白云飘飞，阳光跳跃。这么熟悉的旋律！这乐曲的曲名忽然从云天记忆深处跳了出来：《少女的祈祷》！这是他许多年前听过、许多年来不再听到的乐曲。他这时非常想隋意也在这里，一同来听。当年这支乐曲正是他和隋意一起听的，隋意要是听到，心儿一定会跳起来。

延年在弹过这支曲子后，没有停歇，马上接上另一支乐曲，但换了一种节奏和风格，立即把他们带入另一个境界：千军万马、刀光剑影、雄强刚猛、迅疾如风。音乐是最神奇的艺术，它可以瞬息之间改变整个空间与环境里的氛围，还有你的心境。它柔和，整个空间也变得细雨春风般地柔和，你的心也充满爱意；它刚猛，整个空间立刻变得狂飙肆虐，你深藏心底的野性也被煽动起来。而演奏中的延年分明已经成为这支乐曲的精灵了。他飞舞的双臂、旋动的身躯，宛如疾风中飞扬的满头卷发，好似两只发疯的鸟儿的一双手，看似他要毁掉这架钢琴，同时楚云天想他怎么能使这架几乎散架的破琴发出如此璀璨、明亮、清纯、神奇的音响？

音响的共鸣有如大海的轰鸣；

纷飞的琴音有如漫天的浪珠。

不断变换的旋律把他们带进一个又一个画面里。

他们用掌声表示谢意与几近倾倒的赞赏。延年站起身，一手放在那架破琴上，一手抚在胸前，鞠躬答谢。好似一场音乐会结束的谢幕，他做得很正规，叫大家都有一种音乐的神圣感。然后他叫他们再点一支乐曲。云天叫罗潜点，罗潜对延年说："你刚刚弹的是勃拉姆斯的《匈牙利舞曲第五》吧，我更喜欢第一。"

延年听了很吃惊，说："噢，你是懂音乐的！"跟着，他扭身坐在凳子上，立即弹出一曲优雅、深沉而分明很忧郁的乐曲来。虽然云天第一次听这支钢琴曲，但立即被感动了。这支《匈牙利舞曲第一》的确比"第五"更美更深沉更动人。

在延年结束他今天的弹奏时，那个叫作田雨霏的女孩走了上去，双手送上一件东西，远看像一支牙膏大小。田雨霏说："这是我老师送给您的，这是大家对您的一点谢意。"

延年挺惊讶，他打开包在外边的纸，高兴地叫道："啊，巧克力！我最喜欢吃的！"说着，他张口便吃。他吃东西的样子有点令人不解，他似乎有很强的饥饿感，不算小的一块巧克力，叫他狼吞虎咽很快吞下去。随后显得更加兴奋，走过来和他们每个人拥抱。

音乐会结束了，他们每个人的心灵都装满伟大的音乐经典走出了这座老楼。愈是干涸而贫瘠的土地，每一颗雨点都有一种沁入大地心脾的神奇的感觉，当然还有对这位默默无闻的钢琴怪人倾心的崇拜。

大家走出一个路口就要分手了。罗潜与延年同一个方向，他们过桥向南。云天和洛夫、田雨霏同道西行，他们走在墙子河边。这使云天从洛夫的嘴里得到一些延年的大概。延年的外国人的长相与他俄国的血统有关。据说他父亲是俄国二月革命时逃到天津的白俄，母亲是中国人。原先住在起士林南侧的徐州道上，那里曾是白俄与犹太人的聚居地。后来父亲没了，他和母亲搬到了山西路。母亲常年有病，母子相依为命。

音乐圈里都知道这个延年钢琴弹得极其出色，可是由于他长相太像外国人，怀疑他的身份，害怕惹事，没人敢请他演出，一些学校也不敢录用他做音乐教师。他一直在社会上做钢琴启蒙的家庭教师。"大革命"一来，很少有人学钢琴，他几乎失业。家里的东西差不多卖光，他有时一天只吃一顿饭，经常处在饥饿中，所以刚才他见到那块巧克力时有点疯狂。

洛夫说，延年的钢琴是他母亲教的。母亲曾在一所小学做音乐教师。他家原先有一架琴，"大革命"时砸了。这些年他四处找琴弹。这座楼是一个人家落实政策时发还的，他曾给这家人做过钢琴家教，人家允许他每周来两次练一练琴，他很怕自己这双神奇的手荒废了。

洛夫说，他知道这些事是因为他和延年是小学同学。那时候延年就因为长得像外国人，被同学当作外国鬼子经常挨打。洛夫常常出面解救他，所以他们自小很好，而且一直有往来。

他们说话时，田雨霏走在洛夫的另一边，一直垂头不语，也没问什么。走到一个岔口，他们也要分手了，她还是垂着头。洛夫说："你不和楚老师说再见吗？你不想看他的画、听他讲故事吗？"

田雨霏这才抬起头来。楚云天发现这姑娘两眼发红，长长的睫毛上亮晶晶好多水珠，原来她刚刚听着延年的身世，一直同情、伤心、落泪。她的善良触动了楚云天。在他们分手后，楚云天两次扭过头看她还显娇小而轻盈的背影。

五

他把一张洁白的宣纸铺在临时搭起的画案上，四角各压一块青石片。他没有镇尺，前年去蓟县盘山写生拾来的这几块石片反倒自然，也更天然。只要把纸铺开，他就是即将出现的一片崭新天地的造物者。

他先用羊毫抓笔蘸足了清水与淡墨，一笔笔生气十足地横涂在纸的上方，于是一片寥廓万里、云烟滚动的天空立时呈现。一条条长长的乌云游龙一般、挟风裹雨地在天上奔跑。他没有忘记，在浓淡相间的水墨中他特意留出一块空白。这块白便是最后一块没有被乌云吞噬的天空，熠熠发光，分外明亮。他很享受水墨在宣纸上充满偶然性的神奇感，也醉心于濡湿的宣纸散发的清香。这香味远胜于酒。跟着，他从笔筒里抽出一支长锋大笔，散开锋毫，在墨池里一滚，跟着由纸的下端，逆锋斜刺而上。一片风中摇曳的苇荡，洋溢着生命巨大的本能与力量，这力量把他自己都感动起来。

他不觉地喊了一声："呵——！"

屋里没别人，无人应答。只有从小窗射入的一束阳光中，一些被照亮的游尘在浮动。

跟着，他又换了一支长杆的兼毫笔，蘸了浓墨，把苇荡前几根长长的茎叶画出来。不自觉间，他那种早年从研习宋画积累下的功力显示出来，运笔时他感到全身的力量都在经由手腕传递到笔端，如锥画沙，力透纸背；他还感到一种好似长久压抑在心底的东西一下子抒发出来，无限的畅快！于是他情不自禁，把一只孤雁画在那块留作天空的空白的地方，那里是整幅画面唯一透出光亮之地。这孤雁在那里独自徘徊与游荡。他情不自禁、自言自语地背诵起莱蒙托夫在《帆》中的两句诗：

你期待什么，在这遥远的异地？
你抛下什么，在你自己的故乡？

"你画中的鸟儿全是你自己。"这是隋意对他的发现。

隋意从来不把他画的山水或风景，看作是种单纯的山水与风景。她把它们看作他心灵中的一篇篇散文。

今天顶层的小木屋归楚云天独有。隋意赶上周末整整一天在医院值班。她知道他要用这一天做什么，早早给他把一天填饱肚子的东西全放在锅里。这足够了！他今天是自己的主人，是小木屋里的君王。他一早就精神抖擞，精力和激情蓄足待发。他打开窗子，先让隔着玻璃外的晨风吹进来，贯满他的世界。当然，时时还有鸟影在屋里一掠而过。

四月初已进入春天的时光，窗外所有树木的树芽都在逐步变成生气十足的新叶。一天天变得很快。绿叶才是春天开出的花。已经可以听到新生的幼雀细声吱吱地叫。由于他这座小楼四无遮蔽，视野开阔，屋顶上便成了麻雀们筑巢最安全的地方。他南边和东边都有雀巢。这些麻雀和他们一样把这小楼的顶层当作世外桃源。这样一来，天麻乎亮时，他们就可以听到醒来的小鸟在顶棚的巢中走动的声音。他们从不惊动它们。他们有福同享。

四月清晨的风还有一点凉意，但吹在云天身上却分外清爽，叫他神清目朗，超常的敏感，脑袋里好似储备许多灵感。此时宣纸洁白细腻，富于弹性，好像女人的皮肤，笔锋一触便会惹起万种风情；而长长短短的笔不正是他的手指吗？他的手指不是自己心灵的触角吗？他的工作到底是一种包含着技术的艺术行为，还是一种更具灵性的内心的述说？

于是桌上的墨、水、色彩，不再是工作的材料，而是他的情感、心绪、感觉、语言。在湿漉漉渲染上洇开的水墨，分明是他放纵的情绪；一条条线都是情感的轨迹；浓浓淡淡的墨的色度里有他精确的语言一般的表述。然而，一旦他随性地、率性地、信由性情地表达出来，便进入了最高的绘画境界。这个境界既是绝对的自我，又是一种忘我。

自由的忘我和忘我的自由。

云天画了整整一上午，画过画，吃过东西，睡一大觉，醒来觉得又像早晨那样精力十足。他像往常一样，撤掉画案，在房中两根柱子之间拴一根细绳，用夹子把今天这幅得意之作挂起来，好叫隋意下班回来一进门正好看见。他由于今天画了一幅心满意足的画而心情高涨，更加自信，他激动得在屋里待不住，要出门转转，可是直到推车走出院子时还没想到去哪里。他只想到洛夫还是罗潜那儿。他要宣泄一下今天的得意和过剩的艺术情感。他忽然给自己出个好玩的主意：那两个人谁姓氏笔画多就去谁家。他用手指在破车鞍子上写了一下，结果是洛夫的"洛"字九画，罗潜的"罗"字少了一画——八画。他决定牺牲罗潜，去找小弟兄洛夫。

他骑车跑到西开教堂，洛夫没在家，只有他养父依旧抱着那本黑封皮的《辞海》埋头在读。洛老伯说洛夫去学院了。楚云天今天的心情好，不嫌远，一直蹬着车向西北而去，绕过老城，过桥才到了艺术学院。他在校园里找来找去，最后在教学楼里找到了洛夫。

那时的人很少敲门。他一推开门，很大一间房子四处竖着大大小小的画板，其间一些凳子和椅子。洛夫在靠里边一张桌前站着，还有一些年轻人，一看就知道是他的学生。洛夫喜欢带着情绪说话，似乎情绪是他说话的动力。他正比手画脚地说着，扭头时发现了楚云天，他高兴地招呼云天，把云天介绍给同学们。他说："楚老师可是咱们学院十年前毕业的高才生呵，他是我的师哥。"

学生们和他打招呼，有的学生大概听说过他，今天见到本人，露出惊喜的表情。就在这时，他看到这些人中间一个人正在向他微笑，好像树丛中的一根俏丽的花枝。

一种熟悉的、亲切的、朦胧的、柔和的、美好的感觉：她不就是几个月前在四川路地下室听钢琴见过的那个叫田雨霏的女孩子吗？不知为什么，他一看到她，就觉得她有一种不可抗拒的存在。接下去，无论他在和洛夫说什么，看什么，谈论什么，发表自己对艺术的看法，似乎都像是对她说的，甚至是为她说的。他不明白自己怎么会有这种感觉。洛夫拉着他到一个画架前，架上一幅基本完成的油画，画的是在深郁的杉木的映衬下一株盛开的海棠。这幅画色彩很大胆，笔触像唱歌，把大自然春天的蓬勃、鲜活和花香四溢的劲儿全画出来了。他对楚云天说："这是我这两天在校园里写生画的，你一定又要骂我受你那本画册影响，太像凡·高了。"

楚云天说："那有什么不好。再说你有你自己的感受，我喜欢你这幅画中的激情。春天了，万物都张开嘴说话了。"他打着趣说："你这海棠花中间好像还飞着蜜蜂，这个凡·高就没有。"

一个有点木讷的男学生说："我怎么没看到蜜蜂？"

这时，田雨霏接过话说："楚老师说的是一种感觉。"

大家笑了。这使得楚云天不由自主看了田雨霏一眼。她的话既有对洛夫画的感受，也有对楚云天话的理解。她有悟性。当楚云天的目光接触她的一瞬，她柔美的脸上那一双不大对焦的眼睛便让他感到一种很特殊的魅力。

他又被她触动了一次。

天晚了，洛夫说要拉着楚云天去一家回民小铺去吃解馋的羊杂碎。几个学生送两位老师出来，其中有田雨霏。田雨霏忽然对楚云天说："老师，我想有时间请您指点一下我的画。"

她是洛夫的学生。他不好答应她什么。只是含糊地"呵呵"两声，同时却感到她有一种对他的主动。这主动惹起了他心中从没有的某种东西。他不知这是什么东西。

回到了家，隋意在小小的木屋里正满面笑容地等候着他，他问她为什么这么高兴。隋意转身打开台灯，台灯正对着挂在房柱间细绳上他白天完成的那幅画，灯光把画照得通亮。当他这次再看白天这幅画，真棒！画中有种浓烈的情绪，搅拌着极生动的笔墨，非常动人！这时，他白天作画时那种情绪高扬的感觉又回到身上了。晚间，他俩谈论的都是这幅画。

应该说，刚刚田雨霏对他那一点异样的触动，此刻在他的键盘上，还是一个弱音。

六

　　楚云天用了一整天时间，才把公司所属一家工厂水杯包装盒的彩样和设计图画完。在那个计划经济的时代，产品统购统销，包装好坏自然没有什么竞争性。不需要追求新颖和撩人，只要画舒服就行。不过他今天最吃力的是在纸盒的一个侧面要用宋体美术字写一条语录。写语录要分外慎重，绝对不能出一点错。

　　他心里一直想着一件事，就是下班后赶紧去找洛夫，打听一下新华中学的教美术的徐老师的一个学生，叫作唐尼，哪天从北京过来。他很想见见这位号称"中国的珂勒惠支"的年轻女版画家。唐尼在新华中学毕业后，考上北京的中央美院，学习版画，然后被分配到北京出版社做美编。年纪刚过三十，在京城画家圈子里已经颇有名气，这很不容易。北京那地方画画的人眼界高，很难叫人出人头地。

　　传说中的唐尼更神乎其神。虽是女子，性情比男子还豪放，画极粗犷，带着野性，风格上有点像那个德国女版画家珂勒惠支。据说她整天在画室里，生活上七颠八倒，有时饭也不吃，口袋里经常揣着半个苹果或馒头，饿了就掏出来咬一口。这种画画不要命的人，应该认识一下。

　　他整理好桌上的东西，背包下楼，走出设计研究所。这时正是人们下班时候，研究所前边的大街上车多人杂。他刚要上车，只见不远道边一根电线杆下站着一个女子，轻盈标致，朝他微微含笑，带一点梦幻般的感觉。他很快就看出来是田雨霏，她穿得朴素却鲜亮，天青色的上衣映衬着她娟秀而微红的脸，她站在那儿像一株细雨刚刚淋过的梨花小树。她怎么会站在这里？分明是在等他。

他推车走过去问她站在这里干什么。

她笑着说："在等您啊，那天在学院，您不是答应要给我的画做些指点吗？"

"哦，我说了吗？"楚云天说。

"当然，您说'好的好的'。"她说。她把他那天随口应付的"呵呵"变成"好的好的"了。楚云天不好分辩。他望着她。一望到她那双眼睛，就不知该怎么办了。

田雨霏说："就到我家去看吧，那天听说您在这儿上班，才知道您上班这地方离我家这么近，就隔着三个路口。我要在家里大声唱歌，说不定您能听见呢。"说完她就笑。

楚云天好似稀里糊涂地被带到她家。

她住在沿着海河一条很静的小马路上。虽然是一个大杂院，但她家守在院门口，一扇素色的木门上，挂一把小黑锁。她打开锁，推开门，居然是一个挺宽敞的房间。那时人们的家境都不富裕，她的家却整齐、洁净、简洁，看上去生活得井井有条。她说只与母亲二人生活，母亲在绣花工厂工作。房间虽然没有讲究的东西，陈设得都很得当而谐调，显示出主人生活的用心。屋里两张床两张桌子，一张是饭桌，还有一个小长桌，上边摆着画具和书，看来就是雨霏的书桌或小画案了。进了她的家，她反而有些局促，又关照楚云天坐下，又斟水，又自责没有为老师的到来做好准备。楚云天说："你不用忙，让我看画就行了。"

田雨霏从小长桌下边的夹层里取出一叠画来，一张张掀给楚云天看，多是些学生阶段的写生习作，水彩、水粉和国画。她笔下似乎有一些天赋，但叫云天更关注的是她对自己所讲一些看法的理解与体悟。这些理解、领悟、感知及其表达正是他们交谈的桥梁。她很善于表达。艺术的感知都发自于心，感知相通自然就有了内心的愉悦。在谈话中，楚云天着意地看了她两次。一个女人的美看不透、捉摸不透，才是真正的美。当她柔嫩的花瓣似的肌肤、长长的好似假的一般的睫毛、微翘而发亮的鼻尖、梦幻一般的眼睛，就与他近在咫尺时，他居然有一点害怕了。他是怕对方，还是怕自己？他说："我走吧，画我看过了，我的看法已全说了。"他似是要逃脱。

谁料她忽然把两只小手大胆地抵在他的胸前，说："不能走，我太爱听您讲的话了，我还想听。"

她的神气真率又可爱。

他感觉自己的脸突然很热。他真有点怕她了，同时也怕自己。他努力使自己冷静，说些话与她拉开距离，直到最后，他答应她再来，她才放他走。

楚云天骑车在路上，愈回味刚才的事情心里愈乱。他和隋意从少时的青梅竹马，直到"大革命"后一起生活，彼此更像兄妹，或者干脆就是兄妹。他们好像从来没有经过初恋。没有过天色忽变，电闪雷鸣，到风狂雨骤；没有分明的四季，永远都是大太阳的夏天。

他对这一种从未经历过的、尚且似是而非的情感有点恐惧。当然，这是一种甜蜜的恐惧，躲避的诱惑，拒绝的期待……这样，他在回家的道上几次把路走错，差一点又走回到自己的研究所。

第二天晚上，罗潜来到他家，他们说好一同去徐老师家，结识一下唐尼。隋意也去了。本来隋意不想去，罗潜执意拉隋意一同去，他责怪楚云天整日在外边跑，把隋意孤零零"遗弃"在楼顶上。隋意说她一个人在家挺好，她喜欢安闲，她刚从朋友那里借来两本小说。有一本是奥斯汀的《傲慢与偏见》，她早就听人夸赞过这本书，特别想看。罗潜说："可是这并不影响你看书。多结识一个有才气的人物，可以多看一片精神的风景。"

隋意笑了，说："你这句话好。"便随他们去了。

待他们一起走进徐老师家。徐老师平日这间不算小的起居间已经满屋子人了。所有人都是徐老师的晚辈。

徐老师虽然只是一位中学美术教师，美术课又不是中学的主课，奇怪的是，他培养的爱画画的学生几乎年年都有人考入北京最高的美术学府。教育部曾派人到天津来了解这位深藏在中学教师队伍中并不寻常的美术老师，看看他有何高招，能够把具有艺术潜质的孩子们调教出来。他的回答叫人不解："由着他们的性情吧。"再往美术界深处一问，竟然大多不认识他，极少数看过他的画的人，都说他的画挺有味道，只是含着太多印象主义的成分，不入时流，一直不被重视。他也不参加各种正规的美术展览，直到如今居然还不是美术家协会的会员。二三十年里，他的一些学生都已是登堂入室，成了画坛的佼佼者，他依然如同闲云野鹤一般，在野山野水云间悠闲地飞着。有趣的是现在，"大革命"把画坛中的大小神仙全都扫荡了一空，却无伤于他。这因为画坛中一直没有他这个人物。他本来在荒野，现在还在荒野。原本没人把他视为画家，他现在却是一群痴迷艺术的年轻人的偶像。

这世界上总有人崇尚艺术。当大树被摧折之后，野草野花却遍地生长。有名有利的功业荒芜了，真正的无功利的艺术反倒自由自在地滋生出来。就像现在聚在这房子里的人，没一个人是有名有姓的画家，但他们每个人心里都把艺术奉若神明。

徐老师照例坐在主人那张圈椅上，抽着烟斗，时不时抚一下自己发亮的光头，笑呵呵望着这些可爱的挚爱艺术的年轻人。他是长辈，无论谁来他也不站起身来相迎，谁走也不送，都是扬一扬手，以应人来人往。

楚云天他们三人进来，先向徐老师点头致意。大家相互打招呼，有的认识有的不认识。他们见到了那位才女唐尼。她皮肤黝黑，短发，动作生硬，看上去有点男子气；她还好，不做作，见面握手，全都自道了姓名。这次洛夫居然先到了。楚云天看到洛夫身边一个女子款款而立，竟是田雨霏。这次他见到田雨霏，可就与之前的两次不一样了。洛夫见了他们，便把田雨霏作为自己的学生介绍给隋意。隋意朝她注目地看一眼，说："你这么好看，像安格尔画的那个女孩。"

田雨霏的脸登时红了。洛夫说："安格尔那个女孩可没穿什么衣服。"

田雨霏更不好意思，双手挡上脸。隋意打了洛夫一下，说："别胡说。人家是你学生，你哪像个老师！我不过想到安格尔画上那女孩儿的美，和她多像！"

田雨霏为了赶快跳过这个话题。她主动和罗潜、楚云天打招呼。隋意这才知道，他们先前就见过了。

屋里有大小高矮不同一些椅子凳子。徐老师叫大家都坐下聊。屋角一张高背的老式的椅子坐着一个男子，三十多岁，徐老师说是他的学生，叫岳鹏。但这位岳鹏的脸上没什么笑容，却带着半个主人的架势，也不起身，坐在那里摆了两下手说："坐、坐。"楚云天心里有点讨厌他。

徐老师很知道今天的话题应该从哪里开始，他叫唐尼把画拿出来给大看。当唐尼从一个绿帆布画夹中取出四五幅黑白版画，一张张竖放在迎面的一张条案上时，屋内顿时给一种被惊住的气氛所笼罩。一时没人说话，有的人站起来过去弯下背看；洛夫站在这些画的对面，好像被点了穴一动不动；只有那个岳鹏坐在那张高背的椅子上跷腿坐着没动劲，也不看画，好像不屑一看。

大家看过画，还是没人出声，是由于这些画太独特太震撼，很难发表意见，还是怕先开了口，说不到位或说不出高度？

没料到唐尼先开了口，但她说的不是自己，竟然是楚云天。楚云天以前没见过她，完全没想到她会谈他，而且是谈他的画。他对唐尼说："你并没看过我的画，有什么好说的？"

唐尼对他说："你有一个好朋友叫方海涛吧。在故宫专做古画复制的。冯忠莲的学生。是去年还是前年，你送给他两幅画吧，没错吧，从那时我们一些人都是知道天津有个画水墨山水的——很棒！"

这"很棒"两个字叫楚云天有点发窘。他忙说:"那我就想听听你的意见了。"

楚云天的话很真心,唐尼更直率。她说:"我正想说。你有很深的传统功力,你的水墨也完全从传统里蜕变出来。你的画更像一种散文,我能看出你很爱文学,你水墨有一种抒情性,内在的意蕴和意境都很棒。我想我已经把你夸到头了。我该给你挑点刺了——你画中的结构有问题。"她脑袋一转,短发在脸两边也像穗子那样一甩。她的目光盯着楚云天说:"你缺乏内在的整体结构上的思考,所以你的画缺少足够的力量。你是很难画大画的。"她的话更像是一种批评。

楚云天很想多听到一些更具体的意见,自己可吸取。他追问道:"结构?你能说得更具体些吗?什么结构?"

唐尼下边的话就更直率了,她说:"你还不明白?你除去虚实结构不错。可是在整体的结构——形体和黑白结构上,你好像很不在意。这样,虚实在你的画中也变成一种情趣了。"她最后这句话叫楚云天有点不受听。

很少有人当众这么不留情面地批评他。

楚云天没有说话,他怕说不好就会弄成一种辩论。没想到田雨霏忽然插嘴说:"我认为楚老师与你的画不一样,他不追求视觉的冲击力,追求的是内心抒发。你不能用自己的艺术观要求别人。"

这个小姑娘的话叫在场的人都有点吃惊。当然,每个人所吃惊的内容都不同。有的人认为她很有分辨力,有的人认为她这几句话,把两个人各自艺术的本质都说清楚了。楚云天却感到田雨霏有一点为自己打抱不平的架势,小小姑娘身上居然有一种侠义的肝胆，此情此意为他所动。洛夫那里却嫌她不懂事，敢在这样的场合多嘴多舌，直朝着田雨霏使眼色，叫她住口。没想到唐尼对雨霏这样说："你说得有理，我太爱用自己的艺术观要求别人。如果别人听了我的意见，很可能就失去了自己。"她对自己原来也同样的直率。这一来，使楚云天对她刚才直言引起的小小不快一扫而空。

跟着，唐尼对楚云天说："说一说，你怎么看我的画？"

"有男子气。"楚云天说。

"这不是对画的看法。这是性别分辨。"唐尼的话把大家逗笑了。她对云天说，"你不要因为我批评了你的画，你就不批评我了。你的批评只表达你对艺术的看法，不一定与我有关。就像我刚才批评你的话，你要不喜欢就扔进纸篓。"

她爽快又有见地的话叫楚云天释然，心情变得陡然痛快。于是把本来就想说的话告诉给她："你的画的粗粝、厚重与野性是天生的。这是你珍贵的本质。但你还需要一点精致的东西。齐白石、八大和毕加索都有这种东西。他们看似豪放不羁，随心所欲，但中间一定有一两个极其精妙甚至是匪夷所思的细节，很精微，奇妙，妙不可言。我以为粗犷的作品是靠这种东西活下来的！"

唐尼听到这里激动起来，她几次想打断楚云天的话，但被楚云天伸出的一只长长的手拦住了。云天执意要把他一句最重要的话说出来："这个细节又不是人为的、刻意的，还必须是一种偶然，一种灵性——"

唐尼终于把自己的话插了进来："一种天赐！"她想了想，又说："但这天赐非常难得，一百张画中，天赐一张。"

"是的！这就是为什么即使最伟大的艺术家，一生只有少得可怜的一点精品。"楚云天说。

一下子他们感到满屋光亮，好像他们打开了艺术天堂的大门。他们请徐老师说说看法，徐老师说："你们都明白人，就不用我说了。"他的表情已经表示出，他很赞同和喜欢这些年轻人。其实这也正是他调教年轻人的一种不露痕迹的方式。

纵使还有许多话题，但时已很晚，这便从徐老师家出来相互告别，纷纷散去。云天与唐尼相互一击手，都高兴地说："再见，再聊！"

洛夫带着雨霏与云天他们分手时，隋意对雨霏说："有时间跟你老师来我家玩。"

洛夫说："她还要拿画请教楚老师呢。"

雨霏只笑不语。她看云天时，目光中也没有任何涵意。但她分明把自己求教过楚云天的事隐瞒下来。瞒了洛夫，也瞒了隋意，唯独没有瞒了她和楚云天。这一来，这件事就成了他俩一件私密。她为什么要让它成为一件私密？

私密是个种子，谁也不知它一旦钻出芽来会是一个什么样子？美好的还是偏激的？但它充满了渴望与欲望，一定会不可遏制地钻出芽来！

清晨，艳阳高照。洛夫生气勃勃骑着他那辆老旧的杂牌自行车从家里出来，松散的卷发在头上飘飞。他穿街入巷，东弯西拐，宛转自如。看他这股劲儿，给他一对翅膀，他可以飞起来。这地方的路全是羊肠小道，全都坑坑洼洼，有的地方地面拱起来，有的地方断崖似的塌下去，可是在这种地方从小长大的人，闭着眼走也摔不着。他哼着曲儿，屁股在车鞍上扭来扭去，时不时抬眼从幽暗的破房子的夹缝中，看一看老西开教堂高耸云天的铜绿色的穹顶，一群白色的鸟儿在那很高的地方时起时落，这景象一直可以追溯到他孩提时的记忆里。他认为在这城市任何地方，也看不到自己家附近这座废弃的老教堂才有的一种静穆的美。

他已经约好罗潜和楚云天，到学院来聊天。自从那天在徐老师家见过那位才女唐尼，他们三人还一直没有好好谈谈她。对于那个奇特的女子，他们肯定各有各的看法。这个话题大家肯定都有兴趣。十点钟前后，三剑客齐聚艺术学院。这座学院的前身是颇有身份的一所名校。校园的前前后后都还有一些老楼。这次洛夫把他俩引进一座方方正正黑灰色的砖楼。这样的老楼前后两排，每排四座楼，都只有两层，走廊宽阔，房间敞亮，原先就是做教室用的，现在大多空闲，没有了一排排桌椅，益发显得开阔和高大。只是房屋中间堆着六七个空木箱，坐在上边聊天蛮不错。房间的一面是一排很大的窗子，外边浓重的树影带着阴凉投射进来，有时微风还会把木叶的气息无声无息地吹到屋中，一种说不出的舒畅感，能够勾引起人们画画的兴致。

"谁要有这么一间画室，我就拜他为师。"楚云天说。

"你就拜我为师吧！这正是我刚刚从校领导那里争取到的画室。"洛夫洋洋自得。

"你是皇上了。"罗潜也克制不住自己的羡慕。

洛夫对罗潜说："你这话可是犯歹的。"

"什么犯歹，皇上都是要打倒的。"云天笑嘻嘻机警地反驳他。接着问他，"你怎么弄来这么大一间画室？"

洛夫笑而不答。

照常人看，在他们三剑客中，只有洛夫活得志得意满。楚云天从事的不是艺术专业，他只是一个和艺术靠点边儿的产品造型和包装的设计师，画画只能算是他的一种业余的热爱而已。罗潜更属于另类，他那种画根本不被主流接受，也不被常人接受，他也不求任何人认可，他仅仅是一个为自己而画的怪人。别人喜欢与否，他毫不关心。然而洛夫是懂艺术的。虽然他身在专业圈子里，在艺术院校教学生，为主流社会工作，在常人眼里他才是专业画家。可是在洛夫心里，罗潜和云天这两个湮没在社会中默默无闻、在野的朋友，却有着极高的地位。好比荒原上两棵巨树，高大峻拔，却荒在那里，孤单落寞，无人知晓；唯洛夫知道它们的高大，还有价值。

在那个重视家庭成分的时代，平民出身的洛夫远比楚云天得天独厚，一马平川，没有障碍。再加上他确实富有才华，技术一流；他擅长的现实主义的画法，又是当时倡导的艺术语言。在老一代画家大多遭到冲击后，他顺理成章成为学院教师的骨干，所有由上而下的命题式的创作任务首先落在他的身上。然而，洛夫可爱的是，他深知在真正艺术的意义上，对艺术的认知和思想的深度上，他与这两位兄长式的朋友差得还远。所以，今天他很想听听两位朋友对唐尼怎么看，特别是罗潜，那天他没有说话。

罗潜对洛夫说："她和你有一样的东西，画都很结实，这结实一半是你们与生俱来的，生命里的；一半是因为你们都讲究结构；但她有一点不如你，她的画太紧，你的画松弛。"

罗潜总是能说出一些新的思考，新的观点。楚云天马上被启发了，他说："罗潜说到一个很重要的问题——松。画只有'松'了，画中的一切才能呈现出一种自然又自由的状态，生命的状态。"他想一下接着说："如果太紧，画就死了。而且画里边的东西就全跑到表面上来，变得有限。"

"别人也无从进入你的画中。"罗潜接着说。

洛夫说："我当时也感觉到了，她的画为什么那么紧？"

"太重视技术吧。学院派的毛病。结构、刀法、版味、形式感，想得太多，算计得太多。她的问题是太专业了，就像我的问题是太不专业了。"罗潜说，说完三人一笑。

洛夫对罗潜说："你认为这个'松'里，是不是一种主观的东西？"

"这个正是我想说的，就是——客观的东西一定要主观化。"罗潜说，"我们不能做视觉的俘虏。"

楚云天接着说："中国画很强调这个，所以中国人不用'画'，而是用'写'，抒写。'写'就是从主观出发，把客观融入主观，也是把主观融入客观。主观包括感情、感觉、审美、意蕴。你再看看那些好的西方画家不也是画得很'松'吗？"

当一个新的话题惹起大家共同的兴趣，谈兴就会愈来愈浓。洛夫早已离开他刚才坐着的那个木箱，一边走一边想一边发表看法或者发问。

可是在他们交谈之中，唯有楚云天有一点分心。因为他今天进了这座学院，已经过了一个多小时，他一直没有见到田雨霏。田雨霏知道他到来了吗？她是接近老师洛夫的一个学生，他和罗潜来，洛夫会告诉她的。如果她知道就一定会来。这是基于他对他们之间一种美好的感觉上的判断。他们聊天时，他多次觉得她就要笑盈盈地推门进来了，并瞬间给这间清爽的大房间带来一片动人的光彩。可是她一直没有出现。

过一会儿，门真的被推开，进来的是油画系一位教师于淼，他也是现在学院里比较重要的油画家。大家彼此都认识，没有寒暄。这人很瘦，面色灰白，头发稀疏，戴一副细边的圆眼镜，不大爱说话，看上去有点像老式的文弱书生。但是，他的画与他的长相却完全相反。他善画肖像，超级写实高手，细节抠得相当细，质感强，他能把形象画得极其逼真。他拿着一卷纸，直奔洛夫过来，说："我刚去木工看看，画框已经打好了，马上绷布了。北京那边说，所有十一献礼的画，八月中旬都要来人审核一次，九月初验收。时间很紧，我把你起的草图往细处抠了一遍，你先看看。"

洛夫说："正好他们二位在这儿，一起看看，听听他们的意见。"

于淼很高兴，在一个箱子上把草图打开。他说："这幅画是要画上山下乡题材的，人物多，内容要求得很具体，要有情节，比较难画。尤其我们俩都没去过大西北。"

罗潜说："洛夫到火车站送过他堂弟去内蒙古。"

洛夫笑道："那场面连哭带号能画吗？人家要表现知识青年接受内蒙古牧民的再教育。"

罗潜笑笑，没说话，也没看草图，显然他对这种宣传画式的画没兴趣。楚云天问洛夫："这幅多大？"

"横七米，高四米。"洛夫说。他的回答叫楚云天很吃惊。洛夫接着说，"要不能把这间大教室给了我俩用？这幅画指定我俩合作。"

罗潜已经听得不耐烦了，他正要表示告辞，这时门开了，又进来几个男男女女的学生。这些学生中有的和楚云天见过，便热情地和他打招呼。

楚云天马上想到田雨霏。再看，这些人中间没有田雨霏。他觉得她就要来了，便没话找话地与洛夫、于淼扯东扯西，想拖延一点时间，再等一等。可是田雨霏为什么还是没有出现？

罗潜终于开口说要告辞了。

自从上次去她家看画，他以为接下来她还会在哪天下班时，站在那根方形的水泥电线杆下等他。那个景象很像一幅画。灰色的城市背景下一个美丽、纯真和悦眼的女孩。对了，还有——嘈杂闹市中一株淋过细雨的梨花小树……

但是几天过去，这有点期待的景象一直没有再出现。后来他想，这一切是不是来自他过分的敏感，一种自作多情或者错觉？于是，他告诉自己这仅仅是生活的一个似有若无的偶然，一个误解或误判，一种个人近乎愚蠢的假想。回想一下，前前后后，这个女孩与自己什么故事也没有啊。

可是他还是有一点失落感。

两天后，传达室管收发的赵大爷早晨到设计室送报时，递给他一封信，这封信很特别。通常公家信件都是牛皮信封，一般信件则是印着几条填写收发人地址和姓名的绿线的白纸信封。可是这个信封是浅蓝色，比通常的信封小，像是自己糊制的，而且信极薄，好像是空的。信封上除去他单位的名称，中间一行写着"楚云天老师收"，下边既无发信人的地址，也没署名，只有"内详"两个字，好似里边装着什么秘密。信封上的字体娟秀而清新，使这封信有一种温柔的气息，叫他有了一种含着期待的预感。

他赶紧打开。果然是她——雨霏。一块比信封略小、同样是浅蓝色的纸笺上，竖行写着一句话：

　　　我不舒服了，一直在家。知道您去学院了，没能去
　见您，真遗憾！

没有抬头，没有落款。但他和她都在这小小的信笺上。他在这信笺上看见她的表情，一种叫人怜惜的失落的表情。

几句看似再普通不过的话，此时此刻都含意无限。其中一种声音他听得最清楚，就是呼唤他去看她。

当他提前离开研究所去她家时，他还觉得，这封短简是给他去看她的一个借口。

他敲开门后，一个景象令他很惊奇。她不是他想象的头发蓬乱，身体柔弱，面带病容。她竟然叫他眼睛一亮。欢喜与兴奋使她光彩照人。她穿一件淡粉红色的上衣，一条深蓝布裤，长长的黑发卷在肩后，绯红的脸儿好似雨水刚刚洗过的花朵。他感受到花的香气。在她身后，横七竖八立着一些画板，每块画板上都是一幅新画。新画总带着焕然一新的景象和艺术情感，这使雨霏这房间熠熠生辉。

楚云天问："这是你新画的吗？"

雨霏说："您上次来过之后，我就开始画了。全是新画的！看看您上次批评之后，我有没有改进。"

楚云天说："你不是病了吗？"

雨霏淘皮地一笑，说："我要是不说我病了，您能来吗？"

使楚云天没想到的，是雨霏这些新作。这些新作与上次所看那些画明显发生了变化。无论是远近关系上、色彩构成上、用笔用墨上，这么短的时间里，她从哪里得到的启示、理念、突破？从他上次给她的种种提示吗？她能如此敏锐地感悟到，而且在画中叫人惊喜地看到了？她真有这样艺术的悟性与能力吗？上次他看她的那些习作，没觉得她有这样富于才能的潜质。

她显露出的才能叫她益发美丽与可爱。她已经从楚云天的眼睛里看到他心里涌出来的东西。爱的双方是一种感知，无需话语。

他发现柜子的一层空格有一对小小的陶瓶，造型美又独特，灰釉上有几笔沉着的朱红，率意又大气。他称赞这对小瓶，并说这是日本陶瓷。他告诉她日本人从宋代就由中国把陶瓷艺术学去，现在已经有完全属于自己的风格与陶艺了。

雨霏告诉他，这是她妈妈当年的陪嫁。她说，她妈妈是中国人和日本人的混血。她无意中把自己某些非同寻常的气质里隐藏的缘由告诉给楚云天。楚云天不明白，她为什么如此轻易地把自己血缘中的秘密告诉给自己。

爱会使人丢掉戒备与界限。

她望着他。那双明亮又独特的眼睛里好似有一朵火苗。

忽然，她叫他背靠着墙站着，双臂水平地展开，紧贴着墙。她说她要用尺量一量他双臂的臂幅有多宽。他照她的话做了，但不知她为什么要丈量他的臂幅。

她好似灵机一动，忽然拿起母亲陪嫁的两个小陶瓶，把它们放在楚云天每个手背与墙壁之间，叫他用力压住，他问："你要干什么？"

她说："为了叫你不动，你手一抬，瓶子就摔了。"

他没动，她走到他面前，看着他。她忽然扑在他的怀中，抬起通红的、柔软的、湿漉漉的、颤抖着的小嘴，把心中所有的温存与生命的激情都给了他。

他不敢动，怕摔了瓶子，却完全被动地任由她爱的挥洒与宣泄了。

她和他愈贴愈紧，他的身体感受到她身体的热度，她快要和他液体一般地融合到一起了。

八

秋天总是在夏天不经意时，悄悄入侵了夏的世界；把它无所不在、一统天下的绿色一点点消解，然后就在这绿得最最深浓的地方，呈现出秋天最具标志性的色彩——金黄。

秋的到来从来都无声无息。它最初只是叫这小小的不起眼的一片叶儿变黄。

谁能想到这一叶金黄，渐渐会在天地之间变成一片浩荡。

人最不能抵抗的是两件事。一是大自然的四季，一是生爱死。前者属于天地，后者则是生命的本身。不管你怎样惜春或挽秋，也不管你如何渴望不死与永生，都无法阻止这上天的意志。那么爱呢？生是起始，死是终结，中间最伟大的事便是爱。爱是生命的一种渴望，一种燃烧，它也无法阻止。可是比起生死，爱又有一点复杂。首先爱是随性的，它变化莫测。其次它是两个人之间的事。它不一定是两个人共同朝一个方向推动车子，有可能各自发力，南辕北辙，最后毁掉了爱的本身，甚至包括自己。

这朵刚刚在楚云天与雨霏间开出的小花，接下来该会怎样？

楚云天的天性纯良，学识丰富，喜欢表达，又正当精力充沛的青春年少，他不缺朋友。当然，在他心里分量最重的一个圈子还是他们"三剑客"。这由于把三剑客牢牢拧在一起的，是他们共同酷爱的艺术。

但对于楚云天来说，只是这一个圈子还不够，因为罗潜与洛夫都不是他另一个挚爱——文学上的知己。虽然气质优雅的隋意酷爱诗文，文学感觉也相当不错，可隋意终究是妻子，文学需要见多识广。

在文学上能够与楚云天真正聊得来的，就像在绘画上的罗潜和洛夫，恐怕只有苏又生一人。他佩服苏又生，比他年长几岁，读的书也比他多。可是当其他的人和他坐在一起，就全听他一个人说了。那时代，图书馆内大部分图书都封存了，若想得到一本真正的好书，就得像大雪后的麻雀到处觅食那样。如果一本好书出现了，便一定要在朋友间传来传去，你争我夺，每个人得到的看书的时间都极有限，有时一部长篇只给你一天的时间。这样的好书在这帮朋友中间其实只是像旋风那样飞快地一转，随后就不知跑到哪里去了。在精神上如饥似渴的年轻人当中，满肚子书的楚云天自然就像寒天雪地里的小小一堆篝火。他一出现，大家就会把他围在中间，汲取精神的暖气。

善于讲述、表达、渲染的楚云天便成了一个民间英雄。

他会随心所欲地把他看过的某一本书、某一个精彩的故事栩栩如生地讲述出来。他所讲的大多是听故事的年轻人从没读过的名著。他也不知道自己哪来的这种能耐。他非常善于渲染气氛，能够精巧地剪裁故事，把名著中所有啰唆与累赘全都删去，精华提炼出来；他是画家，有能力把故事讲得有声有色有画面感，让人物活灵活现，使听故事的人身临其境。当他自己也进入所讲述的故事时，会灵感忽至，冒出一些更绝妙、更感人、更意想不到的情节或细节来。有一次，罗潜在场听过，对他笑道："故事结尾是你编的吧。"

他说："你怎么知道？"

"我没看过这本书。"罗潜说，"不过，我是觉得这结尾带着你喜欢的一种结尾——感伤。"

楚云天说："这本书我看到时，后边缺了十几页，我也不知道什么结局，只能顺着情理来编了。"

罗潜忽问他："你认为一个人的结局是生来就定好的？会不会原本有好几种结局，最后由你选择。"

楚云天说："我认为人之所以活着，就是还不知道自己的结局。但我相信一个人最后的结局里一定有他个人的成分。"

"你所说个人的成分都包含什么？"

"时代、性格和选择。"

"有没有偶然因素？"

"偶然中的必然和必然中的偶然。"

罗潜沉吟片刻，说："文学比绘画深刻得多了。"

楚云天近来与苏又生的联系多了一点。主要是他想从苏又生那里借一点西方的文学经典来。苏又生是个修养甚深、人品很正的人。由于比自己大几岁，称他"老苏"。此人精瘦强干，嘴大健谈，喜欢大声说话和大笑，抽烟很凶。他几乎没见过他手指不夹着烟的时候。他走路也抽烟，走路也要抽烟的人才是真正的烟民。在云天刚刚被赶到这红顶小楼来时，原房主被扫地出门，很长时间二层的屋子全是空的。每每老苏来访，云天与老苏就拿着两个凳子、水壶和杯子，到二楼的空屋子里海阔天空地神聊。往往从下午至天黑。天黑就不能再聊了，因为二楼没电。他们聊的全是文学。

老苏毕业于中央戏剧学院，才学很高，记性出奇的好。他自夸堪比"三言二拍"中《王安石三难苏学士》的王安石。遗憾的是父亲身在海峡那边，又做军官，他就难受重用，被贬到了天津的小剧团——豫剧团做编剧。七十年代时自然是无戏可写，无事可做。他的性格爽快又好强，大大咧咧，对生活一切的不顺都若无其事。好像他只要有书看、有烟抽、能聊大天就行。他俩从古到今，从聊斋聊到欧·亨利，从《演员自我修养》聊到梅兰芳，从徐策跑城聊到中国画的空白，一直聊得古今贯通，地阔天宽……从日头穿窗而入，直到太阳西没而出，空荡荡的房间一片昏然，连老苏的烟头都发亮了，才收了话题。这时，隋意会把煮好的两大碗肥肉片和菜叶的汤面端下来，再拿上一张方凳当桌子。赶到月初刚发了工资的时候，还会添上一瓶啤酒和一包香喷喷的五香花生。这便是非常快乐的一天。很尽兴又很享受的一天。

老苏待云天的友好表现在借书给他。他从不借书给别人，只借给云天。他借书的规矩向来很严格，严格到了死板的地步。他说好借给你几天，到时必还，到时不还，再借就难。奇怪的是，老苏在西城外针市街上那个家中，只有简简单单几样家具单摆浮搁，没有书架。可是只要云天想读哪本名著，老苏都会拿给他。他的藏书总有一两千本啊。可是这么多的书都放在哪儿了？云天知道这是不能问的。那时这些书都是"四旧"，是违禁品。能如此慷慨地借书给你，天下没有几人。

今天，云天想向他借泰戈尔的《飞鸟集》。

老苏说："这本书你不是看过了，有些句子你不是都会背了吗？"

云天说："重读一遍感受会不一样。"

过两天老苏把这书用报纸包了一下给他送来，他很高兴，因为这并非他要读，他是想推荐给雨霏读。

自从那天——那是怎样的一天，反正是他从未有过的一天。雨霏就是一种"无限温柔的存在"了。他有生以来，第一次有了秘密。甜蜜的、快活的、骤然而至的、不可告人的秘密。由于这秘密藏着一个神奇而大胆的吻，这秘密就有了一种偷吃禁果的快乐。

这一切来得太快。由绝不可能，还没有通过可能，就变成了现实。直到现在，他都没来得及去想，更没有去判断自己的行为是对是错，他只是带着无限的快意、梦游一般地往前走。跟着谁走？她吗？她往哪里走？她不是上帝，她是爱神，谁也不知道爱神孰是孰非，会把他引向哪里？

他只想与她联系，见面，再见面。当他知道雨霏喜欢诗和散文，便有了与她联系的借口。他上次给她借来一本《先知》，这是他自己收藏并特别喜欢的一本散文诗。雨霏看了，也非常喜欢，在还书给他时，在书中夹一片纸，按照纪伯伦的句式写了一句话："我是一阵风，你怎样才能找到我？"

这句话中有她淘皮的笑容。

为此，他给她借来一本与《先知》类似的散文诗集《飞鸟集》。当他把这本诗集交给她时，书中也夹了一片纸，并用同样的句式回复她："柳条轻轻摇动，我知道风儿藏在哪里。"

他们都喜欢这样做来把生活诗化。这给他们带来无限的心灵的快意。

尽管偷吃了禁果的人，都想继续下去，并把它想象得更浪漫。但他们并没有什么妄念，也不是简单地被情欲驱动。只因为他们都是艺术的圣徒，都把对方当作一种画中的形象，都把诗意而浪漫的臆想放在两人之间去追求，可是情爱的冲动也会渐渐涉足进来。楚云天想起罗曼·罗兰在《约翰·克利斯朵夫》里的一句话："这不是自私的情欲，而是肉体也要参与一份的珍贵的友谊。"何况，他们还远没有越过这条底线。

他不能总去河边她家，他怕遇上她的母亲，也怕叫洛夫知道。雨霏是自己师弟偏爱的学生。如果洛夫知道了他们的私情，结果不可想象；而她也不能总在研究所附近那个繁华的街头等他，同样会被熟人撞见。他们仅有的方式是通信，偶尔打一个电话。可是，那个时代没有私人电话，她没有固定的座机。这样，他们之间很难见上一面。相思使他们坐立不安。

女人一旦进入爱情，比男人聪明得多。后来她想出一个办法，打发邻人家一个嘴严的孩子直接去研究所找他，借口是取一本书或还一本书。如果她太想念他，就写一纸短信，还书时夹在书里，约他去一个极远又僻静的地方见面。但有一次几乎到了城市边缘，忽听一个人喊她，扭头一看，是一个同学，她赶紧想一个理由，把那同学支走了。事后想起来很害怕。因为当时楚云天还没有到，如果撞见了呢？那个学生是认识楚云天的。这么大的城市里，竟然没有给他们一点点的藏匿私密的地方。

一次，他们约在西营门外，太想有一个相拥的吻了。他们钻到几辆停在那里的大货车中间的夹缝里，刚一吻，忽然车上发出一个响动，吓得他们出来骑上车就跑。好像两个逃跑的小偷。直跑出许多路口外，雨霏吓得还是喘不过气来。他们一直也不知道那辆货车上什么东西突然一响。

　　一个周末，下午四点左右，云天和隋意都在家。云天在整理画。隋意则把她从院里拾到的许多好看的落叶摆在镜框里。她对于怎样把这些姿态各异的叶子摆得好看兴致勃勃。这时，楼梯响了，有人来访，隋意跑出屋去看，云天只听隋意惊讶又高兴地说："是你们啊，真没想到，快请进来，不过我家屋里正乱着呢！"

　　楚云天起身时，客人已经进屋，他完全没想到，竟是洛夫和田雨霏！他们怎么会突然到访？

　　洛夫一进屋门还没打招呼就叫起来："快看啊，雨霏！这就是楚老师的古城堡！多棒啊！"

　　雨霏两手合掌放在胸前，好像真的来到一座书中常常描写到的西方的古堡。她也叫着："太美太神奇了，我从来没见过这样的房子！像童话里的小屋。"跟着她说她喜欢这些柱子、坡顶、小窗、天窗、木墙、屋里的种种布置和装饰。直到叫隋意招呼她坐下来，还止不住地赞美与惊奇。

　　洛夫说："雨霏磨了我好几天，叫我带她来拜访楚老师，我这些天一直在赶那幅大画走不开，正好今天于淼抠细节，有点空儿，就带她跑来了。"

　　雨霏笑着说："我老师说，楚老师比他水平高，叫我应该'取法乎上'呢。"她说得很自然。

洛夫叫楚云天拿画给她看。云天的画总有一种生命的气息和美的魅力扑面而来。当他把自己的一些画立在桌上、椅背上、柜上。整个房间的感觉立时变了。那些风雨、云烟、激流、狂飙、阴霾、荒野，以及夺目的夕照，把屋里的人感染得说不出话来。包括云天和隋意他们自己。

"楚老师，我能跟您学画吗？"雨霏说得很恳切。她眼里充满心中的感动。

楚云天不知该怎么回答。

雨霏转过头说："隋老师，我能跟楚老师学画吗？"她见楚云天没有吱声，就去求助于隋意。

隋意说："当然行了，我替云天答应了。你常来玩吧。"她单纯又爽快地说，跟着拉过雨霏的手，对洛夫说："上次在徐老师家第一次见她时，我就挺喜欢她的。她聪明又率直。"她说得情真意切，还扭过头对雨霏说："关键还要看洛老师是不是同意你另入师门。"

洛夫笑道："师母都点头了，我哪还敢拦？"

大家笑了。楚云天心里尤其高兴，这一来，再想见到雨霏就一点障碍也没有了。

可是这样一来，究竟福兮还是祸兮？

九

雨霏每次来，踩着云天家通向顶层吱吱呀呀的木楼梯，都有一种登入天堂般的感觉。是因为她喜欢这里独特的美吗？喜欢它世外桃源般的奇境吗？喜欢它高高地耸入繁枝杂条间而充溢着的大自然的气息吗？

她更喜欢这里的一种浪漫。

这里，没有一件庸人的俗物，没有造作与标榜，没有实用主义的粗鄙。整洁、清贫、文雅、精心，连柜子上一组生活物品，也像画家的写生对象那样适度又和谐地摆在一起。她想起他曾夹在书里、写给她的一句话："艺术家工作的本质，是在任何地方都让美成为胜利者。"

是这个小屋生活的主人使这里变得很浪漫。

美，不就是精神的浪漫吗？

在这里，她和云天聊天，有时隋意也加入进来。他们一起讨论一幅画、一本书、一首诗、一种特别的生活感受、一个长久未解的疑难；女人喜欢感性的话题，男人则更偏重理性。每次交谈总以云天精辟的解析收尾。雨霏得到的是理性的剖析与探究，云天收获的则是两位女性聪颖、丰盈又鲜活的感知。

他不仅给她讲画，还画给她看。他的水墨在充满灵性的宣纸上的变化莫测，叫她惊异，叫她赞叹。她发誓要把这些技艺学到手。那时，一切似乎都来得自然又美好。日子长了，她来的次数多了，隋意做家务时还会喊她帮忙；有时一起去买点东西；买过东西回来时，一定是雨霏提着小袋小兜或者小篮。她在隋意身边更像一个聪明、乖巧又漂亮的小妹妹。她俩上楼进屋来时，还总是有说有笑。

他们都喜欢这种气氛。这个小妹妹有时还会带来一小包京糕条、话梅或青橄榄。这都是隋意的最爱。女孩子都爱吃小吃。她与隋意似乎比和云天更亲近。可是到了隋意出去办事或下班还没回来，情况就另一样了。她会情不自禁把头发蓬松而毛茸茸的头靠在云天的肩上，云天激情涌上来时，会把她拥在怀里，干他们一些偷吃禁果的事。他们没有太过分，可能他们还没有胆量逾越红线，可能他们还有道德上的自律；也许还没有到时候。

事情的变化在当事人那里一任自然，在旁观者眼里却蹊跷频出。最先察觉出这些蹊跷的一定是隋意。

近期，雨霏有时会一连两天或三天，天天晚上都会到他们家来。她好像是这家庭的一员，她来得理所当然了。有时待得很晚才走，走的时候居然有一点离不开这里的感觉，为什么？什么叫她离不开？有一次，赶上晚饭，隋意留她一起吃饭时，她吃一块鸡，咬了一半，说很香，好吃，把咬过而剩下的一半夹到云天的碗中。她说要"孝敬老师"，可是什么样的关系可以把咬过的一半夹给对方。这个小小的细节似乎说出背后大的变故。

隋意生长在一个优雅的知识家庭里。单纯又善良，她对人从不设防，遇事也不相争执。她与云天两小无猜，一直风和日丽地在一起，从来没有想到会有什么威胁出现在他们的天地里。当她开始本能地留意起来之后，却又不知如何察看、如何应对。比如她下班回来，看到雨霏的自行车停在院子里，知道雨霏在楼上与云天在一起。他们会怎样地在一起？别人碰到这种事，一准会蹑手蹑脚地上去，忽然出现，看个究竟。但是隋意不会，她没有想到吗？不不，她是怕真撞到什么，她怕猜疑成为事实，她承受不了那种结果。所以，每当碰到这种时候，她反而故意把登楼梯的声响弄得大一些。

这是惧怕，是躲避，是软弱，还是天性的宽厚、善良，以及源自自己家庭的一种尊贵与高傲？

于是，她就把自己困在疑惑别人的烦恼里、对一直相爱的人不信任的苦恼里了。谁又能和她分担这种苦恼？这种事不能对任何人说，连她去看妈妈时，对自己的妈妈也不能说，只有自己孤单一人来承受。

很长一段时间，她这样默默地挨着。她这样挨着，就难免郁闷，就会无意地流露出来，云天能没有敏感吗？

一次，她因公务随着几个医生去上海做业务交流。当天晚饭后，云天一人在家，雨霏来了。她和云天把这一天当作可以尽情亲密的日子。可是，正当他们激情洋溢时，忽然听到有人上楼梯的声音。这人的脚步很轻，可是楼梯太老，一踩就响，天晚时声音便分外清晰。

他们吓了一跳，云天赶紧跑出来。只见上来一人，竟是罗潜，正在往上走。他站在屋门口说："你怎么来了？"

"没事，找你聊天。"罗潜说。他站在楼梯上抬头看，发现云天头发缭乱，他问，"你这么早就睡觉了？"

"我今天有点累，糊里糊涂睡了。"云天说。说完依旧站在门口，好似守在门口，他要把雨霏守好。那个楼顶上的小屋是无处躲藏的。

罗潜看看他，觉得有点异样，不管他累不累，按道理他都要把来访的好友请进屋，坐一坐。他不请自己进去，这很反常，除非他屋里有什么秘密。罗潜沉一下便说："那好，我先回去，你接着睡吧。"说完扭头下了楼。

云天被这突如其来的事弄得有点发傻，也没有送他，只说一句："一半天我去看你。"

楚云天转身回到屋里，感觉自己刚刚太紧张了，他回想一下刚刚见到罗潜的整个过程，觉得自己有些慌乱，不合情理，不合常规，露了马脚。是呵，他怎么能不让到访的好友进屋，可是他又怎么能让他进屋？

原以为老天恩赐给他们的一个节日，现在完全败了兴致。雨霏问他到底出了什么事，他无心再说，便让雨霏快点回去，免得罗潜有什么事再返回来。

等到他静下来再细细一想，觉得事非偶然。罗潜刚刚为什么没有问隋意在不在家。难道是隋意出门前托罗潜到他家来，侦看究竟？隋意遇到什么为难的事，从来都依靠云天来办，可是现在制造难题的恰恰是自己，她一个孤女子，求助何人？唯有罗潜。这个老友为人持重，踏实可靠，与他家的关系也最近。他愈想愈觉得这个猜测靠谱，原来自己已经落到这步田地！明天最重要的事是通知雨霏，隋意出差这几天不要再来了。

隋意回来后，过了几天，事无变化，一切如常。那时代出差如同出国。在南边跑了一圈，心里松弛多了。她给她妈妈带来的梨膏糖和松饼，都是妈妈爱吃的。带给弟妹亚楠一双便鞋，也正好合脚，更叫弟弟一家合不拢嘴。她与云天之间的话，比出差之前也明显多了，最爱说的话题则是在沪上的所见所闻。楚云天暗暗笑话自己原先那些担惊受怕，全是疑神疑鬼，自己吓唬自己。但还是暗暗嘱咐雨霏少来为佳。这样一来很见效果，偶尔雨霏来了，和隋意说说笑笑都很自然。这就使云天紧绷着的心彻底放松了下来。

有一天，云天看着隋意与雨霏坐在那里交谈时，心里忽然冒出一个荒唐的想法。他居然心想，这两个这么姣好的女子都和自己亲吻过。他心中暗暗得意，甚至还有一种成就感呢。

人在做，天在看。他一定要吃这个"罪恶"的想法的后果。

一天，雨霏提一兜金黄色的小橘子来，说是她妈妈同事从广西带来的蜜糖橘，叫她送一些来孝敬老师。她放下橘子就要走，说外边的风已经有些雨味儿，看似要下雨了。

她说了就跑下去。她走了才一会儿工夫，窗户忽然暗下来，风吹得小木屋很响，甚至有点摇晃。跟着是刺目的闪电和滚雷。大雨点迅疾地由天而降，紧锣密鼓般地敲打着天窗，像要把天窗击碎。随后便是大雨倾盆，小屋一角原本漏雨的地方立刻流下水来。

隋意一边用小盆接水，一边叫道："哎呀，这么大雨，雨霏没有穿雨衣，她刚走不远，你赶紧给她送雨衣去！"她把自己的雨衣递给云天。

楚云天抓过雨衣就往楼下跑。隋意喊道："你自己也得穿雨衣呀！"

他这才转身上来抓起自己的雨衣几步就跑下去，这架势好似英雄救美。

这个细节叫隋意敏感到了。

楚云天在滂沱大雨里用力蹬车。大雨和逆风和他较力。他不断用手抹去脸上的水，眼前的风景好似江河倒挂，他在挣扎。忽然，他听到有人叫他。他以为是隋意，其实怎么可能是隋意？他左顾右看，只见道边有个人在门洞里向他招手，竟是雨霏！她在那里避雨。

他用很大力气，才顶风冒雨到达那里。雨霏已经全身淋透，薄薄的衣衫紧贴身上，发丝贴在脸上，狼狈不堪，她冷得发抖。他赶紧把带来的雨衣给她穿上，搂住她。她在危险时候得到他的救助，受到感动，抬起嘴唇吻他。他笑道："雨水还在你脸上流着呢！"

她忽然说："我喜欢这样——"她忽然用力拉着他跑到门洞外的大雨中，热烈而激情地吻他。让大雨浇头而下。冰凉的雨水流过面颊，并绕过他们亲吻中发荡的嘴唇流下。他们痛快淋漓享受着这一场人间近似疯狂的浪漫！他们长久地这样站在雨中一动不动，像雕塑那样。

从冷雨疾浇中回到家中，云天很快就发烧病倒。隋意不明白他身上穿着雨衣，缘何浇成这样。她问他，那一瞬他竟然不知如何回答，他们从小彼此从不说谎，面对她那双真纯无邪的眼睛，他一时找不到理由。这使隋意从中突然明白到了什么，当然她绝对想象不出那一幕何等的浪漫与纵情。她没有再问。原先的种种不实的猜想这一次得到了巩固。

在楚云天病倒的第四天，他躺在床上，头有余烧，隋意请假在家，给他煮药，两人之间很少说话，一个不想说话，一个无话可说。

这时楼梯响了。云天和隋意都能从登楼梯的脚步声听出是雨霏来了。隋意走了出去。楚云天躺在床上，听得见她们在屋外楼梯上的说话。在她们的对话中，明显表现出隋意不同以往了。

雨霏说："我来给您送雨衣，谢谢您，那天雨太大了，多亏了这件雨衣。"

隋意说："给我吧。"只说这三个字，很平淡。

雨霏说："楚老师挨淋了，他没事吧。"

隋意说："他病了。"还是三个字，仍很平淡。

雨霏有点着急，她说话的口气不由得变得急迫。她说："厉害吗？去医院吧，我陪着一块儿去！"

隋意说："不用了，我是医生。"她出奇的平静，一反常态地不动声色。无论是说话的声调还是脸上的表情，都有一种冷淡的东西。冷淡是一种拒绝。

楚云天在屋里都感到了屋外的气氛。跟着，就听雨霏说道："那我就不打扰，先走了，请楚老师好好养病，有什么事您自管找我。"

没听到外边再说什么，跟着是雨霏下楼的声音，隋意推门进来。

隋意把雨衣挂好，她自斟一杯热水，靠窗坐着，眼睛望着窗外的风景。但她没有感受风景，而是让自己平静下来。她没有经过这样的风波。表面看她平静不语，心里好像刚经过一场战争。

她无法再承受这样的生活。

从这天开始，雨霏不再来了。不知云天上班后是否在用别的方式与她联系，反正雨霏再没有在这里出现过。隋意与云天的生活里不但不再有雨霏，连说话中也没有。隋意只字不提，云天也不敢提。他愈不敢提，她愈觉得他们之间的故事非同寻常。但是究竟雨霏还在这个城市里，她是不是躲过她的视线，却依然小鸟依人地隐身于他私下的生活中？

她没有能力去寻问，也不齿于世俗的追问。她认为爱不是争取来的，也不是一个强人的果实。她有她的尊严。于是，这件无处言说的秘密便成了她的一种深切的折磨。

他好久没到罗潜这小屋里来了。一个潜在原因是隋意出差、雨霏与他幽会那天晚上发生的事。他一直怀疑罗潜猜疑他。可是他又想，罗潜并不知道他与洛夫的那个女学生雨霏有联系，除非隋意找过罗潜，请他帮助。这件事便成了他与罗潜关系中一个说不清、道不明的障碍。他曾经几次有点怀念那个可以谈书论画一起听音乐的小沙龙了。在那个寂寥的时代，那是一个无处可寻的真正敬奉艺术的天国，是精神疾苦者的安慰之乡。

今天下班回家，他在楼梯门口发现一个纸条，是罗潜留给他的，约他去玩。他想，是不是罗潜要和他开诚布公地谈谈他的私密了？但他来了之后，罗潜一如既往，没有任何异样。好友多日不见，还多了一些亲切。这使他确信自己曾经的种种猜疑都是疑神疑鬼，有点"小人之心"了。一旦心里这个结解开，便有说不出的愉悦。许多年来，他们三剑客之间，从来都像他家对面那个垂柳四围的小小的河湾——风静波平，闪着柔和的日光或月光。一个人的年轻时期能拥有几个知己好友，是人生的幸福之一。

"我本来还想叫着洛夫一起来，一问，他在北京。听说他那幅大画在美术馆展出时，受到了好评，找他的人多，很忙。"楚云天说。

罗潜说："他刚画完那幅画时，拉我去看了。这个人真是聪明，还记得我们在他那儿说到画要画得'松'吗？他画这幅大画时还真的注意这一点了，画得挺'松'，很舒服，大气，又不失整体的气势。要不是于淼把几个主要人物的形象抠得太细，整幅画的感觉会更好。"

楚云天听了，心里想，洛夫为什么没有找他去看画呢？这有点不正常。会因为雨霏吗，他知道什么了吗，隋意也会去找他吗？此时的他，一切都变得异常的敏感，甚至有点狐疑。

罗潜不知他想的什么，还在与他聊着，问他这么多天是看书还是画画有什么心得，想和他说说。

楚云天整天满脑袋里塞满了各种想法。他一听，便把前几天与雨霏谈到的关于"意境"的思考说出来。他对自己在这方面的新见解很得意。他说他给"意境"一个现代解释——

他说古人所说的"意境"，其实就是现代人说的"文学性"。

他说"意境"这两个字，"境"是指画中的空间镜像，"意"就是诗意。"意境"就是把诗意放到画中可视的景象中去。

他还说，意境被中国画家视为最高的标准，这个标准在王维和苏轼那时就确立了，可是西方的绘画不特别强调意境，这因为中国古代的画家多是文人，兼通诗文。另一方面，在中国的历史上，文学成熟在前，绘画成熟在后，这使得文学对绘画的影响有了决定性的意义……

罗潜眯着小眼听着。他一向欣赏这位好友近于夸夸其谈的高谈阔论。在罗潜眼里，很少有人像云天这样，心灵的感悟如此丰盈，脑袋里的思考一刻不停，所以他总是各种高论脱口而出，再加上他天生富于感染力的口才，他也就很容易被异性膜拜。可是，如果他一旦被迷恋于他的人所感动，就难免身陷困局。因为，容易多愁善感的人都有脆弱的一面。一旦陷入困局就会难以自拔。一次，罗潜对他说："你可千万别给别的女人拖下水。你可要明白，再好的女人也不如你身边的隋意。"

在云天淋漓尽致地表达了他对绘画与文学关系的思考与见解之后，罗潜说："我赞成你的见解，很独特，也站得住脚。不过，我想提醒你，西方绘画中，苏俄绘画是一个独特的体系。或者说在整个欧洲绘画中，苏俄绘画是一个伟大的另类。苏俄绘画也是追求文学性的。"

楚云天怔了一下，他在想。罗潜说："列宾就是绘画中的托尔斯泰，列维坦就是绘画中的契诃夫。这比喻可以吗？你比我更懂得苏俄文学。"

楚云天忽然叫了起来："你这是一个伟大的发现！我从来没有这么想过。我只对老苏说过，每每看列维坦的画就会想起契诃夫的《草原》，看希施金的画就会想起屠格涅夫的《猎人笔记》。听你这一说，我要把苏俄文学和绘画放在一起好好想一想了。罗潜，你想问题总有自己的发现，这个想法棒极了！"

罗潜露出高兴的神情，他说："我没那么棒，我只是受你刚才关于文学性那些话的启发而已。"他站起身来说："你先看画，我去给你沏茶。"

现在，他又要用他最经典的茶食——茉莉花茶和涪陵榨菜来款待朋友，以助谈兴了。

云天看到，这一段时间里，罗潜黑乎乎的墙上多了两幅小画。这两幅新作一看就不同以往。一幅是抽象的，一堆色彩碎块纵横的交错中，有折断的黑色，也有模糊缭乱的灰蓝灰紫，这中间一些碎玻璃样的暖色闪出光芒。他感觉这画的意蕴有点异样，隐隐之中还有一些迷幻与困惑吧。抽象作品真正的解读者都是画家本人。难道生活中又有什么非同寻常的东西触动了他？

墙上另一幅作品是具象的，却似乎也融入某种特殊的意味。一个歪歪扭扭的小瓶里，插着一束洁白的小花。本该是生气盈盈的花枝却枯萎下来，瘫软无力地向一边倾倒。在这无力自撑中它呼唤着救助吗？罗潜在画中黝黯的背景里放上一块纯净的群青糅合着一团幽暗的冷色，让他感到一种浩瀚和彻骨的寒凉。病态美是罗潜一贯的表达。他虽然不了解罗潜在什么心理背景下画的这两幅画。但他很欣赏这两幅晦涩不明的画里，色彩的单纯、特异、优美与笔触的老到，还有深在的精神空间。他很高兴，最近一段时间，他们三剑客——尽管画的完全不是一类的画，追求相去极远，却都在明显地提升。应该找时间再聚聚了，相互评议一下，让各自的努力彼此启发。

他刚要把心里的话说出来，忽见地上戳着一摞油画。放在最外边的一幅较大，一看，感觉受到冲击。他没有弄清楚这是艺术的冲击还是情感的冲击。这冲击却分明是雄浑的、猛烈的、突兀的，并带着一种悲壮感。有一种两年前在这屋里听贝多芬的《命运交响曲》那种感觉。他说："这画真猛，给人一种撞击的感觉，不是你的画吧。"他翻动着这摞油画。全是风格一致的风景画。调子阴沉又压抑，不仅压抑，还有一种难以遏制的东西在画中涌动。他很少看到这么强劲有力的笔触，甚至连作画时画笔在亚麻布上猛烈搓动的声音都听到了。他感到一种不寒而栗。

"这是谁画的？我以前怎么没看过，上边有这么多尘土，这是很多年前的老画吧。"楚云天坐回到椅子上，说，"我敢说，这绝不是一般的画！"

罗潜给云天斟了一杯茶，眼睛瞅着他说："为什么不是一般的画？"

"有一种很强烈的情绪，有一种要宣泄、要爆发的东西。我能感到。"楚云天说，"这位画家如果不是一个古怪的人，神经质的人，就是身陷于苦难之中。"

"你很厉害。"罗潜说。他没有接着说，而是慢慢地饮茶，静了一会儿，照旧用他那种平稳的口气说："这是我的一个朋友画的。"

"谁？我见过吗？"

"现在我的朋友只有你和洛夫，再没别的朋友了。这是我十多年前的一个朋友。这画是他存在我这儿的。"罗潜说。

"他人呢？现在在哪儿？"

"不知道。"罗潜又饮了一口茶，说，"你一定想问我这些画是怎么回事吧。我可以讲给你，但只能你一人知道。无论你爱谁，也不能叫对方知道；无论你将来怎么恨我，也不能告诉别人。你能做到吗——"罗潜说话的方式有点怪，有点神秘，他平时不这样说话。

"我能够。"云天应声回答。

"我只能讲给你一个梗概。你先听好，你最好不要打断我，还有，不要追问。"

云天应了。他困惑着。

下边便是罗潜讲给云天这些画后边的一个悲剧——

"他是我中学时的一个好友，叫秦岭。我们同在学校的美术组，他画得比我好。全市几次中学美展，他都得过奖。他上高二时中央美院已经瞄上了他，说高中毕业后不用去参加高考，直接选拔到美院。他写生的能力很强，当时他的画风也不是你现在看的这样。他画得如同清风流水一样的明快。我们美术组有个女孩叫——"讲到这里他停顿了下来，停顿的时间较长，然后才接着说，"她叫作吴忧。这女孩儿活泼，好看，明朗，爱笑，除去画画，还能歌善舞，说话声音好听。在美术组里大家都喜欢她，她最喜欢的是秦岭。她崇拜他，更因为他们上小学时就同班。所以他们的感情纯洁无瑕，就像你和隋意——"说到这儿，他的目光中有一种春天一样的东西，可是不知为什么，这春风骀荡的风景忽然变成了冰天雪地。这时，他的目光阴冷又坚硬。他接着说："你认为世界上真会有什么不变的爱情吗？现实会告诉你，最容易变化的就是爱情。再美好的爱情也靠不住。"这时，他好像不能不停下来一会儿，于是他端起小陶碗喝茶，同时也让云天喝茶。

云天不催他，等着他说。

"后来他们认识了一位有身份的人，这人既是一个官儿，也是画家。年纪比秦岭和吴忧他们大了二十岁吧。他很和善，不像官儿。但他的家里很像样，有客厅也有画室。他老婆有病，去世了，又没孩子，待秦岭和吴忧就像待自己的孩子一样。最初，他俩常去玩，去常了就像到自己家。

"渐渐的，秦岭发现一个不大好的情况，就是吴忧有时自己去那人家，而且愈去次数愈多。秦岭还发现，最初吴忧去那人家时，穿得很整齐，后来竟然很随便了。等到秦岭忍不住，直问吴忧为什么总单独去那人家，并阻止她再去时，吴忧竟然对他哭着说，现在说什么也没用了，我已经答应嫁给他了！"

说到这里，戛然而止。好像放电影时断了胶片，一片漆黑，一点声音也没有。

云天沉默着，继续等待。他感到这个故事是不幸的、艰难的、悲哀的。他有点奇怪，罗潜讲这个过往的朋友的故事时，竟然这么投入和动情。他和这秦岭有那么深刻的关系吗？

渐渐的罗潜重新回到了这段往事里来——

"这对于秦岭好比天塌地陷，就不用说了。再去问吴忧为什么会这样、你怎么想的、你为什么背叛我，等等，也全没用了。吴忧真的嫁给了那个人。"他沉了沉，声音转为低沉地说，"那些日子，他要死，要吃安眠药，要去拼了，全被大家拦住。但真正制止住他内心狂飙的最后还是画画。他居然一边画，一边安静了下来。画画叫他活了下来。你现在看的，就是这一批画。"

他草草结了尾，是不堪讲下去，还是无法再讲下去？

楚云天听了这段许久前的往事，就像眼前刚刚发生过的一样。他瞥了一眼立在地上的画，昨日的悲情好像还在那些画上呼啸。

他问罗潜："他现在在哪儿？"

"谁？"罗潜问。他好像在梦里。

"秦岭。"

罗潜说："刚才我说了，不知道。"

"他后来去美院了吗？"

"没有，那一阵他有点神经不正常。不能再上学了，中学都没上完。"

"后来好了吗？你怎么会不知道他现在在哪儿？"

罗潜突然手一摆，说话的口气有点生硬。他说："咱们开始不是说好了吗？你不要追问。"他明显拒绝再说下去了。

说到这里，楚云天忽然明白了，罗潜讲述这段往事，这个秦岭，其实就是他自己！那个曾经被爱情毁掉的秦岭就是现在坐在他对面的罗潜。他惊奇又震撼！自己这个多年的好友竟有这样一个不堪回首的遭遇。人生的灯一旦熄灭，谁能把它重新点亮？

不会有。太阳一旦熄灭，我们的心永远一团漆黑。

可是他为什么直到今天才讲给他？是为了他，才剖开了一直封闭的自己。他已经不知如何面对自己这个朋友了。

沉了半天，罗潜若有思索地说了下边一段话：

"有的爱如过眼烟云，有的爱刻骨铭心。因此，千万不能伤害真爱你的人。什么叫真爱，就是她失去了你，她就一无所有；或者你失去了她，你也一无所有。如果你伤害了她，就比杀害她还残忍。杀害一个人是消灭肉体；伤害一个人的爱是宰割心灵，就好比扑灭一颗心全部的火焰，叫那个人变成一片死灰。"

楚云天听着，不知这话是不是说吴忧；还是说给云天听的，反正这话一直插入他的心。

十一

罗潜的话是爱情的真理。他确信，但他做不到。

他面前放着两根蜡烛，如果要想叫一根蜡烛放出光明，必须吹灭另一根蜡烛。他感到两难。

他已经渐渐背起了对隋意的歉疚，而且愈来愈沉重，他有了负疚感。几个月里，虽然她什么也没说，但小楼里的空间沉闷了，没有说话的话题了，她似乎也失去了捯饬房间的兴趣，再不去在布店里买回几块好看的布头，别出心裁地缝点什么；花瓶里的花早干掉扔掉，空瓶子几乎是他们现在生活的一种象征。生活中的兴致都来自于家庭的情感。原先那些飘荡在这小屋里芬芳和鲜亮的情感呢？

他发现，隋意不让他吻她了。原先他上班前，或下班后，他都要亲吻她。如果他忘了吻她，她会主动和笑眯眯踮着脚把脸蛋向他偏过来。现在她为甚拒绝他，是她感觉到了什么？是的。女人对爱的感觉，出奇的敏锐、微妙与精确。她能精准地知道自己在对方心中的刻度。进而，她再不愿意他拥抱她，睡觉时整夜都是背对着他。有一次半夜他发觉她的肩背一抽一抽在动，他问她是不是畏寒发冷感冒了。她背对着他举起手来摇了摇，便不再抽动。天亮后，她先去上班了，他叠被时，发现她枕头上湿了一片，原来昨夜她偷偷地在哭。当然他知道她为什么哭。

他由此感受到极大的自责。

从小她一直在他的保护下有说有笑。他不许任何人欺负她，他自己更不会欺负她。他从来没有打过她一下。但是，现在他却比任何人欺负她都彻底都绝情。他无论怎样想方设法再去向她示好，都没有意义。爱是可以分享的，但爱情绝对不能。爱情绝对是排他的，也许这正是爱情的纯粹。

当他决心恢复他们的昨天，他的难题是无法去吹灭另一根蜡烛。他太知道那个女孩子的一往情深。雨霏与他之间发生的，应该是雨霏的初恋。再没有比初恋的感情更专一更绝对。

在雨霏那天送还雨衣之后，便失去了见到云天的途径，她天天巴望着失踪在大海中的帆影。相思太苦之时，她给他打电话，写信，约他在这城中各个僻静的角落一见。每次见面，她都是流着泪，含着笑，望着他。他面对着她那双特别的不对焦的眼睛里痴情的目光，心里更找不到与隋意恢复昨天的希望。

一边是青梅竹马的真纯，一边是初恋的痴爱，他没有权利去选择，也无法选择。一切根由都不在对方，都在自己身上。自己无法改变这既成的现实，只有一天天地忍受。而他忍受的不只是自己的苦恼，更是两个自己所爱的女人的痛苦。自己的过错怎样改过？去问谁？去找罗潜吗？他知道自己在罗潜眼里就是那个负心的吴忧，那个残酷地伤害真爱自己的人，扑灭别人生命中火焰的人，罗潜怎么可能帮他？他还想过去找雨霏的老师洛夫，但他怎么对洛夫说，洛夫会不会瞧不起自己？如果洛夫也喜欢身边这个女学生呢，他一定会恨自己。

原先每每碰到难事，他都有这两个朋友帮助。他们如同船上的两根桨，现在一根都没有了，只剩下自己一条无助的孤舟漂泊在水中央。

又是初夏时分，一件事突然出现，事出意外。

这天是一个周末。那时代很多人家周末习惯把三餐改作两餐，为了省事也为了省钱。云天和隋意在早饭后各抱着一本书看，彼此无话可说，云天看着看着就睡着了。这时，有人登着楼梯上来，脚步又重又快。云天给这脚步声吵醒，起来开门。一张年轻、明亮、富于朝气的面孔，是洛夫！

云天和隋意都有点意外，他许久未来了。云天有点尴尬，半年来，由于他和雨霏的关系，使他有意或无意地避开洛夫了。

洛夫却完全没有任何尴尬，一切依然如故，先说他和淼那幅大画《广阔天地》被美术馆收藏了，但是学院"卸磨杀驴"，在他们画完那幅任务画之后，就把那间大教室收回去，还说那个老楼另有所用，要按照上边的精神办"工人美术大学"。学生从一些工厂的设计人员中抽调。

洛夫对楚云天说："老师也要抽调。听说还要从你们轻工业局的设计研究所抽调老师来呢！你要来多好，咱们就天天见面了。"洛夫傻乎乎咧着嘴笑。

楚云天没敢表示高兴，因为他看到隋意的表情不大自然。如果他被调到艺术学院，就会很容易和雨霏见面了。

可是就在这时，洛夫忽问他俩："你们最近见到雨霏了吗？"

这句问话之后是片刻的空白。隋意没有说话，她听云天怎么说。

楚云天说："好长时间没见了，她在准备毕业考试吧。"

云天并没说谎，他在春节后就没怎么见她。两个月前，她寄还一本书给他，里边夹着的纸条上写了一句话："没有果实的花，开开就是痛苦的。"此后她又打了一个电话给他，说她准备毕业考试了。从此便没了消息。他也没有主动联系她。他希望他们的事就这样一点点淡下去。淡一点，拉开一点，双方都舒服一些。当然，这要看雨霏的态度；只要她愿意就行，反正他不会有意疏远而伤害了她。

没想到洛夫告诉他们一个消息。他说："你们见到她时得祝贺她，她报考北京美术馆的展览部，已经录取了！她要去北京工作了！"

一下子，他把屋中每个人背在身上的东西都卸下来了。对于隋意好像压在背上的一块巨大的石头突然掉了下去，对于云天好像捆在身上的绳索一下松开。他们都太老实，从来不会作假，一下子不知该说什么，两人不约而同只说："好、好、好。"

事后，云天愈来愈觉得洛夫告诉他们雨霏赴京的消息，是他这次突然造访自己家的目的。他许久未来，怎么突然到访，而且在说完雨霏进京工作之事后，很快就离开了。

如果真的是这样，洛夫必定对他和雨霏的事全都知道了。那么报考北京美术馆的举动并被录取，一定也有洛夫的帮助与努力。因为洛夫与北京专业的美术单位都熟。可是雨霏怎么会做出这样的决定？决定赴京就是决意从此脱离他，这原本是雨霏很难做到的！

当晚，云天骑车去西开教堂那边。下午洛夫临走时，约他晚间来他家看画。这时天很黑了，月光显得很亮。他看见这座废弃了的教堂好似一座荒山，默默而静穆地竖立着；在月光映照得通亮的背景上，它漆黑如墨，仿佛一个怪物的巨影在那里不声不语。这里人很少。他忽然看见教堂一侧的小树林边，孤单单立着一个人影，他一眼就看出是雨霏！

他过去。雨霏说："洛老师叫我在这儿等你。"

他明白了，洛夫不但知道了他们的事，而且现在这一切都是洛夫安排的。洛夫不是约他看画，而是安排他和雨霏一个非同寻常的告别。他明白，这是他们故事的一个结尾了。

他尊重她，什么也没问，一切都是雨霏说的："我不该在别人的花园里开花，虽然过往的一切都很美好。但我对不住隋老师，因为我常常忘了她。我也对不住你，因为我不该把自己不切实际的幻想强加给你。说实话，我坚持不下去了，楚老师，我知道你也坚持不下去了！我只有离开你，我们才能重生！"

说到这里，她有一点冲动，说话的声音颤抖起来，但她努力克制住了。

雨霏接着说："我感谢洛老师。他帮助我走出困境。"她最后的几句话，叫楚云天仿佛进了天国："我也羡慕你们之间是这么好的朋友。洛老师，还有罗老师，为了你，也为了我。"

听了这几句几乎叫他真相大白的话，他感到他的朋友们才是真正的艺术家。他们用爱、美和宽容，修补了他们人生的失误。把他从泥淖边拉了回来；而雨霏做了怎样痛苦的自我割舍，才让他们走出这个几乎走不出来的绝境！

这时，她走上来，轻轻地说："抱抱我吧，最后一次。"

云天张开双臂去抱她时，又闻到她头发和身体熟悉的味道。但他这次没有再去紧拥她。尽管他的心紧拥了她。他这样做，是为了使这个近乎诀别的分手来得容易一些，他只是略略拥紧，随即松开，他两手扶着她的双肩，帮她转过身去，对着她的后背说："去吧，雨霏，我的心会永远祝福你。"

雨霏在随后一瞬间的坚强叫云天钦佩。她不再回过身来，而是推起倚在树干上的自行车，到马路上，上了车走了，头也不回。云天站在那里，一下子觉得仿佛失去了很大一片美好的东西。这些东西随着她远去的身影消失在一片夜色里，也消失在即将过去的时光里。

十二

两个月后的一天，楚云天果然被研究所的主任叫去，说要把他调到艺术学院去筹建"工人美术大学"。这个按照上级命令仓促上马的工人大学，没有地方，暂借了艺术学院闲置的一座两层的老楼，这老楼楼上的一间就曾经是洛夫画那幅《广阔天地》的画室。据说这学校的学生们都是从轻工业局下属的各个工厂抽调的设计人员。云天的工作是讲授中国画和美术史。这对于他太轻而易举了。他很高兴，因为这一来，他就与洛夫跑到同一个校园里，见面太容易了。

但是他是不是也会碰到雨霏呢。但半个月过去，一次也没有碰上，后来听人说雨霏早已离开这里去北京了。他不觉又感到一种失落与空茫。好像一只叫得很好听的小鸟飞走了。

同时，他身边的另一只小鸟至今还没有唱出歌来。

虽然桌上的炒菜渐渐变得有光有色，柜上的东西重新摆放得有模有样；她又像先前那样到老布店饶有兴致地买一些杂色的小布头回来，缝一点什么好玩的东西摆在屋里。逢到此时，他一准夸赞，为她助兴，哄她高兴，其中也隐含着一种难言的歉意。尽管如此，他依然感到某种生疏感。比如晚间睡在床上，她仍旧整夜背对着他。他悄悄拍她的后背，她也不理他。要想重新亲近她还是不容易的。对一种伤害很深的过失产生谅解，是需要时间的。需要多长时间，没人知道。

一条在海上险些倾覆的小船，怎样才能完好地回到自己的港湾？

一天，他带着学生们去七里海那边去画芦花。这时候，芦花全开了，远远看去遍地飘动的芦花好似浩浩荡荡的连天的雪浪，景象异常独特，也非常壮观。他一直偏爱芦花。这是一种深秋大地上最后的一种野花。他钦佩这种毫无名气、无人宠爱的野花所拥有的品格，它从入秋时节开始，直到寒风劲吹的初冬，一直顽强地彰显着大地生命里这种无尽的温柔。芦花的花茎很细，花穗轻软，缘何从不吹折？隋意和他一样，也爱芦花。有一阵子他们年年秋深都骑着车远远地到蒹葭苍苍的南郊这边来看芦花，他还带着画夹写生，每次隋意都要采摘几枝带回家，插在他们屋角的一个古老的深朱色的陶罐里。当他想到这些往事，便情不自禁地叫同学们帮他采了许多芦花带回家。他把这些穗子长长、蓬蓬松松、盛开的芦花布满小屋。

隋意下班回来一进屋，"呀"地叫了一声，这银白色、毛茸茸的芦花不是他们共同之所爱吗？一下子她感到一种往日的温柔铺天盖地把她攫住。她感动起来。感动是人间最美好的感情。这时云天长长的胳膊从身后一点点搂了上来，最后把她紧紧地抱住，她没有拒绝。

于是，美好的昨天不可拒绝地返回来了，情感的伤口愈合了，彼此身体的气味又成为人间最迷人的气味！

当年的年尾，老天给了这对重归于好的年轻人一个期盼太久的礼物：他们有了一个孩子，是个美丽的女孩儿！孩子是巩固家庭的天使。有了天使的生活会有多美好！

当然，楚云天并没有完全忘掉雨霏。他不是一个始乱终弃的男人。他偶然想到她时，心里都在暗暗为雨霏祝福。然而，他不再有她的任何信息。他也绝不主动地联系她。再联系她就会再伤害她，也再伤害隋意。这一点他很明白，也很坚决。

渐渐的，他在学院校园里听到一点不曾知道的关于雨霏过去的事。

据说，洛夫非常喜欢雨霏。洛夫曾想在雨霏毕业后，把她留在系里做自己的助手，后来不知什么原因，事情突然变了，雨霏去了北京，而去北京这件事恰恰又是洛夫给她办的。关于这件莫名其妙的事情的缘由，其说不一。楚云天心里清楚，这一切都与他本人有关。

可是，由此他想到，雨霏是洛夫的爱徒，不然洛夫不会在她毕业后要把她留在身边。当洛夫知道雨霏与自己的私情，一定会恼火。依照洛夫的脾气，他应当找云天来发火。但洛夫非但没有这样做，反而改变了主意，把雨霏送到另一个城市去，从而为云天把一个天大的难题平静又圆满地化解了。

他清晰记得那天洛夫跑到他家，告诉他们雨霏将到北京工作的消息。他那神气仿佛帮助他们把罩在身上的一张大网掀去了。

他联想起雨霏与自己分手那天为什么说，她羡慕自己有"洛老师和罗老师"这么好的两位朋友。

楚云天想，特别是罗潜在这件事后边的努力。那天罗潜对他讲述自己曾经的那个悲剧，不正是对他一个委婉的规劝与告诫吗？而且，唯有罗潜能够从洛夫身上调动出朋友之间的情谊，挽回了生活中将要失却的美好，或者说恢复了原本的美好。为了云天，更为了隋意，还有他们的家庭。

经过这一场看不见的风雨，他们三剑客之间，如同生在一起的三棵大树，枝丫穿插得更紧，根须纠结得更深。

一天中午饭后，云天在教研室整理教案，洛夫跑来说："罗潜叫人送信说，下午叫咱们去他那儿一趟。"

云天说："什么事？他很少这么紧急，是不是病了？"

洛夫说："我问了，送信的人不说。你下午要是没课，咱就早一点去吧。"

楚云天说："我没事，现在就走！"

说着两人匆匆蹬上车就去了。一路上胡猜乱猜，猜得全都不对。待进了罗潜的屋子，感觉有点异样，屋里不知少了一点还是多了一点东西。定睛一看，墙上所有画都没了，居然在东边还不伦不类地贴了一张语录。屋内的感觉立时变了。罗潜坐在那儿一动没动，脸色比房间还暗，目光有点迷离，神情十分沉郁，显然他才经过了什么。

云天问："这是谁弄的？"

罗潜声音低沉地说："今天上午来的一帮人。"

云天接着问："谁？"

罗潜说："街道'革委会'的，还有一个管界民警。他们说有人检举我听黑音乐，来搜查。唱片连带唱机全搬走了，还说我画黑画。画的什么他们说看不懂，叫我解释。"

这时，云天他们才发觉原先放唱机的屋角是空的，地上扔着那块蒙盖唱机的深绿色的军毯。唱机没了，顿感好像天堂缺了一角。

洛夫说："他们说看不懂你的画，你怎么说的？"

罗潜说："我说我的画没画完。我不会画，我是练画。他们根本屁也不懂，没话说了。只说练也不行，墙上不准挂这些乱七八糟的东西，必须贴语录，叫我马上换上。"

洛夫说："甭管它，回头我从学院给你找两幅画得很漂亮的风景换上就算了。"

罗潜没说话。楚云天知道罗潜的脾气特别，他屋里从来不挂别人的画。

沉默片刻，罗潜低声说："画没了，音乐没了，咱们的沙龙没了。其实我听音乐时声音向来放得很小，谁会告发呢？能去告发的人肯定也得懂得音乐。"

楚云天说："致命的告发从来都是内行。"他随即安慰罗潜道："墙上的东西咱们调整一下。只挂一块语录牌，但不能挂这种，太像我们的教研室了。我帮你做一块小小的，暗红色的，字小一点。墙上原先挂画那些钉子留在那儿，什么时候想看画了，就挂上去；过后再摘下来。沙龙的关键是人，咱们人在，沙龙就在，想听音乐咱们跟着洛夫去找延年。"

洛夫说："我前几年在街上还碰到过延年，他还说要给咱们办一个专场音乐会呢。"

罗潜当然明白洛夫这话是编出来给自己宽心的；但这并不能挽

救他心中的绝望感。屋里沉闷的气氛毫不松动。

楚云天心里明白，从此他失去的不仅是他们的沙龙，还将失去了一种安全感。这是罗潜最深的忧患。他被人盯上了。在那个时代，一旦出点事，被盯上，就会时时被盯着。于是他多年苦心经营的避世藏身的一方精神乐土从此覆灭。

他怎样拯救自己？

自出了这事，楚云天隔三岔五往罗潜那儿去一趟，有时坐一坐，闲聊一聊；有时拿一本书给罗潜看。先前，他俩之间，看上去，遇事罗潜更能沉着应对，有定力。可是自从罗潜把自己一段遭遇，特别是闹过一阵精神上毛病的事，告诉给楚云天，云天对他就有点不放心了。特别是眼前的这个冲击，对于罗潜意外又残酷。罗潜的生存方式是遁世于一个角落，销声匿迹，不为人知，这样做只为了做好一个纯粹的自己，而且绝对地活在自己的艺术里。一旦破坏了他这个一的天地，他承受得住吗？

自这件事之后，比起以前，他更缄默了。云天想尽办法，也无法打破他这种叫人透不过气的沉默。云天借给他一本很好的书，法国人丹纳的名著《艺术哲学》，还是傅雷先生译的。过两天，他就还给云天了。看来书既不能让他平静，也无法给他出路，哪怕是一点点出路。他甚至还说什么："傅雷称赞丹纳是'为思想活着'的人。现在能叫我们为思想活着吗？"说完，他面朝着云天苦笑，笑得有点可怕。

过后，楚云天对洛夫说："我们无论如何得叫他换个活法了。他一直把自己锁在自己的世界里。现在他的世界出了问题，他却走不出来。"

他们这么说，却苦无办法。

过一个月，事情忽然发生奇特的变化。

那天又是周日，天气好，风和日丽，隋意带女儿怡然去老维多利亚公园去玩。那个古老的英租界中心的公园是他们最喜欢的花园。花园虽小，却有古典的英国花园的气质，特别是北边还有那座灰白相间的古堡式的戈登堂映衬着。楚云天原打算与她们一起去，借一台相机给她们母女俩拍几张照片，完事回家的路上，顺道去起士林吃一顿西餐。虽然那时反对崇洋，吃西餐必须用筷子吃。小怡然偏爱西餐的新鲜，特别是西餐最后一道甜点冰淇淋。然而，云天心里放不下罗潜，还是去看罗潜了。

想到刚刚隋意带着女儿和他分手时笑嘻嘻可爱的样子，心里溢起一种幸福感。可是如果当时不是罗潜暗中帮助自己，使自己脱出困局，现在恐怕连小怡然都不会出世了。他想，他还要为罗潜尽力。

可是，这次一走进罗潜的小屋时，感觉变了，豁然开朗！他一眼瞧见，罗潜在他迎面的墙上开了一扇窗子。现在窗子正开着。外边绿树浓荫，充盈又通透，云天还感到来自后墙外树间的风穿窗而入吹在脸上，令他舒朗。

"你什么时候开的窗子，有了这窗子，别有一番境界了。"云天说，"原来你后墙外还有这么一片绿树，真好！"

罗潜好像换了一个人，脸上出现笑容，他吊起的小眼眯缝地瞧着云天，说："好吗？你过去，到跟前看看。"他还有种挺神秘的神气。

云天走近窗子，大为惊讶，原来这面窗子竟是画上去的！木质的窗框是画的，窗外的景象也是画的。他不过用了一些半抽象的色块和粗阔又自由的笔触，就把窗外夹着光斑的重重绿荫呈现出来了。

"我这些天，天天给屋内换一个风景。昨天我这窗外还在刮风，今天晴了，太阳足，全是光影和浓荫。"罗潜说。

"有点不可思议了，你可以天天随心所欲地给自己改换窗子里的风景！"云天说。

"是啊，我需要什么样，就画成什么样！"罗潜说。

这是多么神奇的想象！他这个窗子，既是屋内的窗子，更是他内心的窗子。他不断改变窗内的风景，也不断呈现自己的心境。

两天后，云天去了他家，从这敞开的窗子云天看到大雾笼罩中一条发光的河，它在团团雾拥云锁中若隐若现，但他还是可以看到这条河奔腾远去的身影。又过几天，下班后回家前，云天拐弯又去他家"冒"一头，想看看他墙上的窗子是否又换了风景。一看，大河没了，换成春色里一团嗳嚅不清、含混不明的梦呓……

他从来没有画得这么勤这么多。这墙上的窗真正成为了他的心灵之窗。云天想起当年他从那个悲剧给他的绝境走出来，靠的是画笔；今天这一次，他靠的还是画笔！

真正能救赎一个艺术家心灵的，还是艺术的本身。

云天把这个惊喜告诉洛夫，洛夫要一同看一看这个奇迹。两人一同进了罗潜家。洛夫确实看到墙上这个窗，但窗里没有任何风景，而是一块黑，好似夜空，无星无月，通黑如墨，黑得辽远，没有尽头。洛夫看一眼云天，心中不明其意，云天的心里却是一片无语的苍凉。

云天想，这恐怕是绘画史之外一件最伟大、最不可思议的作品了。

十三

一年后盛夏一天的更深夜半，依旧酷热难当，很难入睡，这个城市的几百万人谁也不会预感到，一个巨大和毁灭性的灾难即将降临。

今年天热异常。云天早早就请人用些木条木板钉了一个很小的床，放在东边小窗旁边通风的地方。隋意从医院弄来一些纱布条，给怡然缝了一个小巧的防蚊的纱帐，把女儿和小床全罩在里边。隋意睡在床上，云天在地上铺一张苇席睡在上边。人挨着人太热没法睡。

这天半夜，云天刚刚睡着。忽觉躺在地板上的身子猛地往上一弹，把他整个人足足弹起来两三公分高，"啪"又掉在地上。他猛然坐起，只见窗外一道极蓝极亮的闪光掠过广阔的天空。那一瞬，他顶上的天窗亮得吓人。这绝非雷雨前的闪电！他脑子闪过半月前看过的辽宁海城大地震的展览，知道地震前大地先会发出异常强烈的"地光"。他警觉地大声叫："隋意，地震！"

几乎同时，他的小屋忽然极其剧烈地摇晃起来。他腾身起来时已经站不住，漆黑一片中，周围各处全是各种东西纷纷倒下和摔碎的声音。他本能地扑向怡然的小床，用自己身体把女儿盖在下边。他不知道隋意在哪里，大声喊她，房倒屋塌的声音把他的喊声淹没。他感到整个大地已经完全变成一片波涛汹涌的大海，他们像在一条疯狂摇摆、弱不禁风、马上要倾覆的小船中。他听得到小木屋正在发出崩溃前的嘶吼。忽然头顶上发出两次可怕和沉重的声响。他感觉房顶已经塌了，而大地依然凶猛地起伏和摇晃不停，谁也无法制止大自然发怒。他感到绝对的无助，感到他们要完了，马上要听天由命地葬身这天降的横祸之中了！

可就在这绝望中，突然间地震戛然停止。就像在一辆疯狂颠簸的车子里，心惊万状，马上粉身碎骨，可是突然之间猛地一个急刹车，莫名其妙停住。其实所有大地震全是突发和骤停的。在骤停后的一瞬，万籁俱寂，绝无声息，宛如大地上的一切全死了，跟着就从四周传来呼救喊人的叫声。云天叫着隋意，他听到隋意在不远的地方无力地说："怡然呢，快救她。"

云天说："我抱着呢，我们都没事，你怎么样。"

隋意听到女儿没事就有了气力。她说她也没事。当他明白了自己一家人都没事，顿时神定目明，也就清楚了自己周围的状况。他旁边的楼正在着火。熊熊的红色的火光映入他的屋中。他看见，他的屋顶已经倾斜，屋内全是横七竖八的黑影，原先那些立柱全倒了？他看见从一堆杂乱的黑影中站起一个人来，正是隋意。在那一刻，他们找到了活着的彼此，才感到生命之间的不可缺少。隋意扑上来要把怡然抱过去。云天说："不行，必须我来抱，走出这里会很难。快找到鞋穿上，抓几件衣服跟着我，咱们必须马上走，余震可能说来就来。快！"

下楼时，他才看到地震的可怕。他楼下的邻居全跑了。侧面的大墙连同窗户全倒下去，直对着旁边那座着火的楼，熊熊的火焰十分可怕，夺目的火光照进来，好像他们的楼也着了。可怕的火光还照亮他们一家人惊恐的眼睛。

云天他们跑出楼，一直跑到侧面树林中间，云天把女儿交给隋意。他叫她们待着别动。他是个脑子灵通、反应很快的人。他围着房子跑一圈，很快就从楼后找到一个很大的空箱子，拖到树林中，立起来，叫隋意和女儿躲在里边；再从楼里找到一个铁壶，接了一壶自来水提过来；然后又从楼里推出自己的自行车，对隋意说："我现在必须去看看你妈妈，还有罗潜和洛夫。看看他们有没有危险，再弄点吃的东西回来！"他嘱咐她说："咱们现在这个地方离着两边的建筑都远，是安全的，别害怕，等着我千万别动！别急，活下来就是胜利，一切我都有办法！"

他说完骑上车就跑出树林。

他在通过黄家花园穿过洛阳道时，才真正感受到刚刚发生过的地震的严重与恐怖！那时，人们还不知地震的震中在唐山，更没想到这里所遭受的波及竟如此剧烈。可能洛阳道正处在地震板块上，街两边的楼房全毁了，在晨曦的薄霭中像一片刚刚经历战争肆虐后的废墟，电线杆七扭八歪，有的横在街上。在强大的地震波涌动之后，街面如同丘陵一般地起伏，还纵横着一条条巨大的裂缝，叫云天想到地震时地面疯狂翻滚时的恐怖。一些人正在废墟里找人，有人在一声声喊；一个个无主的尸首停放在街边，直挺挺的身体上没有盖布，面孔凝固着一种见到死神那一瞬的神情。云天愈加担心隋意的母亲与弟弟，他们家不远了。

他们家所住的胡同叫作"松竹里"。房子全是规整的平房小院，胡同两端通着前后两条街。他们家在胡同的另一端。当云天来到这胡同前，有一种令他惊愕的幸运感。这条胡同挨着洛阳道一端的房子大多倒了，可是里边那一半竟然全都完好，残损也不厉害，好像是人为安排的。隋意母亲的房就在那一端啊，这简直是奇迹！

其实，所有大灾难不论战争还是天灾人祸全都充满偶然：不幸的极端不幸，幸运的极其幸运。

幸运选择了隋意母亲一家，从外边看，只有房子山墙有些残损，别无大碍。他推门进去，隋意的母亲和弟弟一家全在院中。他向他们报了平安，但是他告诉他们："我们的家算是完了！"

隋意的母亲哭了，叫他们来避难。她说，一家人只要活着，怎么将就都行。直到云天告别出来，隋意的母亲还说她今天一定要看见隋意和小怡然，边说边流泪。云天一边答应把她们送来，一边骑上车。

他从这里出来，直奔教堂后，这样路更顺一些。一路上看到震毁的街景千奇百怪又触目惊心。体育馆后边的一排楼房，沿街一面的墙全部震垮下来，从一楼到四楼的所有房间都暴露在光天化日之下，每个房间里的景象在街上都看得一清二楚。好像舞台上的一个个人家。

到了教堂后，洛夫所住的这片简陋的平房，经过大地一晃，全毁了。倒塌的房屋连成一片废墟，已经把原先窄仄的小道全堵住了。云天把车停在外边，翻山越岭般地越过一堆堆房屋的残骸才走进去。一路上的惨状自不堪言。

当云天看到洛夫时，吓了一跳，他头上缠着白布条子，腰上扎着白腰带，见到云天就跑过来，抱着云天失声痛哭。他的家塌了，父母全砸死在下边。当时他手脚快，刚刚跑到院里，屋子就塌了下来。死神在他身后只一步之遥。

洛夫的父母虽是养父养母，待他如亲生儿子，他又是个重情义的人，心里受不住，说一会儿哭一会儿。稍稍平静下来，忽对云天说："你腿上怎么会破成这样了。"云天才发现地震中自己也受些伤。但在生死之间这些皮肉之苦也就不在乎了。他告诉洛夫自己的遭遇。洛夫听了，叫他赶紧回去安排妻儿，自己有两个堂兄——实际上是亲哥哥帮他料理丧事；另外还从不远的贵阳路寿衣店找来专做白事的人。云天这才看到院子里站着的一些人中有他的两个哥哥，他都认识，过去安慰一番。

云天说他还要去看罗潜，罗潜的房子也很破，多半会塌，吉凶莫知。于是他们说好，云天先去看罗潜，然后回去把隋意和女儿接上送到外婆那里，跟着赶过来，给洛夫的父母送葬。

云天回去时，洛夫送他，云天坚持不叫他送。云天踩着震毁的废墟深一脚浅一脚地走出去时，回头只见洛夫远远站在一堆废墟的高处，头上缠着白布条，目送他，一边抹着泪。云天不觉也流下泪来。

他骑车进罗潜的院子时，觉得肚子有点饿。他一想从半夜到现在日上三竿，一点东西没吃，妻儿那里肯定都空着肚子。但是对于现在的他，罗潜的死活排在第一位。

待他赶到罗潜家，呈现在云天面前的景象十分吓人。罗潜院子那座老楼已经被大地震彻底摇垮，完全看不到曾经是一座楼的模样，很像一堆巨大的废墟或一座荒山。垮塌的楼房还向四处散开，压倒了周围的一些杂树。罗潜的小屋在这房子的后边，挡在废墟后边看不见，是不是被埋在下边了？云天害怕了，主楼都震成这样，罗潜凶多吉少。

院子里有两个人在说话，他们都是住在这楼里的居民。他们说这楼里至少死了三个人，现在还有一个人埋在什么地方不知道。家里人正去找人来救人。

云天不再听他们说，急匆匆绕过废墟，他首先看到的是罗潜的屋子塌了一半，很惨！他扔下车刚要奔过去，只见一个人坐在一块巨大的水泥与红砖混合的碎块上。那人一抬头，是罗潜！不等他问，罗潜竟然带着一点苦笑，对他说："咱们真棒！又活过来了！"

"是，我刚见到了洛夫！"楚云天说。

不幸的罗潜在地震中也是幸运的。跳动的大地把他从床上掀到地上，又使他滚到房屋另一端。这时，这一端的屋顶才塌落下来，砸在他的床上。他奇迹般躲过一劫，谁不会感谢上天的恩赐？

当罗潜知道云天的小屋已毁，妻儿还在楼外的小树林里，叫他赶紧回去。没有比妻儿更需要他的。罗潜说，他厂子里刚刚来过人了，得知他的情况，一会儿会有人来帮他搭临建。工人们干这种事都是内行。云天与他相交十余年，头一次听说他在什么工厂里工作，还有一些工人同事。

云天上车刚要离开，罗潜忽然想到什么，叫住他，从口袋掏出一把钱塞在云天口袋里。他不等云天拒绝，大声说："快回去，她们饿死了。"使劲推云天走。

云天从口袋掏出钱，竟是几十块，这可能是罗潜全部的钱，他留下十块，剩下的全扔给罗潜，飞快地骑车走了。

他在路上买了几个烤饼，掖进裤兜。从犹太教堂那个路口拐出来时，远远看到自己的家已经面目全非。三座红色尖顶的西式小楼，中间一座已经烧掉上边一半，虽然火已扑灭，依然呼呼冒着黑烟。右边那座尚好，尖顶向东歪了，好似马上要掉下来。左边他家那座尖顶已经不见了，他那小屋狼牙狗啃，破烂不堪，已经不成样子，肯定无法复原，他心里一片黯然。

妻儿还守在小树林里的大木箱中，老老实实等候他，一见到他欢喜地跳出来。他一见她们非常吃惊。一大一小两张脸儿又黑又脏，乍一看还以为她们受了伤，再看原来是地震中屋顶的顶棚里落下的尘土。他赶紧跑到楼里找一块布，接了一桶水，把她们的脸和手全洗干净，然后拿出吃的东西来。没想到她们如此饥饿，一边狼吞虎咽，一边朝他笑。好像平时家中"改善伙食"时那样吃一顿美餐！

云天问小怡然："比起士林好吃吧。"

怡然使劲点头，傻傻地笑，顾不上说话。

随后，云天把隋意的母亲和弟弟、罗潜、洛夫的遭遇与境况告诉给隋意。隋意边听边落泪。小怡然问她妈妈："罗叔叔和洛叔叔都死了吗？"隋意朝她摇手，自己索性哭出声来。

云天对隋意说，生活的每一天都有吃和睡的问题，他必须先安顿好隋意和怡然。他的想法是先将隋意与怡然送到洛阳道松竹里——她母亲和弟弟那儿，他自己不去那里。他说洛夫已是家破人亡，孤身一人，他想好了，决定与洛夫一起向学院申请，以值班的名义住到学院去。学院有食堂，吃饭没问题，同时他可以回来照看自家这间震垮的小屋。现在许多人家，震垮的家全都没门没墙，大敞四开，需要看守和抢救屋里的东西。

每逢他俩遇到大事，全是云天拿主意，隋意十分相信他的主意。当下两人就定了。

云天要冒着危险跑到危楼上，找一些急用的东西给隋意带上，隋意不叫他去，他执意上去。待登上通往楼顶的楼梯，他有点奇怪，楼梯上插满木梁铁板，到处乱砖和水泥块，他们昨夜是如何从上边下来的？到了屋里，最触目惊心的是，怡然那张小床头上，一根极粗壮的横梁塌了下来，但没有砸在床上。再看原来在这根横梁落下之前，先有一块水泥落下来，随后横梁才下来，正好架在那水泥块上。他想起大地摇得最凶时，他头上发出两声巨响，就是这横梁和水泥块落下时发出的。水泥块刚好架住了横梁，给他们留下一个活命的死角，使他和小怡然幸免于难。这件事叫人想起来后怕，叫他后背发凉！

他不敢迟疑。他知道门后挂着一些口袋，他摘下一个很大的帆布袋。把能够看到的实用的衣服、手巾、钱盒、提包、表、照片、小陶瓶、怡然的布娃娃、桌上的一本书等全塞进包中。大部分东西是拿不到的，全给乱砖烂木压在下边了。临出门时，他一眼瞥见墙上的日历，上边是 7 月 28 日，这是苦难重重的中国人最黑暗的一页，他心一动，撕下来，掖进口袋，赶紧跑出来。

当隋意看到他从自家废墟中找到的每一样东西，都一阵惊喜，都好像是失而复得，尤其小怡然看到她的布娃娃，紧紧拥在她小小的怀间，那好像是她活下来的妹妹，于是一切惊怕与伤害都一扫而空。这便使他很有"成就感"。

接下来就是把她俩送到松竹里去。待把诸事都安顿妥当，便赶到洛夫那里。葬事必须马上办，因为天气太热，尸体不能停放时间太长。

第二天，他们把洛夫父母的遗体送往北仓的殡仪馆。罗潜也赶来给洛夫的父母送行。在洛夫给父母穿好衣服时，把父母各一件平日不离手的东西放在遗体身边。放在母亲身边的是她最喜爱的、天天梳头时必用的一把牛角梳子，放在父亲身边的是那本像一块砖那么厚的黑色封皮的《辞海》。洛夫流着泪小声对他说："父亲家传三十亩地，年轻时定成小地主。从那开始吓破了胆。一辈子不敢说话。他爱读书，但怕读书惹事，就读这本《辞海》。他说要是没有这本辞典，活着真没意思。"

云天这才明白他老人家二十年如一日，天天读这本辞典真正的根由。一个人一辈子只读一本书，这也是人类阅读史上的奇迹了。当这本《辞海》随同老人家一同进入焚尸炉，云天心里默默祈祷，但愿炉火能够烧掉人间这个荒诞不经的阅读的故事，但愿天国那边能够随意地读书……

云天送走洛夫的父母，赶回他的小楼，爬上去一看。情景更加凄惨。昨日天黑前又来了一次很剧烈的余震，跟着下了一夜大雨。他这没有屋顶的家再遭一劫。经过砖砸雨浇，东西大多毁掉。他用了多半天的时间，奋力抢救出一些东西。很少一些幸免于难，大都残缺不全。许多他们喜爱的、有纪念意义的东西全被粉碎，许多画已砸烂。谁能知道云天此刻真正的感受。没有了画的楚云天才是真正的一无所有的穷光蛋！

自"大革命"那场扫荡一空之后，他和隋意从无到有，精心建起来的小巢，又一次被摧毁，重归从有到无。一算时间，前后两次大难之间，恰好十年。

难道这是一个劫数？命定的劫数？

他当时的心理很灰色。他似乎悟到了命运是什么，命运是它决定了你、你无法拒绝的一种东西。他是这样，罗潜似乎也是这样。为什么有人不是这样，为什么人们不一样，这一切与人的地位和贫富并无关系，因为冥冥之中确实有一种力量决定着你。不管你服从也好拒绝也好，最后还是它决定着你，不可抗拒。

可是尽管如此，尽管人们明明知道天意难违，尽管费尽一切心力终将落空，但偏偏还是要挣扎、抵抗、苦斗、奋争，为什么？这也是生命的一种本能吗？

云天和洛夫的单位都待他们还不错。普世的灾难总会调动起平常已经麻木了的人性来。学院将洛夫安排去职工宿舍住，云天则在学校值夜班，睡在学校。在学校吃饭睡觉不成问题，值班室有床有被褥，不至于浪迹街头，这就是神仙的日子了。云天很知足。那些天，云天一边去看望社会上的朋友，有没有谁需要他伸以援手。这其中，只有两个人的遭遇使他爱莫能助。

一是新华中学的徐老师。地震时慌忙起身时没有站住，栽在地上，把胯骨的股骨头摔断，这就瘫在床上了。平时周边弟子如云，现在谁也使不上劲了。那个时代股骨头断了没办法治，只有瘫在床上挨着。一个是在豫剧团做编剧的苏又生。老苏的百年屋子建造得如铜墙铁壁，地震中人与物都没受任何损失。但他所讲的一件事，却如天塌完全一样！他秘藏的近两千部书，实际上一直保存在一个出身好的朋友那里。但这个朋友家的房子被震垮，全家都砸死无一幸免。十天后他去看朋友时才知道。听人说，这朋友一家人的尸体早被扒出来烧掉，还有大堆烂书，给收废品的人敛走了。那么浩大的一批人类文明的经典就这么消失掉了！

本来爱说爱笑的老苏，现在木讷不言。

不会再有他一趟趟跑到针市街来借书还书了，也不会再有老苏去他家二楼那间空屋里无限快意地大声说笑了。

生活原来说变就变，一变全无。

云天和洛夫协助罗潜的同事一起努力，将那罗潜的居室恢复如初。罗潜的同事是一群豪爽的工人，都说罗潜丢了芝麻，拾回来了西瓜；这一翻旧为新，比先前漂亮多了。云天却觉得失去了昔日的味道。

这场大地震，震中唐山失去二十多万人。天津虽在二百多里之外，由于人口稠密，老房居多，家破人亡亦过万人，而存活下来的数百万人很长时间一直惊魂未定，不管自家房屋是好是坏，没人敢待在家中，纷纷搭建防震小屋，睡在户外。这些低矮简陋的棚户小屋挤满城市所有露天的空间，从学校的操场、空地、工厂的院子，到大小街头，全被黑压压、乱糟糟地填满。这一来，也就没人再去管罗潜的小屋挂不挂语录或是不是黑画了。他这个复原的小屋，四壁抹上一道崭新白灰，白得刺目。他受不了，又在白墙上罩一层灰色，屋里才安静下来。迎面墙上那幅手绘的窗子不再要了，不知不觉间生活换了一种感觉。这也是那个时代的感觉。在经历一连串时局的巨变之后，生活与社会呈现给人们的是一个又大又空的未来，谁也不知道该在上边画上什么。

那天，街上举行声势浩大的粉碎"四人帮"的游行。楚云天看着好像向来不关心政治，他那天竟然也走进了游行的队伍，还大声而真诚地呼喊口号。这件事真的叫他如此关切吗？

十四

对于楚云天个人来说，他现在有一种幻灭感，先前从未有过，即使十年前"大革命"初期他和隋意刚刚结婚九个月，就被"扫地出门"，从睦南道父亲的老宅被撵到这陌生的阁楼里，那时他们孑然一双，两手空空，一无所有，也没有幻灭感。现在时过十年，他再次被大地震"扫地出门"，比他居家无处更致命的是，他的画全毁了！叫他真正感到绝望的是震后的转天，送走洛夫父母后再次爬上这危楼，抢救家中一些劫后残余。由于这之间还出现过一次强烈的余震。他看到他的家已然不翼而飞。尖尖的房顶没了，他站在屋里，上边是蓝天白云，只有两三根长长的木柱桅杆似的斜指天空。雨水与灰上混成的肮脏的泥浆把一切东西淹没。他房角储画的柜子被砸成一堆碎木片，大卷大卷的画作都已被雨水浇成烂泥，从一些碎画的边边角角，他还能辨认这是自己哪一幅得意之作。全完了！他全部艺术的历史，近十年里心中的金银绯紫，艺术征程与苦苦探索中的足迹与积累，全部化为乌有。他现在才是实实在在的一贫如洗，自己什么也不是了！

在学校上绘画课时，他本应给学生们做些示范，当他拿起笔来，忽然感觉自己不会画了，他竟然没有兴趣画画了！他从来不会对艺术有厌烦感。现在他万念俱灰！

他的学生们看到老师心情不好，都心急。这些学生都在工厂里干了多年，懂得生活的艰难，但是他们把老师的悲观，认作是大地震使他倾家荡产，并不理解他心灵上的幻灭。女学生们悄悄塞给他一些毛巾、衣服、粮票和布票。男学生自告奋勇要去帮助他"重建家园"；然而物质的损毁可以重构，心灵的缺失无法弥补。

大地震后的半个月，城市各个街区却开始排险，拆除那些震后摇摇欲坠的建筑，推倒危墙，清除废墟。那个时代所有房产都是属于公家的。住房由公家统一安排与调配，房子坏了自然由公家修缮。各个房管部门纷纷给老房子安装加固墙体的拉杆，并加紧对损坏的房屋恢复重建。云天的学生们很卖力气，只用了十天时间，就把云天家中震后的遗物清理出来。在那些破砖烂瓦中，倘若挖掘到一件小小的尚且完好的物件就一阵欣喜。他奇妙的感觉很像是考古中的"出土"，后来他把家中这些劫后残余的东西称作"出土文物"。

这其中最大的收获，是一个学生从一堆杂乱的柱石之间，发现他原先挂在墙上那幅写生的画，画上这三座古老的红色尖顶小楼现在不再有了，这幅幸存下来的小画便成了他的人生、同时也是城市历史的一个见证与纪念。这个小小的发现却给了他一个不小的安慰。

学生们帮他把仅存无多的东西装箱运到学校暂存，同时将他屋里的那几根古老的木柱放在二楼的楼道里，准备将来这个小屋恢复重建时，再把这几根木柱原样地竖在屋中。他想，隋意会很在乎这几根木柱。他不愿叫她感到失去的太多。

可是，当他把楼顶上的废物清理干净，再将残墙与破碎的顶板推到楼下去，才清楚自己原先的小屋实际上已不复存在。房顶和墙没了，只剩下地板。实际上这地板也是二楼的屋顶。站在这光秃秃空荡荡的屋顶上，他开始担心房管部门还会给他恢复起原先那个小屋吗？不久他就听到一个令他揪心的消息，据说房管部门要"削层"了。就是只保留一二两层，在二层屋顶上抹一层水泥，改作平顶。这样一来，他就真的无家可归了！

他必须鼓足力量，挽回自己的小楼。而且，这个消息绝不能叫隋意知道，免得她焦急。他平时认识人多，问来问去，从过去爱听他讲故事的一个名叫郭聪的小伙子那里打听到，掌握他这顶层小屋生杀大权的是一位姓李的管理员。此人脸上总挂着笑，却不好说话，求他办事很难。但是这个人有个软肋是嗜烟如命，只要给他好烟抽，死事也能慢慢活过来。这人一只眼天生混浊不清，故而他有个外号叫"独眼老李"。

他便去找独眼老李。老李笑着说："我知道你会来找我，你那屋子连块砖都没有了，怎么修复？你这不叫修复破损，是叫国家给你盖一间房。你想想行得通吗？"他第一句话就把路堵死。

楚云天说："我不能从此就成没房户了？我要真成了没房户，你们还得另给我分配一间。"

老李说："大地震毁了多少房子？没房户哪能只你一个，我的管界就一百多号。"

楚云天把烟掏出来。当时的烟分上中下三个牌子。下等是"战斗"牌，中等是"永红"牌，上等是"恒大"牌。云天掏出的是特意买的"恒大"，老李那只好眼登时亮了。云天抽出两支，敬给老李一支，塞在自己嘴里一支，他给老李点着烟，自己也点上。他本来不吸烟，一口就呛了，马上咳嗽起来。老李笑着说："抽不惯就全给我呗。"

楚云天本来就憨厚，不会算计，伸手便把满满一包恒大烟给了老李，老李见这年轻人出手很大方，高兴与他认识了。

从这天起，云天几乎天天找老李，老李很忙，他就到处找。求他、磨他，关键是敬烟给他。每一次独眼都能从他手里弄走一包恒大烟。一包恒大烟三角钱，一般人是没钱天天抽恒大的。这叫隋意有点奇怪，他手里怎么总缺钱？

一天，独眼老李终于对云天说："我看你够实诚，没房子确实没法活。我为你跟领导说情了，领导同意了，给你在二层上边盖个简易房。"

楚云天听了差点给他叩个头。赶紧跑到旁边杂货店，倾尽囊中所有，给他买了一条恒大烟。然后跑到松竹里把隋意和怡然都抱起来，大叫："咱们有房子了。"

晚间又跑到罗潜家，把自己这一个多月辉煌的战果告诉好友。没想到罗潜问他："你知道什么叫简易房吗？"

云天不懂。

罗潜说："四面是单砖墙，上边是薄薄的土板子的屋顶，没灰没瓦，只铺一层油毡。冬天冷死，夏天热死，这就是一个临时工棚。你同意了？"

云天说："我要是不同意，就无家可归了。"

罗潜知道云天是没条件讨价还价的。他说："你不用急，我会帮你盯住施工。"

入冬之前，云天那个空中楼阁终于重现了，但已是面目全非。

原先那个古老的深红色的尖顶已经不复存在，化为一个粗鄙的平顶砖房，从下边看，几乎看不到屋顶。其实何止于他这小楼，整个一片地区的风景全然变了。原先相互毗邻的别具风情的三座尖顶小楼大变了模样。中间一座在地震中着火烧毁，已经铲除。右边那座和他这座的命运一样，也削去尖顶，改为平房。其实，这原本是震后"危改"制定的方案，独眼老李只是借机从他手里弄走一二十包恒大烟罢了。独眼老李还想弄走他的自行车，多亏他急中生智，说他家里急着用钱，把自行车卖了，实际上是暂时藏在了罗潜家里，才保住这仅有的家财。在这场和独眼老李的交往中，他有得有失，"得"是明白了社会的狡诈，学到了许多的生存智慧，这一智慧是云天过去缺少的；"失"是养成了抽烟的恶习。当然，抽烟的另一半缘由来自他这一时期重重的压力与烦恼。

这天，他接上隋意和女儿怡然来看新居。天气不冷，开着窗户。怡然跑进来就欢喜地连跑带跳。隋意脸上明显有些失望，这里不再有往日那种深幽、古朴与别有洞天，她感觉像她医院里的一间病房，苍白而无趣。楚云天向她解释，那些清理地震废墟时堆放在二层走道的木柱被房管部门当作建材收走了；原先屋顶的瓦棱铁板这次全砸烂了，这种铁板是一百年前由德国进口的，没处去找。去掉天窗是因为平顶子上不能装天窗，不安全。但不管怎么说，没有了原先的立柱、坡顶、天窗，一切诗意都被实用主义赶跑了。

楚云天滔滔不绝地向隋意解释，隋意忽然明白他是在尽力使自己接受今天的现实，缓解地震带给她的重创。她抬眼看看云天，他那带着疲惫的脸显得有些粗糙，甚至有点老了，下眼皮上的眼袋怎么出来的，他才这么年轻就一下子老了吗？她想，半年里整个家庭的毁灭和每个人的困难其实都压在他的身上。她想起他说过的话："女人是手心，男人是手背，手背天生是保护手心的。"

她心里涌起一阵温暖的感动，她搂着他高大的身子说："我已经很满足了。"

新生活开始了。

由于朋友和学生们的帮助，小屋里不缺任何实用的东西。可是云天知道隋意更需要什么。

隋意不需要华贵，但一定要有美，有生活的情致。她又从医院拿来一些废旧的纱布条，用云天画画的颜料染成一条条淡蓝、淡粉、淡绿、淡灰、淡黄、淡褐，然后缝成纱帘，轻飘飘挂在窗上。这一来，建设生活的欲望便又一次来到她的心头。此时的他们早已过了三十岁了。

小怡然依旧怀念她原先立柱后边那个角落。云天便利用屋里的防震拉竿，给她小床周围挂一道粗布的帐子。小孩都喜欢藏一点自己的秘密，她终于有了自己万分热爱的屋中屋。云天也从中得到启示，他在房屋的一角立起一个五尺来高的书案，墙上还装上两条横板，放上一些书，以及有品位的艺术品和相片架。他也有了自己的一个空间。隋意说，屋里有三面墙，这三面墙上要挂三个人的画，自然是他们三剑客的。罗潜和洛夫的画由她亲自去要。洛夫给她一幅气势浩荡的风景油画，大江大河，山野林莽，笔触豪迈，她非常喜欢。罗潜的画依旧是他个人主义的风格，一条雨后湿漉漉而幽暗的深巷，一地白色的落花，有点伤情，她更喜欢。

正面墙上挂着的是云天震后从废墟里"出土"的那幅老画，也就是他刚刚搬到这座小楼时，坐在墙子河对面的河堤上画的那幅写生。隔着静谧的河湾与丛树，三座古老而深红色的尖顶小楼半隐半现。这种诗意已然不在，三个尖顶只在梦里。墙子河的河道早被填上，河堤上的岸柳全部拔除，改为一条终日车来车往的大道。这幅画不是一个昔时诗情画意的纪念，一个令人伤感的记忆和无奈的历史吗？

隋意说她在三幅画中间有一种满足感，还有一种安全感。

可是，他们见面的时间，却不如以前多了。

洛夫的艺术学院那里乱哄哄。"大革命"刚刚过去，画家的想法很多也很乱。长期捆缚中的脑袋几乎坏死，一旦放开，不会思考了。一些老画家从各地农场落实政策回来，正好又赶上大地震，一惊未平，一惊又起。洛夫拉着云天去看望在农场劳动了七年的老画家唐三间，唐先生是"大革命"前学院国画系主任。这七年在农场种地，回来有如还阳。云天他们去拜访他，坐了多时，无论云天与他说什么，他都说"好"。他现在在家只画梅花。一多半的画上都题着"她在丛中笑"几个字。这叫云天哭笑不得，感觉拘束又乏味，坐不多时即恭敬地作别。

罗潜那里出了麻烦。他那里的主楼震毁后，那堆如山的废墟必须清除。可是清除过后，罗潜的小屋就一览无余地暴露在外。跟着的麻烦更大。这片被清空的阔地和原先的院子连在一起，形成了一个小广场，这便招来很多人来盖临建和防震棚，而且愈盖愈多，渐渐和罗潜的小屋门对门了，罗潜原先那种幽深感荡然全无，他天天下班都不想回家。

现在如果他们三人想闲聚一下，就去西郊水上公园后门旁边那片林子里。这片地方最早是云天与罗潜发现的，"大革命"之初，他们想见面说说话，原想去到公园里边，但那一阵子公园被说是剥削阶级消闲享乐的地方，全封了门。他们就在公园后门外找到了这片几乎了无人迹的地方。一大片小杨树林，林子后边是野生的苇荡，天宽地阔，氧气充沛。最让人惬意的是林间厚厚的青草，有如带着草香的绿毯。没有人的地方是安全的。他们躺在这上边说话，又放松又享受又自由。

　　他们每年秋天都会来这里玩一玩。现在成了他们失去了罗潜那间小屋之后替代的"沙龙"。

　　三剑客四肢放松、仰面朝天地躺在上边。

　　洛夫说："前些年卡得死，没有选择题材的自由；现在好了，没人管了，反而不知画什么了。"

　　头枕在青草上的楚云天，打着趣说："看来你是家养的，不是野生的。人家不喂你，你就不知吃什么。"他边说边看着上边树隙中慢慢移动的发亮的白云。

　　罗潜在那边，好像睡着了，但他发出了声音："你以后还是少画那些任务画吧，把时间与精力留给自己。"他的话是说给洛夫的。

　　"现在也没有任务画了。"洛夫翻身坐起来接着说，"我和你们不一样，我在学院，有任务就得画。可是，即便我画那些任务画，心里边想着的还是自己的画。"

　　罗潜说："那好，一定要守住自己的艺术。不管多难。"

　　洛夫说："画自己的并不难，可是谁来认可？"

　　"有必要非得别人认可吗。"罗潜说，"艺术是自己的心灵和理想，自己认可就足够了。"

洛夫听了有点茫然。罗潜的话在道理上无可置疑，但到了现实中就变得虚无缥缈。他看一眼没有说话的云天，说："你一直还是画自己的吧？"

不料楚云天说："不知为什么，我现在有点画不下去了。"他望着上边树冠与云彩的眼睛里确实有点茫然。

"为什么？"洛夫问他。

云天没有回答。

洛夫问罗潜："你认为他的问题在哪里？"

罗潜说："那只有他自己去找到原因了。画不下去也未必不好，或许他快到了该选择道路的十字路口了，也许这路口还没出现。"

罗潜的话唤起了楚云天心里的一种朦胧的感觉。云天不由自主接过话说："我感觉现在这时候非常像大地震摇着摇着骤然停止的那一瞬。这个时刻，万籁俱寂，一片茫然。我们将何去何从？可正是这个时候，活下来的人要发出声音了。"

洛夫说："我听到的消息可是要大变了。"

罗潜说："谁变我们都不变。"

楚云天说："恐怕我们很难不变。"

他们各有各的道理。

随后，他们陷入沉默。陷入各自的自我。

微风穿过杨树林时十分神奇。杨树叶子的正面是蜡质的，阳光一照，分外明亮。给风一吹，千千万万杨树叶子就像无穷无尽绿色闪光的小手拍着巴掌，只有杨树叶的掌声能发出这样的辽阔而悦耳的哗哗声。风小一些，如同无边的大地在私语；风大一些，便像海潮涌来那样的一片喧哗。他们不约而同地陶醉在这树叶声中。

洛夫说："你是在看树叶的动态吗？"他问云天。

云天说："我一直穿过树枝，看天上那些行走的云彩。"

洛夫说："你在想怎么画云？"

云天说："不用我画。风是天上的罗丹，天天雕塑着天上的云彩。"

"这话真美。"趴在草地上的罗潜忽然仰起脸，笑眯眯地对云天说，"我就喜欢你这气质，你可千万别改变。"

十五

　　江河解冻后，所有船只都活动了，它们四处游弋，却一时不知驶向哪里。笼子拆了，鸟儿全都惊呆，望着笼外又大又空、漫无际涯的天空，应该飞往何处？脱缰的野马们，你们快奋蹄跑起来啊，可哪里是你们要奔去的地方？

　　这便是七十年代末所有人都经历过的时代感受。

　　他们只是这数百万人口的城市里三个心怀艺术梦想的年轻人，他们的身上没有任何社会资本，没人认识他们，面对着一切都未知的未来，他们要做什么，孰轻孰重？

　　罗潜似乎还在一己的世界里，洛夫更关注现实的变化，比起罗潜和洛夫，由于云天更接近文学，文学直通着社会，离不开思考，故而对这个尚不明朗的社会的走向，便愈来愈多的忧患、关切、企盼。

　　有时生活只是重复，有时生活天天在变；现在是后一种，昨天和前天不一样，今天和昨天又不一样，他们的思考跟不上眼睛。

　　对于云天最大的事情是落实政策开始了，父亲已经从江西干校返回来了，最先住在单位的集体宿舍里，四个人挤在一间小小的屋里，那三个人都抽烟，父亲怕烟，他想把父亲从呛人的滚滚浓烟中接到自己家来。父亲不愿与儿媳同居一室，执意不肯。后来有了一个令人欣喜的希望，他家在睦南道上的那座房子要退还给他们了。父亲是国家用得上的心内科专家，政策落实会更容易一些。据说隋意家的房子也要退还，但隋意的父亲不在了，这些年她家的房子挤进去多户人家，出身都硬气，不肯搬走，或要价很高，事情很胶着。那时代，他们这些人逆来顺受惯了，不敢硬争，只能等着；有希望总比没希望好。

一天，洛夫忽对云天说起一件事——

据说大地震过后雨霏来过天津一趟。她住在海河边的那房子震坏了，她来接母亲去北京住。她也没见洛夫，只通了一个电话。洛夫在电话里把他与云天、罗潜受灾的情况都对她说了。她说自己的时间太紧，无法去看他们，托洛夫问候云天和罗老师，没再说别的。那时洛夫刚刚丧失双亲，又无家可归，便把这简简单单的一个问候忘在了一边。

云天听了，也没有什么触动。经过这样一场生死劫难与时代的更迭，该过去的自然也就过去了。这种事经多了就是人生。

半年来，他在学校给学员开了中国画的技法课。他认为国画中以山水画的技法最为复杂，便从山水起始，把山水的技法分为画树、画石和画水三方面。画树学画线，画石学皴法，画水是掌握用笔的各种变化和渲染；其中画水最难，因为水是动态的，流泻奔涌，变化无穷。最初，他带着学生到海河两岸写生，可是从三岔河口一直走到军粮城，叫他非常遗憾，他感到这条华北平原上的众多河流汇集一起的大河已经失去昔时的生气，水很少，水流又缓，很难作为写生对象。他从校方争取到一些经费，带着学生跑了一趟山西和山东去画黄河。不知为什么，人在黄河边一站，立刻被震撼和感动得大声呼喊起来。

黄河真像由天而降，然后万马急奔般地呼啸而来。它穿云破雾，挟电裹雷，携带着刀锋似凌厉的冷风，喷发着漫天飞溅的浪沫，直扑眼前。洪流、巨浪、险滩、乱石、漩涡……最让他惊愕与不解的，在这之中，还有一种神秘、暴烈、桀骜与凶险暗藏其间？在那波涛的滚动中，震耳的轰鸣中，疾流的绞斗中，他仿佛看到一些灾难的黑洞、苦难的景象、重重叠叠的压抑与负载；他从中听到了一种声音是绝望的呼喊，求助的哀号，还是愤怒的咆哮？

放眼望去，荒山野岭，乱云飞涌，一片苍凉。

他想，黄河不是我们的母亲河吗？为什么一看到她，总会想起我们民族多难的历史？为什么密西西比河不是这样？伏尔加河不是这样？多瑙河、莱茵河、泰晤士河不是这样？这苦难源自她的本身，还是荒谬的历史对它的强加？不觉间，他把自己经受过的种种百感交集的生活都放进去了。他忽然有了画这条河的渴望与激情！

回到学校的第三天是周日，教室没人，他把四张学生用的画案拼成一张，铺上一张八尺的宣纸，他好像还没有任何构思，已急不可待，将蘸足水墨的长锋大笔落在纸上，随即腕子向上一扬，一股激荡在心中的情感随之迸发，一股巨浪在大河中流冲天而起，紧跟着，从身心爆发出的波浪层层叠叠落在纸上。社会的苦斗，生活的挣扎，灾祸的骤至，苦难的深渊，境遇的无奈，以及自己心中那种孤独的执着的高贵的坚持，都融入这大河的形态与灵魂中了。

作画时，他已完全忘记自己，甚至忘记自己在作画。空荡荡的屋中只有他一人尽情挥洒，伴随这挥洒，是激动中颤动的笔杆不断撞在水盂的当当作响，四处飞溅的水墨溅在他的衣衫与脸上。

等到他画到心中坚持的那片崇高的精神情感时，他看到画中大河偏远地方，出现一片迷离、灿烂、漾漾不已的波光。他被自己这片波光迷住了。他令自己无限神往。

他心中忽然生出一种从未有过的神奇的境界。他一下子和自己身后的无形、宏大又迅猛涌动的社会大潮融为了一体。

这感觉好似一次升华。

真正的艺术创作，每一次都是一次自我的升华。

升华是一种神奇的质变。它不期而遇。每个艺术家都盼望这样一次升华的出现。

就在同时，一个从未有过的时代正在悄悄来临。

中卷

闪电从乌云钻出来；

我的歌啊，你也从囚禁于我的心里飞出来吧！

两年后，云天一家随同父亲搬回到睦南道那座老宅子里。由于这房子地处路北，家中的花园在最里边。这是二十世纪三十年代建造的一座英式的别墅建筑。五大道地区的房子是由东向西一点点拓建出来的。到了四十年代，所建的房子多选取当时西方流行的简约的折中主义样式，像云天家这种地道的古典英式的房子已经寥寥无几了。又高又大的深灰色的坡顶，锻铁的栏杆，粗粝的石头的墙基，墙上爬满小叶的常春藤。夏日浓绿，秋日火红，夏秋之间红绿斑驳，充满了画意。设计房屋的建筑师多半是一位外国人，原房主已经无从得知。

云天的父亲买下这座房子时已是·九四三年。彼时，五大道这一片社区正进入历史的极盛时代，政治风云中台上台下显赫的政要，大江南北心怀财富野心的豪强，热衷洋务的各路英才，全都蜂拥而至。天津这里，既是扼守京城、中西接触的前沿，还可以享受到最早出现在古老东方大地上少有的舒适和便利的西方生活；有上下水，有电话电灯，冬天还有暖气，一如天堂般的优越。跟随这些权贵而来的，便是不可或缺的名医。云天和隋意的父亲都是在这样奇特的时代背景下进入津门的。当时，五大道的名医至少一半住在睦南道上，而且大都与云天的父亲一样，毕业于美国人创办的北京协和医学院，是近代中国最早一批西医。这批医生到了八十年代个个都是身负盛名、头一流的专家了。隋意的父亲虽不是协和毕业的医生，却曾留学于英国，眼科专业，也是此地拔尖的名医。两家主人的关系好，常来常往，云天和隋意很小就在一起玩耍了。

云天在这房子里长大，并与隋意结婚成家。那时云天的母亲还在世。云天是独生子，他结了婚，楚家人口总共才四人，房子一直显得宽敞。一层三间屋，分别是客厅、书房和餐厅。二层都是卧室。但云天他们没有住到二层，而是安居在一楼半一个方形的十分安静的房间，房间一边还附设一个小卫生间。原设计是做客房用的。这样分开居住，彼此之间都不受影响。

隋意从小常来这里，后来住进这里，喜欢这里的氛围，平和静好，人们说话声音不大，偶尔还有音乐。云天的父亲与隋意都在医院工作，家中的空气里偶尔会有一点硼酸的气味。这是一般家庭里没有的。这气味叫她认定是她家的气味。

十年前"大革命"把这一切掠夺去了，可是现在又不可思议地神话一般地还给了他们。云天第一次回到这房子，房内到处尘土和垃圾。云天站在房子中间忽然流下泪来。他想起母亲。母亲就是在父亲去江西干校那一年故去的。母亲最喜欢这老宅子，但最终没能再返回来。

他们搬回来后，父亲推说自己年岁大了，不想爬楼，叫云天一家使用二层的卧房，自己住在一层的书房里。其中的缘故只有隋意能够猜到，就是如果父亲还住在先前的房子里，一定常常会见景生情，思念故人，勾起潜在心底的伤痛。故而，隋意对父亲的照顾就分外在意。云天母亲的每个诞辰与忌日她都会想各种办法安慰父亲。她心细，做事很实，喜欢默而不言，用心交流。这使父亲感到分外的安慰。现在再加上乖巧、聪慧又懂事的小怡然总蹦蹦跳跳在身边。他说自己的人生如果现在收尾，应是最完美的了。

云天他们都叫他敲桌子，收回这句不吉利的话，晚饭时还罚他喝半杯红葡萄酒。他喝了酒，笑着说把那句不该说的话收回了，但一个月后心脏病突发，很快就走了。他原本身体不错，怎么会心脏突然发病？后来才知道他在江西干校时过于劳苦，患上这病，曾有两次发病，在急救中起死回生。但他不叫单位的人告诉给他的家人。在那个苦难的时代，谁都不想再把自己的石头压在亲人的背上。隋意想，父亲那天那句不吉利的话，或许真的对自己身体有了什么预感？如果他告诉他们实情，她应当对他再加倍留心才是。父亲究竟是心内科的大夫，对自己的身体会有预估。

现在，这座房子就有点太大，有点荒凉了。

阳光透过院中高大的冷杉时变成的斑斑光影，穿窗而入，映入屋中，很美很静。她欣赏云天的一句话，建筑中的生命是光线。光线或明或暗，或清晰或朦胧，都是它的性情。她还是在墙子河边那顶层小木屋中就鲜明地感到，阳光还是活的，它能在屋中行走，一天一次走进来，充分展示它带来的美好与魅力，然后离你而去。正如家中的主人——父亲的亲和与母亲的温存，现在都已离去。谁给这空荡荡的老屋一如既往的生机、清醇的滋味与欢欣？

然而，她完全没有准备——这座老房子进入了楚云天的时代。这会是一个什么时代？

当云天在画室里创作一幅大画时，她完全不知道这竟是他们生活改天换地的缘起。他是否敏锐感受到社会与时代的冬去春来？但是凭着他的敏感，他莫名的激情，他不能自已的艺术冲动，把心中这一切迸发似的画出来了。

他再一次想起黄河——这条母亲河，再没有任何大自然的事物具有如此深刻的民族命运的象征意义。但他没有像几年前画黄河时，在那惊涛骇浪中全是重重不绝的苦难。他的笔艰难又凝重，他的水墨混浊又胶着。这一次，他画的是这条万里江河的解冻与凌汛。他的笔墨全然是一种解脱与激扬！他叫漫无边际的雪覆冰封的河面突然裂开；坚冰下边分明有一股强大而鼓胀的力量，雄浑磅礴，不可遏制。跟着，轧轧震耳的声响中，黑色的冰冷的波涛推开巨大而坚硬的冰块，汹涌奔流。大河解冻了，春天来了，天地要为之一新了。

在他十余天作画时，隋意没有走进他的画室。她不能打断他的思考，打乱他必须始终如一的心境。等他画成，他喊她走进画室来看，她才进来；面对着这幅巨幅的新作，她惊愕得半天没说出话来。她明白，他的画不再是古代文人那样抒写一己的情怀，更不仅仅是山水画和风景画，他把那个时代人们共同的渴望画到画中了。

她为她的云天骄傲，但她没有表达。就像她爱他，但她从来没有对他说过爱他。

这幅画送到北京全国美展时，成了画展最聚焦的作品之一。他把社会解冻人们心中的饥渴忘情地呼喊出来。云天一下子也就成了空降到人间的画坛宠儿。他的名声超越画界，为社会广知。他这幅画原名叫作《二月》，但没人再叫它《二月》，都称作《解冻》了。

他当初也想叫过《解冻》，由于避讳与苏联作家爱伦堡那本挨批的小说《解冻》同名，才用了《二月》。现在没人管那些事了。社会变化得很快，对"大革命"的大批判那套已经抛到一边了。叫《解冻》就叫《解冻》吧。各大报纸给予他太高的评价，甚至说他"用画笔打开一个时代的大门"，还有"把中国画前无古人的景象呈现了出来"。

楚云天有点发蒙。

此后相当一阵子，他只有一少半时间在天津，一大半时间在北京。各个专业单位给他开作品研讨会，大学邀请他去演讲，媒体争相访谈。这些他都不忧，他有足够的思考储备，又有极好的口才。隋意笑着说他当年给一些小年轻讲故事时练就的本事现在全都用上了。讲得愈好就愈有人要他讲，愈有人找。这期间，他只要返回天津，就会有一批人跟着来天津找他。他第一次知道名人无处可藏是什么滋味了。他像群鹰围猎下草原上一只仓皇奔逃的兔子。

但是，他还没有明白，社会所需要的你，和你自己所需要的完全不是一码事。社会一定要按照它的需要安排你。他所在的工人大学对已然声名赫赫的他没有了约束力，社会很多专业的艺术部门在拉他，想把他调动过去，以壮声威。艺术学院也拉他做教师，但他在学院待过一阵子，不喜欢这种非常看重职称和职务的单位人际的复杂。市文联也来拉他，他和文联的人聊聊，感觉这种单位功利性太强，跟他热爱的艺术风马牛不相及。后来市里筹建画院，请他做"驻院画家"。他觉得还好，一周只去开一次会，画院没有房子，画家们平日都在家里画画。他每月只需向画院缴两张"不小于四尺整纸"的画即可。这就自由得多了。他想，在这个公有制的社会里，人不能没有单位，没单位就是另类。于是他就把自己的人事关系从轻工业局调到画院。可是这时，社会已不在乎大名鼎鼎的楚云天安身何处，最希望知道的是他下一步有何非凡的举动。

于是，他又尝受到社会近似荒唐的另一面。

他的画，他画画的来历与故事，他的家庭，他为什么给女儿起名叫怡然，他其他的爱好，他这座仿佛从某个欧洲古镇搬来的老房子，他的童年，他最憎恨的是什么，他对样板戏的看法，他下一幅的主题是什么，他想不想建立自己的画派，他的人生箴言，等等等等，都成了媒体和社会关注的要点。他对自己从来没有这么多兴趣。

一天，一个挺文气的中年女子来拜访他，聊天时问他是不是喜欢写诗。这女子是一家文学出版社的编辑，叫曹莹。他说他写过不少古体诗，但多是题画诗。他更喜欢写散文诗，拿出一些来给她看。有些诗还是当年写给雨霏的。没想到这女编辑看了几页竟然高兴地拍起手来，完全失去了刚才的文静，叫道："有些比纪伯伦、泰戈尔一点儿也不差，我敢说。你还是诗人！要不你画得那么好。你常写作吗？"她像发现了一个文学天才。

云天说乱七八糟有一些本子，有诗还有散文，林林总总大概不少，其中一些在地震中损毁了。这位女编辑就向他约稿。待诗稿整理出来，居然不算太薄的一本，竟有四五百句。他给这诗集取名——对称美。扉页中还特意写了一句："美放在天平上就是平等"。

这句话在那个专制刚刚崩溃的时期，具有特别的意味。

故而，这本书刚一出版，就像一堆柴草"呼"地烧起来。一个如此才气逼人的画家，还能写出这样意蕴隽永的诗，一定是一个险些被时代埋没的天才。如果"大革命"未了，不仅要毁灭掉那些成名的大师巨匠，还会埋葬多少默默无闻的天才？由于他是一个可以证实历史进步的无可辩驳、叫人心服口服的见证，就更被社会聚焦。

他的文才是被曹莹发现的，曹莹自然要抓紧他。拉他去与读者见面，举行各种签名活动，开研讨会。还常常来他家，坐在院里高大森郁的冷杉树下白色扶圈的藤椅上，一边喝茶，一边聊文学。曹莹是个很出色的编辑，在看似松弛的闲聊漫谈中暗暗寻找云天心中属于文学的生活蕴藏，随机地启发他的文学想象与写作灵感。很快就有一本书信体的中篇小说《情书》冒出来，写出来，出版了。这本小说源自父亲"大革命"期间被押送到江西"五七干校"时，与母亲往来两地的书信。信不多，他看过，深深地感动过。但后来无论是母亲故去，还是父亲身后，始终再没有找见。那些信总共不过十来封，当时不能邮寄，都是悄悄拜托信得过的人来回捎带的。有些话不敢直言，使用一些隐语，甚至夹几句英文，但这正是那个时代的真实。其实写这种信还是很有风险的，无论使用隐语还是夹几句英文倘若被发现，还会招来麻烦。那些英语不就是"特务的暗号"吗？云天在写《情书》这个中篇时，不免想起父母当年的含辛茹苦，想到了父母在寒窗孤灯之下，胆战心惊偷写这些书信时的情境，叫他十分伤心。最最遗憾的是父母已去，没有看到自己现在这般光景。

一天吃晚饭时，聊到曹莹。隋意问云天："其实，第一个发现你的文学禀赋的并不是曹莹，你猜是谁？"

楚云天一怔，小怡然白嫩的小手一指隋意说："我妈妈。"

楚云天笑了，说："还是女儿懂得妈妈！"

不料隋意正色说："是罗潜！还记得在你什么都不是那个时候，他几次说到你有文学才能，他欣赏你，他才是你的知音。"她沉一沉问道："你们有多久没见了。"

云天说："多半年了吧。上次还是洛夫约我们一起去北京美术馆看他那幅《五千年》时。这中间我两次去他家，他都不在，锁着门，我给他在门缝里留了条子。他也没理我。"云天沉思一下说："是不是这一阵我太风光了，他有意躲我，他自尊心太强，不愿主动靠近我，我心里明白。"

隋意没再说话。不说话是否含有一种谴责？

如果你忽然风光起来，昔时的穷朋友应该怎么对待？也许你并没有故意去冷淡他，他的心理却变得复杂了，怎么办？这是一个有难度的人生课题。如果你不去认真处理，过去的一切便会渐渐消泯在历史中，直到无声无息。

二

他也没想到，那么多五光十色的人物会一下子涌进了他的生活。

那是一个光鲜的时代。

焕然一新的生活，任由你想象的未来，倏忽而至的机遇，意想不到的幸运，颠覆现实的各种可能……一切事物都在被一种无形的力量激活、放大、发光，都在改弦更张。自己好像站在一个四通八达的路口上，向每条路望去都有希望。云天觉得天天跑过来与他握手的人，人人都给他带来一片未知。这些人都是哪里冒出来的呢？以前他们好像藏在哪里，现在怎么呼啦一下全出来了。他转念一想，人家也会想他是从哪里跑出来的呢？从草棵石缝还是老鼠洞里？想到这里他就笑了。

就像天气变暖，那些憋在土地里的生命，必定全要亮闪闪、一片片、争先恐后地钻出头来！

在这终日不绝地出现在他面前的形形色色的人物中，有慕名而来的，有求画求书的，有攀附"名人"的，有夹在里边凑热闹的，也有想借他名气、求他办事的。这些他都没兴趣。真有兴趣的只是与他聊得来的人，真爱艺术和有才气的人。这也是他与人结交的第一标准，是他一向艺术至上的原则。

然而，这标准让他备受挫折。当然这些都是以后的事了。

在画院里真叫他感兴趣的是几个年轻的画家。尤其是毕业于山东美院的余长水，滨州人。山东人憨厚者为多，云天喜欢他不拘小节。拘小节者难成大家。他头发长长，衣装随意，扣子总是一半没扣，比他更不修边幅。这人记性差，做事粗糙，但对笔墨不可捉摸的精妙的变化悟性极高。虽然他还没有什么代表作，但他下笔时那股子大气与从容，叫云天很看重他。与他聊生活、聊社会、聊人，他全无兴趣；只要一谈笔墨，他逸兴遄飞。这和云天很投脾气；而余长水感觉，与这位年长十余岁、气质清逸的楚云天也是意气相投。艺术家之间的交往全凭直觉，感觉对了自然有来有往。

一天，他去画院刚进楼门，迎面一个小伙子愣头愣脑和他撞个满怀，他要是老人，肯定仰面朝天地翻倒地上。他才要发火，那小伙子只说一声："回头和您道歉！"就跑了。他有什么事这么急？他觉得这小伙子好像是院办新调来的费亮。

过一会儿，这小伙子找他来道歉，果然是费亮。他一边发窘地摸自己的后脑勺，一边向云天鞠躬。他说画院后边是一座居民楼，他隔窗看见一家阳台上有个小孩在爬栏杆。他吓坏了，又不敢喊，怕惊了那小孩反倒酿成祸事，就急着跑去救那孩子。由于跑得太急，险些把云天撞得人仰马翻。

楚云天笑道："你差点救了一个，撞死一个。"

从此就和这个见义勇为的年轻人熟了。闲聊时，知道他是湖北荆州人，女朋友在天津，画院招考职工时，他报了名被录取了。他画山水花卉，喜欢画大画。那时楼台馆所的大厅都需要挂一些巨幅的画，正是他的擅长。他人实在，笔墨缺些灵气，但结构一幅重岩叠嶂、山重水复的大画能力超强。楚云天对他说："我就不擅长画大画。"

费亮一听，表现出无地可容的样子。他说："您的《解冻》就是大画，而且一定会进绘画史的。我们这些画算什么？"

原来楚云天在这些年轻人心里是一尊神。自从他们与楚云天认识了，便不时往云天家里跑，拿画去求教。

楚云天结识余长水是由画到人，结识费亮是由人到画。反正不论是人是画，对他俩印象都还不错。至于本市与各地画坛中大小名家，天天如过往烟云，不单名字记不住，连长相也记不住。除非哪位画家的画非同一般，他一准能记得住。然而，这些新朋与多年前的旧友完全不同，再没有多年前的三剑客那种精神上的相互依赖了。云天发表的文学作品虽然影响很广，但他不涉足文坛。他曾与一些作家接触过，他感觉作家大都有点矜持，不像画家那么率性。他自年轻就一直活在画画的人中间；爱画山水，崇尚自然，受不了一些作家的假自尊、装高贵和相距千里。这也是他后来始终立足于画坛的缘故。

他与画界的交往，从不看人的社会地位与名气，只看他的作品、才气、艺术感觉与独创性，从中分出高下。对于有才华的人他会放在心里最上边的一层，对盛名之下其实难副的人则撇在心外。他有涵养，嘴上不说，心中有数。他虽在画界的殿堂，总还带着当年在草莽之中养成的那种可爱的孤傲。另一方面，由于自小家庭教育好，不会一旦得志便猖狂起来，或不顾别人的感受，一味地自我，叫人难堪。

这几年，南来北往跑多了，结识的人愈来愈广。《解冻》是那个时代的标志，也是他的标志。谁都想与他结识，并拍张照片作为与他相识的见证。这些事多了，有时会感到不堪重负。但有时也会有点得意。这究竟是他非凡价值的一种体现。一些女孩子们含情脉脉的表示也就夹在每天成捆的来信中。有时见到，笑一笑，丢在一边。多年前雨霏那件事留给他的告诫，依旧存在他心里。他曾发过誓不叫隋意再受半点伤。

前年，隋意已经辞掉眼科医院的工作，专心做他的工作和生活的助手。她帮他料理文案，誊抄稿件，接送访者，照顾已经入学的怡然，洗衣做饭和收拾房屋，把各个房间布置得幽雅和惬意，连院子里割草的事也自己来做，事事都做得精心精意。隋意的母亲本想来伸以援手，但他们不想把自己的负担再压在长辈脆弱的肩上。如果哪一天清闲，他们会把隋意的母亲和弟弟一家接来聚一聚，享受一下人生最珍贵的天伦之乐。

云天见人多了，渐渐知道人才遍地有之。现在社会开放，压抑少了，云天很少再感到压抑，但他毕竟是少数，或者是少数的幸运儿。他明白，《解冻》如果早画出来一年，或者晚拿出来一年，都不会有那么强大的社会震撼力。它的时代象征的意义超出艺术的本身。而且，毕竟还有些奇才怪才鬼才，或远在僻地，或未逢伯乐，依然埋没于重重市廛或茫茫山野之间，仍有生不逢时之感，谁能知之，谁能识得？

一次他从洛阳参加一个活动返回，特意从三门峡市过黄河大桥，去看壶口瀑布。他站在湿漉漉、高高的悬崖坚硬的岩石上，眼看着面前大河直下，落地成雷，洪涛巨流，掀海翻天。那种称霸天下的气势，叫云天完全看呆了，足足叫他直愣愣地站了一个半小时，飞溅上来的浪花与水雾湿了他的衣服也浑然不觉，直到同来的伙伴死乞白赖才把他拉走。如果天再晚离开，跑山路就会有危险。但是他们跑出来不远，天已经黑了，又开始降下小雨，只好就近钻进绛州县城找一个旅店住下。

进了店肚子很饿要吃东西。旅店人员说饭厅有人占用，吃饭改在房间里，云天他们只好将就，店员倒还殷勤，很快热饭热菜就端上来。吃饭时只听外边大声说话，似在吵闹。他们出去一看，饭厅里有十来个人，围着一个用八个四方餐桌拼成的大案子观看什么，远远只见一个人挥动手臂，似在作画；走近一看果然是在作画。云天示意几位同伴默不作声，站在一旁看，尽量不打扰人家。

楚云天先看画，一看一怔。这人画的正是壶口瀑布。显然他也是刚刚去过壶口，被壶口瀑布震撼了，激情难捺，等不及回去再画，到了旅店就铺开纸干了起来。云天不认识这人，悄悄走到这人身后，伸头一看桌上的画，竟然吃了一惊，画中那种雄强、豪迈、激情、奔放、骄狂，一下子把他攫住。他好似听到了这人放声的呼喊，恣意的狂歌，释放着大自然生命沛然无穷的元气。他从来没见过这样富于感染力的画中瀑布，也没见过如此自如和恣意的笔墨的表达。这人明显有很深的传统功力，又完全是个人的再创造。这样罕见的才气，是谁？

这人正低头作画，看不清面孔。

可是这时，已经有人认出云天，悄悄走到作画这人身边附耳说了一句。这人好像没听见，显然他还在作画时自我陶醉的情境里。等到这人画完，掷了笔，抬起头。云天完全不认识他。他五十上下，身材不高，瘦而结实；脸上布满皱纹，手也皱巴巴，像老榆木疙瘩。他有一种沧桑感。头发已花白，很缭乱，还有一点谢顶。他的性格也有点特别，面对众人的称许，竟说："我画完中间这一块喷云吐雾的地方，才想到这地方应该湿着画，泼墨！让它狂起来！"然后又说一句："回去再画一张！"

云天觉得这人和自己一定聊得来。他的画，他的话，已经和自己心里想的东西对上话了。

这时，一个人上来，问云天是不是楚云天，云天点点头。问话这人马上拉过画画那人，给他们相互介绍："这位是大名鼎鼎的楚云天先生，这位是我们黄山的大画家易了然先生。"

原来这些人都是来自安徽的画家。楚云天没听过这人的名字，天下之大，藏龙卧虎，真是不可小觑。这位易了然却朝楚云天拱拱手说："哎哟，没想到刚才我献丑的时候，叫楚老师瞧见了，惭愧，惭愧。"

楚云天说："哪里是啊。易老师画得真棒，我还没见过有人这么画水的呢！把水的动感、气势和精神全画出来了！"他说出心里的感觉。

没有应酬，全是真情。这就像一挥扇子，把易了然扇了起来。易了然原来更是个性情中人，像待老朋友那样一拍楚云天的肩膀，说："你是纯搞艺术的！"跟着把云天推到画前说："你给我说说，我这画哪点还不成。当年，我专程去北京看你的《解冻》，你比我懂得画水。"

云天边看边说："你远处这片山有势，不仅横着有势，纵深也有势。这些小树，不过几笔，有姿有态，看得出你有宋画的功底。"

易了然像叫云天点到穴位，很兴奋，说："你真厉害，看到我的底牌，可是你宋画的功底更深呢！"

他俩这两句对话，周围的人一半没听明白。当今有几个人懂得和学过宋画？

楚云天对跟自己同来的人说："宋人画远处极小的树，看上去感觉也是大树。这方面马远、夏圭尤其厉害。明清的文人画就没有这本事了。你们看，易老师远处这些树不都是挺拔的大树吗？把远处的小东西画大了，画面的气象才大。"接着，云天扭过头又对易了然说："你刚才说，中间一块应用泼墨，非常好。你周围这些水画得很足了，也比较具体，中间应有一块空灵的地方，完全放开，甚至什么也不画，叫人随便去想，画面就更有张力！"他说他的想法时，十分坦率，像艺术研讨。

只有真正的艺术家在一起，谈起话来才过瘾。易了然兴奋地叫人拉过一张桌子，找旅店要几个炒菜和凉盘，一瓶汾酒，非要和云天交个朋友。云天喜欢这个徽州画家的古道热肠，和他同席而坐。易了然嗜酒如命，云天不善喝酒，易了然也不劝酒，只说一句："我敬你一杯！"说完举杯就把酒倒进自己肚里，好像"敬酒"只是自饮的借口。云天抽烟，他也抽烟，两人一个劲儿地相互"敬"烟。直抽得小桌上一团白烟迟迟不散，易了然指着这团烟说："这就是黄山云雾，我人到哪儿，它跟着我到哪儿。"

大家笑起来。易了然酒量并不大，很快就带三分醉意了。忽然他指着楚云天说："你要不要画上几笔，叫我们学两手？"他完全不管自己是乡野怪才，人家是当世名家，只像朋友对朋友。

云天向来没把自己高看一等，何况沾了点酒，也有酒兴。一挥手说："画就画，给我纸！"

一张宣纸铺在桌上。云天几笔就画出几块水墨雄劲的巨石，行笔之间，已经把水流泉过的空白全部留了出来，再用一支羊毫大笔连水带墨，一通皴擦点染，一片畅快的清流光溜溜地流淌下来。看他作画真快意，这清湍疾流更像是他心里流淌出来的。在水流迂回旋转之时，变化莫测的笔锋表现出的丰富的才情，更令人赞叹不已。随即楚云天把笔一放，须臾间画已画完。

不等易了然开口，云天便扭过脸对他说："这画是送给你的！"随即换一支写字的笔，题写了四句：

石性顽而灵，

水性柔且劲。

人性复如何？

还须今人说。

在场有三个人称这几句题得意味深长，显然这三人都明白其中的喻义了。

易了然对云天说："我这张壶口虽然拿不出手，秀才人情纸半张吧。"忽又说："我也得题几个字，我知道你才学好，求你说个词吧。"

楚云天知道这一代画家大多不通诗文，时代如此，谁也不怪。随即客气地说："我也不能说来就来，就题李白那两句'黄河落天走东海，万里写入胸怀间'吧，倒是很贴切你这幅画的气势。"

大家都说好，易了然把字题上。

两人翰墨相赠，各自去睡。转天一早，一起吃了一通山西人的剔尖和莜面窝窝，然后在旅店门前分手相别，此时竟然同时有一点依依之感。楚云天喜欢这个徽州鬼才身上那点仙风鹤骨、放浪不羁和恃才傲物，易了然则喜欢云天虽然名噪于世，却天性宽和，儒雅低调和以才服人。

两人一南一北，所向相反。但此行的收获却是相同，一是壶口奇观，一是意外得到一位知己好友。

三

一早，洛夫就把两个花花绿绿的旅行箱摆在了客厅里惹眼的地方。

大地震后，他家在教堂后那片棚户式的街区全成了废墟。这些破房旧院早就破烂不堪，砖皆酥碱，大地一摇，全散了架，复建等于重建，凭政府的财力难有作为。在废墟清除之后很长一段时间，变为一片挺大的闲置的空地，渐渐成了孩儿们踢球、玩耍、放风筝的乐土。洛夫并不着急。反正父母去了，他已是单身一人。"一个人吃饱，一家子不饿"。他住在学院，教书有教室，画画有画室，吃饭有食堂，睡觉有宿舍，还有一帮学生们陪着，活得挺快活。艺术学院是当时各种信息最流通、思想最活跃的地方之一。这使得他这一棵本来就活力十足的树顺风得水，疯长起来。《五千年》《深耕》《呼喊》等一批力作接连使他声震画坛。特别是《五千年》那个老农被历史的重负压弯却依然坚韧有力的脊背，被评论界称作"沉默着的民族的脊梁"，甚至把它与罗中立的《父亲》相提并论。这幅画确是他的一个高峰。艺术家最重要的是代表作，代表作是他的身份证。他出色的写实才能与表现力，使他把"我们古老民族历尽沧桑、犹然负重、坚挺不屈的脊背，刻画得无比逼真与触目惊心"；一时，这个脊背就是当代绘画的一个标志性的符号。这使得后来政府落实地震受灾户的住房时，学院和市里主管文化的领导都出面替他说话与出力。他被作为杰出人才，分配到这座城市刚刚出现的高层公寓中九楼上一套三居室的单元。一间客厅，一间卧室，还有一间画室。这在当时真是一步登天了。

人要是一旦交上好运，好事就会鱼贯而来。随即他被文化部派出参加赴美交流的画家代表团，刚刚在地球那一半跑了一圈，从美国西海岸跑到东海岸，中间还去了芝加哥。今天是他到家的第三天，就兴致勃勃约来楚云天与罗潜来见见面。

三剑客太久没见了。他一直没忘了当年的"贫贱之交"。当年寒天冻地，他们一起抱团取暖；现在晴好风和，更要快活往来，一起把昨天苦苦的梦想变成今天摸得着的现实。

门敲开，两位昔时的好友走进来。云天穿着一件深蓝色的风衣，宽大的衣领搭在肩上，腰带垂在身后，现在他风华正茂，人显得英俊又潇洒。罗潜穿着他平时画画时的工作服就跑来了，黑色的长衣上还沾着一些驳杂的油画颜色。走进来时两人脸上都笑，如果留意，笑得略有一点不同，云天的笑轻松而熟稔，罗潜的笑略略有点不自然。

那时，艺术家很少出访，洛夫更是头一次开了洋荤。他与云天究竟不一样。云天出生在租界里，在睦南道那个英国式的老房子里长大。父亲在美国人开的学院念书，还在国外的医院工作过，家庭中很自然地融合着一些西方的生活方式与文化。洛夫完全是从本土棚户区里挣扎出来的。这次在一个绝对意想不到的国家里活生生地跑一遭，就像在另一个星球上生活了一些日子。他似乎不知不觉被那种叫他极其震撼的异文化征服了。今天，他身上穿的麻布衬衫、薄牛皮夹克和粗拉拉的牛仔裤，都是这次带回来的舶来品。他头发天生有自来弯儿，现在再特意地用发胶固定一下。云天笑道："这么快就成美国人了！"

洛夫的头一句话竟然用的是英语："Please have a seat！（请坐！）"

有点开玩笑，也有点得意，他究竟年轻，又是春风得意的时候。得意扬扬也是一种内心的快活。

不等朋友们问他什么，已经急不可待地大谈美国了。那时中国人最有兴趣的是美国，三剑客只有洛夫真的去过美国了。于是摩天大厦、高速公路、超市、爵士乐、堵车、热狗、城市涂鸦、文身、千奇百怪的社会风情，千奇百怪的博物馆，千奇百怪、匪夷所思的艺术……恨不得全要从他嘴里一涌而出。为了叫朋友看到他所看到的，两只手也用上了，不停地比画着。为了表示他现在是一个美国通和美国的艺术通，还不时加进一句英语的人名或术语。说着说着，他已经完全说乱了。最后他说："一天两天绝对说不清楚，反正我们原先知道的那些画家，早都过时了。我跟人家一提，人家都笑我。还说那些过气的人物已经想不起来了。"说到这里，他眼睛里闪着兴奋的光芒，好像只有他上过月球。

罗潜却说："这也并不新鲜。就像他们对我们的绘画，最多知道石涛八大，现在的画家他们还能知道谁？能知道云天吗？"

罗潜这句话叫屋里热烈的气氛略有一点的小停顿。他有点不爱听洛夫带着炫耀的夸夸其谈？可是他为什么要提云天？在昔日亲如兄弟、相濡以沫的三剑客中间，罗潜不仅因为年长几岁，在人品之正、见识之远、思考之深等方面，更具威信。云天敬重他，洛夫更是如此。可是这七八年来，云天与洛夫都以惊世力作为画坛所瞩目，唯有罗潜依旧默默无闻。三座野山，两座都已丰腴盛大，光鲜夺目，只有他一座仍是一片荒芜与沉寂。他心里靠什么才能平衡下来？在十多年前那个至暗年代，他们靠着的是对艺术一己的挚爱与自信，现在还行吗？那个年代彼此没有比较，没有差别，没有高低，没有社会认可。现在正好相反，艺术不仅是个人爱好，还是社会事业。谁经得住世俗社会势利的眼光和评价标准？

云天心细，每每与罗潜相见，分外小心与留意，尽力保持昨天相处一起时的那种感觉。洛夫人粗，再加上现在又是自我感觉极好，完全没有顾及到罗潜的心理。他打开一个箱子，这箱子装的全是画集。有的是博物馆藏品集，也有的是某位画家的专集。他一本本往外拿，同时介绍这本画集的价值。那口气似乎只有他懂。他顺手还把两本画集递给罗潜，说："这两个画家，一个是达利，一个是夏加尔，你必须看，不能不知道！"这话像是对他的学生说的。

罗潜站在那儿，没有伸手去接。云天反应快，马上接过来，笑道："我也想看呢。"

洛夫带回的画册真不少。整整一箱子，大大小小至少四五十本，堆满客厅的沙发与茶几，挺壮观。这些漂亮的洋装的画集散发着一种气味很强的书香。洛夫说："这些画集你们想看，就拿去看，随你们挑。"他很大方，慷慨，又像个富翁。跟着他拉过来另一个旅行箱，箱子上贴满五光十色的城市标记，每个标记都像一枚徽章，奇形异状，十分新鲜。他说："我给你们每人带了一件礼物。"说着把箱子打开。

随着箱子的打开冒出一股很好闻的香味，好像里边全是奇珍异宝。他把千里迢迢带给朋友们的礼物一样样拿出来。他送给云天的是一条领带。理由是云天要应酬的场合多，这条深蓝色的带有紫红色暗花的领带，的确高雅又庄重，云天很喜欢。他给隋意的礼物是一个用细丝带和花纸包装得十分优美的小盒子，他不叫云天打开，要请"嫂子"自己打开，但他忍不住说出里边是什么东西。他说这礼物是一条丝巾，他在大都会博物馆买的，图案是大都会所藏莫奈名作《睡莲》的局部。他说隋意肯定会天天戴。云天笑道："她不一定舍得戴呢！"

送给一个人孩子的礼物，一定比送给他本人礼物更令他欢心。当洛夫从一个漂亮的迪士尼乐园的手提塑料袋中抻出一个很大的米老鼠时，云天忍不住说："我的小怡然这次真的要疯了！现在电视正播米老鼠唐老鸭的动画片呢。"这句话叫洛夫也十分高兴。

这时，洛夫很神秘地从箱子底部抽出一个深灰色的纸袋，递给罗潜，说："送你的，你准喜欢。"

罗潜迟疑一下，好像不是很情愿地拿在手里。他从纸袋里拿出一个纸盒，上边全是外文。只听洛夫说："英国温莎牛顿的油画色！世界最棒的油画颜料！保管你一挤出来就想画。咱们绝没有这么漂亮的颜色！"

没想到罗潜说："这么好的颜料我用是浪费了，你留着用吧！"他顺手把颜料放在身边的小柜子上。

出现一点小的尴尬。又是云天把话接过来说："干吗客气，他用才是浪费呢。"

随后又扯了一会儿闲话，洛夫依然兴致未减地大说他此行的各种奇闻。云天看到罗潜脸上有一点不耐烦的神气，便对洛夫说："我们已经来了不少时候了，该走了。反正你一个月的故事，一两天也说不完。找一天我们再来。"

洛夫拿出一个图案新奇、色彩艳丽的塑料大包装袋，把他送给云天一家的东西放进去。云天把洛夫送给罗潜的颜料也放进袋子里。待他们离开时，洛夫说："哦，差点忘了，还有给罗潜看的两本画集呢。"

罗潜说："下次再说吧。"

云天又抢先接过画集放入袋中，顺口说了一句："全交给我拿着吧！"

他俩从洛夫家里出来后，罗潜很长时间沉默着。云天忽然发现他的鬓角有一些发白，他的心一动，没想到身边的朋友头上竟然出现了白发。他今天从罗潜对洛夫的态度上，头一次感觉到他的一种过度的自尊。过度的自尊常常是自悲者自我保护的躯壳。看到自己一向敬重的朋友居然表现出自悲来，心里难过，又无奈。他应该与他披肝沥胆地谈一次，但从何谈起呢。是不是会遭到他的拒绝？可是要真正进行一次深切透彻的交谈，就必须扯开自尊的屏障。罗潜对他是不是也有这样的或明或暗的屏障呢？自从他搬回睦南道，他很少来找他。他约他，他总说他太忙，这是不是有意与他渐渐疏远的一种借口？

在一个路口，两人要分手。云天要把洛夫送给罗潜的油画颜料和画集，从袋子里拿出来给他。罗潜显得很淡然，说："这些画集哪儿都有，我全看过。颜料我用不上，你拿去用吧。"

云天说："你怎么糊涂了，我又不画油画。人家送给你的。你不用谁用？画集我拿去看。"说完，他把油画颜料硬塞在罗潜手里。

他觉得罗潜从来没有这样别扭。

罗潜忽然说了一句话，叫他吃惊。他说："洛夫和咱们——"他停了一下接着说："至少和我愈走愈远了。"

他说完，没有继续解释这句话。

云天还在怔着，罗潜已经走去。

第二天正好是周日。楚云天一家欢欢喜喜去洛夫家，首先是为了表达谢意，也是参观洛夫的新居。云天提着一兜水果；隋意戴着那条莫奈《睡莲》图案的丝巾；小怡然抱着那个不时亲一下的黑鼻头、红裤子的大米老鼠。一家人光鲜靓丽地走在路上，不时地招人观看。

礼物叫人高兴，自己更高兴。洛夫说："说实话，我在迪士尼看到米老鼠就想到了小怡然。"

隋意叫怡然亲一下洛夫作为真心的答谢。

洛夫对隋意说："丝巾喜欢吗？"

云天抢先笑呵呵地说："昨天翻来覆去变换样子戴，差点没戴着这丝巾睡觉。"

洛夫说："嫂子，说真的，这丝巾特别适合你。雅致、柔和又高贵。"

云天笑道："你这是夸你嫂子，还是夸丝巾。"

隋意说："洛夫知道我最喜欢莫奈。我最崇拜凡·高，最喜欢莫奈。莫奈有一种温柔，而且是博大的温柔——叫人感动。"

洛夫说："这是夸云天呀，云天就有一种博大的温柔，又有才气，还能干，不然哪会有那么多女孩子喜欢他呢。"说到这里，他忽然觉得自己有些失嘴，马上改口说："不过云天的温柔只给嫂子一人。"

小怡然插嘴说："还有我呢。"

这把大家逗笑了半天。

随后的话题又是美国。洛夫已是不离美国了，足足聊了两个小时，直到他们高高兴兴地离开。云天顺便说了一句："你有空咱们再去罗潜那儿聊聊。"

洛夫说："我正想和他好好说说国外艺术界的情况。外边真是另一个世界，我们过去知道的只不过是个旮旯，还是一百年前的。"看来，他对罗潜昨天的反常并不敏感。

云天说："不过，我要提醒你，你和他说话时注意一点方式，不要把他当作什么都不知道。"

"就是不知道！"洛夫说，"他也不能闭目塞听，现在世界多开放！我在纽约和波士顿的美术学院还看到了在那儿学画的中国学生，一看他们的画，我都傻了。将来我们的画会是什么样，不可想象！"

云天没说话。他感到，他的两个好朋友的艺术观已经南辕北辙，相去千里了。

他们的话隋意都听到了。回去后，隋意对云天说："你要再去提醒一下洛夫，说话留点心，别伤了罗潜的自尊。"

云天说："我想到了，可现在艺术上最开放的是观念，到处全在争论。你看文学界，最火的杂志是《作品与争鸣》；《大众电影》一半篇幅是争论文章。我们画院里也是各种不同的观点各走极端。观点不同，有争议，有冲突，也许正是好事，愈有争议思想愈活跃，愈坚持己见愈有个性。如果把自己隔绝起来，就会被时代抛掉。毕竟时代不同了！"

　　云天说话时，心里却浮现出一个影像：三剑客并驾齐驱，终于来到荒原上一个许多条道交叉的岔口，虽然从无宿怨，也未有过节，但他们忽然无缘无故地散开，相互也未作别，却各纵一骑，分道扬镳了。

四

人生如江河奔流不息，年华如季候不断更迭，景象随之转换，物是人非，风光不再，谁也无力挽留。

在春天将去之时，人们一往情深地伤春惜春；在秋色凋零之时，人们再三悲秋挽秋。但是，最终不还是要无奈地目送它们渐行渐远直至消逝吗？

然而，这春去冬来，也许恰恰就是岁月与人生的本质。岁月不能停住，人生无法定格。你能留住头上的青丝和脸上青春鲜亮的容颜吗？即使勉强地留住一些，心里却早已布满了细细的人生的皱纹。

在人生漫漫长途上，童年、少年乃至青年时的挚友能陪伴你多久？当年你们志趣相投，志同道合，歃血为盟，桃园结义，你以为可以终生不弃，永远相好如初。可是随着时代的风云变幻，生活的目标改变，切身的环境更新，再加上这中间个人命运的挫折，这些都会使你曾经的伙伴一个个离你而去，也使一些不曾相识的人物顺理成章地走进你的生活，成为你新的同伴，与你相知相交，甚至与你休戚与共，并在一个新天地里共同奋争与追求。

人生就是这样，在这些新的伙伴与你并肩前行的同时，昔日的好友也就自然而然地与你彼此淡漠、相互疏离、如日西去，最终不知不觉之中退出你人生的路。

不管你是否还去念旧和怀旧，在人生漫漫长途中，不同时代一定有不同的伙伴，你的身边一定不断更换一些新的面孔，参与你不断更新的生活——特别是你对生活充满了全新的希冀和理想的时候，你的人生舞台会一下子跳上来许多笑脸相迎的新人。

楚云天偶尔会关切到一些昔时的朋友们，就像当年从大地震的废墟里爬出来后，做的第一件事就是骑着一辆破车在城中到处奔跑，从一个朋友家到另一个朋友家，害怕失掉每一个朋友。

如今这些朋友大多进入了他个人的历史，被他的心所收藏。

徐老师家那个经常的令人怀念的小小而自由的艺术聚会，像一张发黄的老照片，夹在他记忆大书的某一页里。自从徐老师在地震中股骨头摔断后再没有起来，三年后便撒手人寰。名人的历史清晰地记在文字中，凡人的历史只是可有可无地保存在彼此的记忆里。但那一段艺术家们的生活，究竟曾是城市一个寂寞的角落中的美好。它不会被云天忘掉。

大地震后，有两个人一直未见。一是苏又生。他曾打过电话给云天，说他被北京一个单位借调过去撰写戏剧史。电话中云天向他询问地震中那些葬身在友人家的藏书，后来是否寻回一些，老苏笑道："不管它了，现在什么书买不到、看不到？"听他轻松的笑声，那一页沉重的历史好像真的掀过去了。老苏自借调到北京后再无音讯，后来听文化局的人说他已被正式调到北京艺术研究所工作，户口也进了北京。他离开天津时怎么也没和他言别，哪怕打个招呼。他也和罗潜那样有一点心理障碍吗？

心理的问题看不见摸不着，没有办法化解。可是如果放在一边不去理它，一切就全过去了。

再一个人是延年。大概是八四年，他在解放路莫斯科影院旁的展览馆看过画展出来，一个人从身后拦腰把他抱住，劲儿很大，尤其两只手特别有力，他扭身看怎么是一个外国人，再一看，叫道："是延年吗？"

这人笑着说："当然是我。朗费罗！你更帅气了。"

至少七八年没见，他非但没有变样，反而更年轻一些。他头上的卷发闪闪发亮，快活的眼神是原先没有的。好像一阵风把他眼睛里的阴云全吹跑了。他告诉云天，他就住在马路对面，非要拉云天去他家坐坐，还举起手指绕一个圈儿，像是要送给云天一个礼物那样。他说："你跟我来吧，我给你弹一支曲子。"

如果没走进延年的家，还真不知道天津有这样的房子。就像他当年住过的墙子河边森林般立满木柱的顶屋那样。解放路在一九四九年前叫作"中街"，一百年前是各国租界内最重要的一条街道，由最北边海河起始向南，竖向穿过法、英、美、德四国租界，各国金融、商贸、媒体和行政管辖部门都集中在这条街上，许多建筑门前都是一排高大的石雕的罗马柱或高台阶，看上去严肃又威严。这四国租界之间的分界，单从房屋的样式上也一看即知。延年的房子地处美租界这一段，由于当年美国人忙着南北战争，这里一直由英租界代管，不少建筑都具有英国的古典风格。

这房子很高，基坚壁厚，楼内装饰使用的是灰蓝色大理石。叫人好奇的是，楼道的顶子画满西洋古典风格的花鸟和动物图案的壁画，居然还全都保留着。只是没人爱惜，许多住家做饭用的炉子放在走道内，终日烟熏火燎，大都昏暗发黑。大理石的地面与楼梯大都狼啃狗咬，残破不堪。一百年前这里一准是一座非常漂亮的房子。至于它最初做什么用的，没人能知，这就是历史；历史全经不住细问。

延年开开门，进去后先给云天介绍他的妻子和儿子。哦，他结婚好几年了。他的妻子和儿子是更纯的外国人的模样。妻子叫刘巴，儿子叫维拉。刘巴个子不高，一看就是俄国姑娘。儿子是个标准的洋娃娃，满头金色卷发，亮晶晶的蓝眼睛，十分可爱。

可是，延年现在的住房远不如他原先山西路那里的房间大。虽然房顶很高，但只有窄窄一条，这端是一扇沉重的门，那端是一扇高大而竖长的窄窗，窗内是一道方格状的铸铁栏杆，屋内光线很暗，阴森森，像是一个关人的地方。延年说，他母亲故去后，他换房到这里来，一是因为他和刘巴都是外国人模样，住在接近天津老城的山西路那边总有麻烦，不如老租界区里，总还有一点外国人，不太乍眼。二是为了这架琴。延年说，琴比房子更重要。自从大地震把四川路那房子震毁，放在地下室的那架琴被压垮，他再没有地方找到一架琴，那一阵子他失魂落魄，幸亏这架琴"等着"他。

这架琴在这房子里放了多久，没人知道。房子几易其主，都因这架琴太破又太重，没人要，一直扔在这儿，后来一个房主喜欢音乐，想叫儿子学琴，找到他来教。他非常高兴，他来教琴的目的，并不只是为了赚教课费，更为了饥饿的手指能够触动与神明交流的琴键。可是这房主的儿子不肯学琴，延年怕再也找不到一架钢琴，便想出一个令世人不可思议的办法，用两间大房子换这间小小的"牢房"加上一架谁也不要的破琴。

可是那时代，整座城市的民间恐怕只有这一架琴了！这简直是一个奇迹！

延年说："这样，我可以随时进入天堂了。"

云天听了，感动至极。凡是献身给艺术的都叫云天感动。

延年为他弹了一曲巴赫《平均律曲集》的《C大调前奏曲》。云天顿时觉得自己不是身在斗室，而是坐在飘在空中的白云之上，享受着清风、阳光、唯宇宙才有的永恒的宁静。

所有艺术中，只有音乐能有这样的神奇。

晚间他把巧遇延年的事告诉给隋意。隋意说："为什么不请他给小怡然做钢琴家教呢？"云天说这是个好主意。他希望女儿有音乐修养。隋意说："音乐还可以帮助心灵。"在她美好的想象里，出现一个画面，在楼下客厅的一角放一架不大的黑色的三角琴。小怡然头上扎着一个粉红色的蝴蝶结坐在琴前。就像自己童年时，妈妈教她练琴时那样。女人的情感总是比男人更浪漫。

把想法变成现实往往不会一蹴而就。等到他们决心买一架琴，就要云天先去找一趟延年，征得延年的同意。可是，这次他敲开延年家的门时，开门的人竟是一个下巴黑乎乎生满胡楂的老汉，一问方知延年几个月前搬走了，再问是"回国"了。他将信将疑，又问那架钢琴，对方回答得很干脆："那东西没用，占地方，处理了！"这口气就像扔了一堆破烂。

云天专门跑去找一趟洛夫。洛夫说："自从地震后咱们去看他那次，我再也没见过他。我不是告诉过你，他爹是白俄吗？现在苏联解体了，白俄的事不再算事了，说不定人家回国继承遗产去了呢。"

人与人的故事有时拖得很久，有时忽然中断，没有原因，充满偶然。

这个人从此也从云天的生活中蒸发了。

只要你在往前走，一定不断有人从你身边掉队，走出去；还会有人加入进来，跟在你的身旁。

谁的生活都是这样。

从你身边悄然离去的，总是不知不觉；不断加入进来的，总是光鲜、新奇、切身、充满魅力。

在八十年代，云天如日中天，几乎每天都至少会认识一位新人。画家、记者、编辑、崇拜者、各色各样的陌客与闯入者、朋友的朋友、熟人的熟人，等等。当然，有的人只是一面之交，握一次手而已。但不要以为这种生活会变得轻浅、飘浮、过眼云烟，它也许正是开放的新生活的一种必然。能不能从中找到有分量有价值的东西，还要看你自己。

那个时代，文坛有点发疯。几乎天天都可以听到一位崭露头角的年轻艺术家的名字，听到一本为人称道新书的书名，听到一个艺术思想上的奇谈怪论。由海外翻译进来的哲学、文学、美学、文艺理论，日见其多地堆积在中外交流的文化码头上。云天已经被推到一个副院长的位置上，在画院主管理论与作品的研讨与批评。他一个月至少组织两次研讨会。有一位在社科院供职的批评家，名叫肖沉，身体强壮，络腮胡子，极其健谈，据说是鄂伦春人。他是个怪人，每次会议上都能发表叫人吃惊的新观点，说出一些闻所未闻的艺术观，还有许多陌生的国外理论家的名字。叫人觉得他学问之大，思考之勤，不可思议。有能耐的人免不了遭人嫉恨。有人说，此人每次在会上所讲的那些奇谈怪论都是为了唬人，都是头一天晚上从某本刚刚翻译出版的新书上看来的。云天笑道："看总比不看强。至少刺激我们去思考。"

在那个标新立异的时代，没人安于现状，没人坐得住，危机感是人们潜在的动力。有一次，云天把研讨会确定为"什么是作品的永恒价值？"，在设定这个题目时，他有一种自我怀疑的潜意识，他想从别人的唇枪舌剑中得到启示。

近来，他开始隐隐地出现一点彷徨。

有一次，肖沉对他说："你该从《解冻》走出来了。"

这话触动了他。他已经想到了这一点，自己不能总站在《解冻》里。可是他怎么从《解冻》走出来？几年前，人家对他一提《解冻》他就有一种骄傲感；《解冻》是他的光环，佛的背光。现在感觉不同了，好像那幅画只是别在一个老兵胸前的一枚彰显昔日战功的勋章而已。反过来这不又是他失去创造活力的一个见证吗？他渴望新的高度，可这高度刻在什么地方上？

这些话题他已经无法去和罗潜讨论了，罗潜与他完全不在一个世界里活着。

与他可以经常交谈这些话题的，是画院中那位年轻的画家余长水。这个年轻人正处在一匹骏马突破围栏之前东闯西撞的状态。他每次到云天家来，都带来近期一些完全不同的画，还有一些大胆的思考。他喜欢与余长水追本求源地讨论各种艺术问题。楚云天比他年长，拿他当作忘年之交。

一次，他忽然问余长水："你不断地做各种试验和创新，为什么？我不希望你为创新而创新，你到底想追求什么？"

"不重复自己。重复就是止步不前了。"

云天想了想，对他讲一件事。一次在北京一个活动中，见到吴冠中先生。吴先生问他："你的画从来不重复吗？"

楚云天说："是的，除非对这幅画有了新想法时才再画一次。"

吴先生点点头说："我是从来不重复的。"他沉了沉又问："你为什么不重复？"

楚云天说："文学就是不重复的，一个作家不可能去写同一篇文章，甚至同一句话。"

吴先生听罢笑了，点点头，走了。

云天讲完这件事。他说："你说得对，重复对于一个艺术家来说，就意味着死亡。这也是现代的中国画一个必须面对的问题。曾经有一位法国艺术家问我，为什么中国画看上去彼此相像？"

余长水问："为什么？"

云天说："这个问题太大，涉及到历史、哲学、审美习惯和国民性等方方面面，我们将来再讨论。我现在想说，不重复不是视觉的需要，是我们内心的需要。元代画家从宋画中蜕变出来，因为他们要'写胸中逸气耳'——这话是倪云林说的。作家要写作，是因为他们心里总有一些活生生的人物、难以遏制的情感、苦苦的思考，给他们压力，叫他们不写不行，不写寝食难安，他们才写。如果心里没有压力，他怎么写？为什么写？"随后两句他是针对余长水说的："总不能为写而写，为不重复而不重复，你说对吗？

余长水点点头，他进入思考。

云天喜欢这样谈话。通过交谈，去深究一个问题，或为了使自己心里某些暧昧的东西一点点明晰起来。

他虽然还没有出现危机，但对自己艺术的未来已经开始有一些担虑了。

一个力大无穷的人，用了一生的劲儿，可能搬错了一件东西。如果最终才发现就晚了，这需要旁人早些提点。

于是他需要朋友。真正的朋友不是为你弹歌相庆，而是在人生的岔道上帮你看清去处。

一天，他才刚访问日本回来，忽然接到易了然一个电话。话筒里的声音沙哑却兴奋，明显还有一股酒劲儿，只是话筒里闻不到呛鼻子的酒味儿。他叫云天快到黄山，他画了许多幅黄山烟云，请他去看。从他得意的声调与口气中相信这些画很好。一个人的画叫自己如此激奋，必定有什么特别的心得。云天转天就带着余长水，买了机票飞到黄山。刚到出口，只见易了然和黄山画院几个人已经站在那里等候他了。易了然在中间，双腿叉开站着，交盘着手臂，头上乱发飘拂，那样子真非凡人。

他们下机就上黄山，他急着看画，易了然也急着叫他看。

一看确实叫他震惊。这些画全是四尺或六尺整纸，水墨以外加上一点螺青与赭墨，干笔皴擦，大笔濡染，云影松影和烟形云状都是在宣纸湿的时候画上去的，墨由水洇，笔随水变，却形神俱在。实处伟岸峻拔，虚处缥缈如梦。那些在山崖绝壁上，幽谷深涧中，浮动着的烟雾，全都似有若无，或隐或现，变幻莫测。他惊奇于易了然画出了云烟的厚度：厚如堆雪，薄似轻纱。在这轻纱一般云烟中竟然半隐半现又犹然可辨地透出后边的峰峦树石！如此神奇的烟云谁画过？怪不得他昨天在电话里又喊又叫。

这绝非只把黄山之美逼真地搬到纸上，而是把黄山之奇升华为人间仙境呈现出来。

楚云天禁不住说："别人画眼中的黄山，你画心中的黄山，梦中的黄山。别人画的是形，你画的是神。说一句不虚之言，这些画上了光明顶了！"

易了然忽然两臂一拢，双掌相击，啪的一声极响，几步过来把云天拥抱一下，居然落下泪，但什么话也没说，一扯云天的胳膊说："走，喝酒去！"

酒桌上，全仗着余长水连推带挡，还一杯杯代饮，才使云天没有烂醉。但云天看到了这位徽州鬼才如此卓绝的才气，心里高兴，也禁不住自己几次举起杯来，主动把酒倒进肚中。

虽然都带着醉意，说的话并不糊涂。云天与易了然都说要合作一组画，说到题材。易了然说："我有个好题目，就画那个张明敏歌词里的那四样：长江、长城、黄山、黄河！"

余长水马上说："这好，这四样正好是中华民族的象征。要画就画丈二匹的大画！"

楚云天激动起来，站起来说："长江黄河，一南一北，两条民族的母亲河。黄山是华夏奇山，长城是人类最伟大的建筑。而且，两动两静。黄山长城是静的；黄河长江是动的！"

余长水说："还是两横两竖，黄山长城是竖的，黄河长江是横的！"

"啪！"易了然一拍桌子，他比云天更激动，他沙哑着嗓子叫道："画了！云天画黄河长城，我画长江黄山！"

云天随之大声说："色彩上，长江是蓝的，黄河是黄的，黄山是绿的，长城带点朝霞，偏一点朱红。"

易了然接着叫道："你的黄河长城偏暖色，我的长江黄山偏冷色。"

两人你一句我一句，说得这几大幅画好似已经横在眼前。

这叫大家兴高采烈，豪情万丈。一起举杯，把桌上的杯中酒、壶中酒全喝光。

云天从来没经过这种场面，画画的事竟然如兴兵出师一样豪壮。

云天和易了然互不食言，各在自己家中作画。为了保持四幅画之间的谐调，在他们之间传递一些重要信息的事，全由热心肠的余长水跑来跑去。转年春末，展览在北京美术馆开幕。对画坛的惊动一如惊雷，观看展览的人挤破了头。这是云天在《解冻》之后"第二个春天"，同时，这一来也叫画坛见识到一位不应埋没的翰墨奇人——徽州才子易了然。

在外人眼睛里，进入了"第二春"的楚云天风光无限。

他把自己的春天从十多年前一直延长至今天，依旧是旖旎与光鲜，这足以显示他毋庸置疑的实力。一方面又是天天访者不绝，压力十足；一方面是更多各种名誉头衔往他身上挂。他书架最下边一层已经塞满各种荣誉职务的聘书。最叫他烦恼的是，这些社会上各种貌似正经的游戏不能完全拒绝，倘若接受了就必须在自己时间的袋子里塞满别人的各种乏味的玩具。

有时他必须戴上这种社会面具，假模假样地去出头露面，给别人的场面充当花瓶。名人是属于社会的，这是社会生活的一部分。古今中外全都这样。

美协换届时给他一个副主席的头衔，这个光环带给他的又是一系列的出席活动、讲话、颁奖、剪彩、为人写序、题写书名、题字，以及一脸假笑陪同官员们坐在主席台上的差事。这是他当年坐在三剑客的那个自由自在的小沙龙里绝没想到的事，荒诞得叫人发笑的事，也是他现在必须一本正经地来做的公务。虽然世俗，却不能将自己置于俗世之外。你以为你努力的结果是愈来愈主动，现在却愈来愈被动。你清高自许，你孤傲，你超然，你能够真的一点也不食人间烟火吗？与世隔绝吗？身居闹市如在深山吗？除非你像罗潜。可是，当今的罗潜真的心安理得地接受了他的现实吗？还是不得已把"自尊作为自悲的躯壳"？

没人能知道这个看似志得意满的楚云天内心里最真实的想法。

一次，隋意说他："你可愈来愈有点俗了。"

他报之以笑。连隋意都不知道他笑中的含意。

其实，比这更深一层的苦恼倒是他这次《大山水图》展览之后。他感到自己的一种终结。他有一种终结感。

从《解冻》到《大山水图》，他的确画出一种过去不曾有过的山水，即把对一个时代宏大的精神与气息升华出来，融入一种具有历史和人文意义的大自然的景象中。但是下一步他该踏向何处？

他这个人对社会有一种作家的敏感，也有作家那样的思考。所以，他感到这急速发展的社会正在发生一种本质性的改变。在迅速的市场化的过程中，社会愈来愈缺乏整体的精神，缺乏精神的纯粹性。浮躁、功利、拜金、享乐主义、个人主义、庸俗社会观、时尚、流行文化等渐渐主宰了生活。消费社会的物质至上，使得人们不再关心纯精神的事物。同时，画坛和文坛都在盲目地陷入西方现代主义模仿的热潮中而浑然不觉。他感觉自己已经抓不住这个时代了，找不到时代的精神和生活的魂了；他已无从感知这个已经渐渐变成光怪陆离碎片化的社会了。

有时，他会把这些想法，说给余长水和肖沆。肖沆有时偏激，有时却出奇的准确，有深度，他是少有的能思考的人。肖沆听了没说话，第二天带给他一本书，是弗兰克·富里迪的《知识分子都到哪里去了？》。过些天，他去英国交流，顺访剑桥，他与剑桥的三位教授一起共进午餐时，他说很想与他们谈谈知识分子问题。其中一个教授笑了，说道："还有中国人有兴趣与我们谈知识分子问题吗？你们来剑桥的人与我们大多是想谈合作，谈项目。"

他们也没兴趣谈这个问题。一个社会没人关心知识分子问题才是一个大问题。是不是全球化时代的话语权已经跑到权贵一方，没有知识分子发声的席位了。

在这样一个时代背景下，绘画是不是正面临全新的困境？至少他愈来愈感到，自己原先那条路已是到了尽头，成为过去时。

他在审视自己，也在预感自己。

一个人肯定会比别人先敏感到自己。对自己失去自觉的人是另一种死亡。

他面对镜子扎好领带，外边穿好一件银灰色的西服。这身灰西服和深蓝色、有紫红色暗花的领带以及雪白的衬衫搭配起来，爽眼又大气，他觉得自己很英俊洒脱。自我欣赏带给他一种好心情。他平时最烦西服，他认为西服是穿给人看的，而且拘束；他说领带是拴牲口的绳子。可是今天不同。今天是洛夫举办个人画展，请他来参加开幕式，还要致辞。他要为这位老朋友加力使劲，必须郑重其事，把戏唱好。

车子刚到解放路艺术博物馆门口，隔窗已看到那里车水马龙挤满了人。刚刚把车停了，便有人从外边打开车门，猫腰探过来的第一张脸便是喜笑颜开的洛夫，他穿一件很时尚的花格的西装式外衣，没系领带，一头卷发，看上去像个时髦的牛仔，身上还有香水味儿。洛夫一把将他从车子里拉出来。他有点发蒙，这么多人，有的认识，更多人不认识。很多记者端着相机对着他拍照，还有人叫他的名字。

洛夫拉他进了大门。开幕式在门厅。靠墙摆了至少六七十个一人多高的大花篮，他哪里拉来那么多庆贺与后援单位？洛夫对他说："画展在里面，咱先把开幕式搞完，再去看展览。大家都等你呢！"

云天说："听你的。"说完随着洛夫走，一边和人群中伸过来的许多手握个不停。

从主持人介绍的嘉宾，可以听出洛夫今天邀请官场的规格之高和各界名流的力度之大。云天不明白的是怎么还有那么多大企业的老总都来捧场。

当主持人把云天请上去讲话时，高调地渲染他担负的各种荣誉职务。尽管他不喜欢他们这么做，现在为了烘托洛夫也未尝不可。讲话时，他还没有看展览，不知道画展的内容，他想肯定包括洛夫那些成名作和代表作，因此他从《五千年》《深耕》《呼喊》等名作，历数洛夫在当代画坛做出的建树，赞美他的才华和开创性，并给予他的未来送上美好的鲜花般的祝愿。他的口才一向出众，讲得又好，但他从观众的表情上总感觉自己的讲话与今天画展的内容有点隔膜。待到展厅一看，才明白原来自己的致辞与展览的内容有些文不对题。这次洛夫的画作居然改天换地，全是现代的抽象作品。他许久未去洛夫的画室，不了解他对自己发动了如此巨大的一次"艺术政变"。他有点摸不着头绪，但他强烈地感受到洛夫的大胆，他的勇气，他的开放，他本质上的那种粗粝与豪放的才气。尤其在色彩上表现得有点放肆。当一些记者现场采访他的观感，他一时不知该怎么评价这位忽然闯入现代主义的老朋友了。他惊讶洛夫一步跳出去那么远。是艺术观的改变，还是赶时髦？反正如今画坛已是谁想叫人关注，谁就做时尚的弄潮儿。

这时，余长水在旁边正对洛夫说："洛老师您这组《红色年代》标价真够高啊。"

楚云天这才发现，墙上每幅画右下边的说明牌上竟然都有标价，在这样正规的艺术展览上，对画作做出明码标价也算一个创举了。云天细看这幅画，有点荒诞：一块米色的画布只画一块四方的平涂的红色，红得很鲜，但没有任何变化，只是方形红色在方形画布上有些倾斜，看似要倒，这一边的轮廓有两三笔粗野狂放、彰显功力的笔触，如此而已，再有便是下端有一行黑色的外文签名。他看不出所以然。这时，在洛夫扭身应酬一位嘉宾时，云天身后有一个压低的声音说："这幅画几乎就是马列维奇《黑方块》的翻版。"

云天回头一看，是肖沉。肖沉摇摇头。

在画展上，云天见到不少从北京专程赶来的美协和美院的画家，有的人很熟，有些人头一次见。那时代人们见面好递名片，很快手中就有一摞名片。他问洛夫，有没有邀请罗潜，并说罗潜更应该看看他这些画。洛夫说："我专门去给他送去了请柬，还说你也来，但他说今天有事。"随后笑一笑说："这人现在不知怎么，愈来愈怪了。"

云天发现在洛夫身边常出现一个女子，一会儿过来一会儿走去，每次都在洛夫耳边轻声说几句什么话。这女子个子很大，和洛夫差不多高；长得很艳，服装也很艳，眉目很浓，化妆更浓；一看就是精力足、能力强的人。她是这画展的操办人吗？洛夫忽然一拉她的胳膊，对云天介绍说："我的朋友，郝俊。"

云天一怔的时候，这女人马上说："洛夫常把您挂在嘴边。您是他的偶像。"不等云天说什么，她摆摆手就跑进人群。一个敞开、活泼、很外场的女人。这是郝俊给云天的第一印象。

云天想问洛夫这郝俊怎么回事。洛夫又叫过一个人来，这人不高，四十多岁，黑黑的脸，皮肤挺粗，热情老到，看上去属于在社会上很有办法的那种人。经介绍，这人的名字有点俗，叫作许大有。洛夫说他是北京琉璃厂紫云轩画店的经理，办画展很有经验，人脉很广，非常能拉赞助。北京很多大家的画展都请他策展，他这次画展就是许经理一手操办的。洛夫说："人家许经理一直想结识楚大师，还很愿意给你举办画展呢！"

许经理说："我们都是您的崇拜者，我们店里还有您一位超级的崇拜者呢。"

"那会是谁？"楚云天随后说。有点好奇，但不适合追问，只是一笑而已。

洛夫展览的第二天，云天就带着余长水飞往广州。那里有一个海峡两岸书画交流的活动。云天之所以赶过去，是想看看台北一位名家的画。此人的国画在西方广为接受。他带余长水来是想叫他多些见识，广交朋友。在广州，他与台北这位名家结识，相谈甚欢。这人人高马大，不像南边人，性情开朗，声音敞亮，无论人还是画气局都挺大。但他的画法并不高深，只是先把宣纸揉皱，再用半湿半干、亦浓亦淡的笔在上边皴擦。利用揉皱的纸的肌理，表现出许多奇异的偶然，也使画面呈现出一些抽象的意味。这种画比起传统画法所呈现的视觉效果全然一新，既是传统国画没有的，也是西方绘画所没有的，恐怕这正是西方人有兴趣的缘故。可是云天见多识广，他知道早在七十年代黄永玉画彩墨的荷花就使用过这种画法，后来贝聿铭设计的香山饭店盖好，请法籍华人画家赵无极给香山饭店大厅画了两幅大画，用的也是这种方法，先把纸揉了再画。在云天的眼里，任何依仗技术效果上的出新，还都是表面的雕虫小技。所以他没在广州多耽搁，只待了两天便飞回来。

到家后的当晚用饭时，他兴致勃勃对隋意和怡然讲自己此次南行的见闻。隋意笑眯眯听着，忽然说一句："你不在家时，雨霏看你来了？"

"谁？"他蒙了。

"雨霏还有几个，你那个学生啊。"

"她怎么会来？"

怡然问妈妈："是那个挺好看的阿姨吗？"

隋意没理怡然，而是对云天说："她还是挺好看的，只是胖了一点。"

云天竟有些尴尬。他尽力使自己保持平静，问道："她来干什么？"

隋意说："她来帮洛夫办画展。那天你没见到她吗？"

云天说："洛夫没说她来，我也没见到她呀。我要是见到她，回来怎么会不说。洛夫只对我介绍一位给他办画展的人，一位许先生，北京紫云轩画店的经理。"

隋意依旧笑眯眯地说："前天，这位许经理也一起来了，他是雨霏的丈夫。"说完她看着他的表情。

楚云天露出惊讶，他不知该说什么。他呆呆看着隋意，有点尴尬。

隋意说："洛夫带他们来的，说是来看看我。洛夫说你回来之后给他打一个电话，如果许经理他们没回北京，要你去和他们见个面。他们想给你办画展。你就见见他们吧。"她的话里没有任何含意，只是把事情向他交代得明白而已。

由于有过去那件事，他一时不知应该怎么做。

怡然说："我和爸爸一起去！"

云天说好，隋意也说可以。

当夫妻间出现烟雾时，孩子是一把扇子。

云天与洛夫通过电话，洛夫说正好雨霏他们还在，过一天就要返京，于是他们约定转天下午在洛夫家见面。洛夫只说了一句："他们能帮你把画价卖上去。"

云天对卖画没有兴趣。这也是他与别的画家最不同的地方。那么，他去见雨霏难道是一种旧情使然？他自己也说不清楚。当年那件事使他、隋意和雨霏全都身陷困局，多亏罗潜与洛夫两位好友的帮助，才使大家都解脱出来。当时他决心再不掉回头再望一眼。可是，时过境迁之后，他偶尔也会想起过去。他当然不会再续写那个愚蠢的情爱。但是，过往生活中一些动心的片段进入历史后，便会变成难忘的画面。比如用两条手臂把两个日本陶瓶压在墙上的初吻，一次次相约时她站在什么地方苦苦守候他的样子，大雨中的疯狂，她那双有点斜视的目光中的忧郁……这些都多像他读过的某一本小说过后某一个永驻心中的篇章。每当这个时候，他都想知道她的现在。如此而已，没有行动。可是现在她要出现了。是不是她想以给他办画展为借口，和他再见一见？

难道潜在他身上的多愁善感的浪漫本质又要被唤醒？

云天嘱咐自己，无论如何只见这一面，只此一次。

第二天下午，云天带着怡然来到洛夫家。这时的洛夫家已经显得挺富有了，连沙发和窗帘都换了，繁复精工，追求豪华，略略还有点暴发户的气息。他们进屋时，许经理和雨霏都已坐在客厅里了，见他进来，全站起来。在她站起来一瞬的动作，腰肢微微一扭，叫他立即找到昨天的感觉。还是雨霏先说了一句话："大画家驾到了，我们恭候多时了！"

这句话把历史与现实明明白白分开。本应该会发生的尴尬没有出现。许经理再掏出烟一让，一抽，相互一聊。楚云天原先心里那些怀旧的东西全不知跑到哪儿去了。

这屋里还有一个三四岁的男孩，竟是雨霏与许经理的儿子。这孩子圆头圆脑，挺黑挺壮。许经理龇着牙笑道："人都说这孩子不像雨霏，像我！"

雨霏接过话说："再生个女孩就像我了。"她说得爽快又直白。

云天有点吃惊。这完全已经不像当年那个文气、内在、有点害羞的女孩子雨霏讲的话。他注目她一眼。她确实胖了，气色很好，可是原本长脸怎么变圆了，尖尖上翘的下巴和长长的睫毛到哪里去了。当他与她目光相对，那种特别的有点斜视的眼睛里梦幻般的感觉好像也找不到了。她对他说："现在特别时兴艺术经纪人的说法，我愿意当您的经纪人，我是您的学生，最懂您的画！"

云天笑了。一下子使他从遥远的过去回到现在，从虚幻的往事回到赤裸裸的现实中来。下边便是与许大有充满纠缠和反纠缠的功利性的交谈。从交谈中听出这位许大有完全不懂艺术。他最多知道李可染、黄胄、傅抱石、张大千等这些在市场中大红大紫的画家名字，别的多不知道。每当说不下去，雨霏就来救急。他们更像一对生意上的搭档，雨霏原来是一个充满精神想往和追求品位的女孩子，她为何选择这样一个十足的小商人作为伴侣。她的人生究竟经过怎样难以想象的经历，究竟为了什么才违心地顺从了现实功利？云天心中有些怅然，当然，这和自己已经毫无关系了。

在许大有提出有人想用一辆原装的奔驰换他的《解冻》的原作，洛夫居然还说，他如果不愿意，可以复制一张原作给那人时，云天觉得他们这次见面应该结束了。

同时，小怡然也有一点不耐烦，她受不了雨霏的儿子一刻不停地吵闹，乱翻东西，也没人管这孩子。

这次，云天与雨霏的告别，才是人生道路上的真正的告别。他没有嫌恶她。因为他看过太多的人被生活毁灭，他要坚守的是自己的艺术观不在生活的重锤下变形。

六

当一个人的生活很美好、心满意足时，便隐隐会有一点忧虑，担心生出岔头，担心失去现在。这并不一定是遭人妒忌，被人算计。因为究竟生活不完全听任自己，还会陡生意外，防不胜防，有时根本无法预知和防备。

比如隋意，当初在她嫁到这个家来时，感觉自己是世界上最幸福的女人。她和云天从小就在一起，从来没有想往过另外一个男子。她喜欢云天的家，熟悉他家的一切，包括院里鸟叫的声音。云天的父母看着她从一个活泼的小丫头长成斯文的大姑娘，她也看着云天的父母从手疾眼快渐渐变成慢吞吞。她好像生来就是他家中的一员。没想到结婚不到一年，"大革命"的洪流把她从这里撵了出来，蜗居到墙子河边那个狭仄又奇异的阁楼里。凭着她和自己兄长般的伙伴一起用心用力用美，把那小屋一点点改变为"天堂的一角"，但大地震又把这一切摧毁。她两次由有到无，再由无到有，一次次回到生活的原点。

然而，生活还是公平的。虽然反复而无情地戏弄了她，又一次次把甘甜的仙果恩赐给她。是因为她天性真纯，逆来顺受，从不抱怨生活，总是努力把生活有限的美好变得充盈？是她太爱她的家人和家庭？还是因为她总用着向美向善的心来化解枯燥的现实？

隋意认为现在的她的生活已经再好不过，她再没有任何奢求，只盼上天别再拿走。

她喜欢这座古老的英国式的房子，喜欢花园里几棵巨大的冷杉和湛绿的草地。喜欢和云天坐在树下的藤椅上聊天。那几张白色的田园风格的扶圈藤椅在绿色的院子里优雅又悦目。她从不在院子里栽花，她喜欢单纯而天然的绿色，而这绿草有情，不叫主人寂寞，从春天到秋总是不断开出不同颜色的细碎的小花。他们这座房子的左邻右舍也都有花园和大树，这一带鸟儿就很多，不时还会有鸟儿飞进屋中；更多进入屋中的是草木的气味，而比这草木气味更深郁的是老房子特有的气息，它叫人感到一种岁月的久远、幽深与沉静。

在这老房子里，她会恍然感受到夏洛蒂·勃朗特或奥斯汀笔下的某种意味。这些书都是她那个时代爱读书的女孩子们最痴迷的。

小怡然已经是大姑娘了，到了忽然变得寡言和矜持的年龄。她深受妈妈的影响，不好粉黛，喜欢素颜，不像一般女孩那样追求时尚，喜好捧着一本书静静地读着。依照她的提议，客厅的一半是上边抵达屋顶、下边落地的书柜。另一半挂着父亲的画，首选并不是《解冻》，仍是地震后从废墟中抢救出来的那幅旧作——三幢红色尖顶小楼的写生。这张画虽小，却在他们家庭中意义非凡。画上承载着太多不能忘却的记忆，是他们家庭的故乡与源头。在怡然看来，在客厅这个地方，有人生纪念意义的画更重要。

屋子的里角斜放一架小三角琴。怡然时而会弹一弹。当年错过了延年之后，一度从音乐学院请来一位钢琴老师，教了她一阵子。

在隋意心里，她的琴声已是这老房子的一部分了。

她长得太像妈妈，清秀的眉目，小小而发亮的嘴，轻巧的鼻翼和光洁的脑门，细气又文气。只有身材像父亲，两条长长的腿，这就使十几岁的她已经亭亭玉立了。在这样的家庭里长大，一定奉艺术为神明。她没有随父亲学画，但对艺术史兴趣极浓。在中国艺术史上，父亲是她交谈的对象；在西洋艺术方面，她常和洛夫争论不休。不过她还不敢与肖沉攀谈。隋意已经开始为她留心海外学艺术史的名校了，打算早早地送她出国去读书和看博物馆。学艺术史必须通读中外。

自她上了中学，隋意不用再接送她，全心料理家务。她太在乎屋里每样东西摆放得是否得体，还经常调换房间的装饰，让自己心爱的巢总在更换情致。云天说她是"死不改悔的唯美主义者"。当然，最重要的还是要让云天衣食无忧。她为云天做饭、洗衣、熨衣、寄信、购物、收拾院子。这是他们在多年艰苦的生活中养成的勤劳。她从无怨言，一切一切理所当然。剩菜全由她吃，好吃的都用筷子夹到云天碗里。这样做好比天经地义。

朋友笑话隋意，说她太宠云天了。其实云天待她像一个小妹妹，生活中大大小小为难的事都不会叫她出头。

谁也无法说清楚他俩之间，谁更依赖谁。

隋意明白，当初雨霏的事也不是云天移情别恋，只是云天骨子里有一种浪漫，喜欢把自己的生活变成某部小说中一个美好的章节。他的确没有想过离开她。如果她真的离开了他，他的灵魂就会像一块孤云，四处飘泊。

那天，云天带着怡然从洛夫家回来。当小怡然气哼哼地说，那个黑脸的许大有想用一辆汽车换云天的《解冻》时，隋意大叫起来：
"他们想什么呢！拿个金山也不能换，除非将来捐给美术馆！"

楚云天很感动，真拿他的艺术当作命的还是隋意。这种价值观
不是一般女人能够有的。当然，他也满意女儿。

虽然他们现在经济宽裕了，他们的生活一直保持着一种低调。
他们赞成那句话：高调和低调是不同的活法。高调是为了活给人看，
低调是为自己活着。他们不喜欢摆阔，炫耀，张扬，惹人注目；从
不羡慕别人的富有。他们只喜欢美，因为美是自己心灵的需要。

美与财富无关。美可能是一束蓬松又别致的花，一曲动人的音
乐，一种优雅的色调，一件物品摆在一个特殊的妙不可言的位置。
家庭中这种美，并不期待所有来客都看到听到，只要自己感受到了
就足矣。

怡然从小就接受了父母的一句生活的箴言：美的敌人不一定是
丑，还有俗。

能使自己对俗具有排斥力的，是修养，也是一种教养。

这是这个家庭精神上的一个秘密。

为此，云天和隋意对财富从来没有刻意去追求。他的收入已
经足够生活之所需。偶尔会卖一两张画，都是有人来找，自己从来
不主动去卖，更不会送画到拍卖场。隋意对物质也没有奢侈性的追
求，任何奢侈品对她都没有吸引力。她与他在一起几十年，她习惯
任由他处理自己的事，她相信他的观点是对的。她记得他讲过的一
件事——

云天有位朋友，是位有才气的老画家。名字很浪漫，叫作屈放歌。这名字来自杜甫那句"白日放歌须纵酒"，所以画案上总放着一壶酒，边画边饮。他这个人专画佛道神仙，历代高士，尤精仕女，传统功力很深，造型高古，线条遒劲，有点像明代的陈洪绶。他的画价颇高，是藏家们热捧的人物。

一次，云天去看他。他正发火，呼呼喘着大气，直把下巴的一绺胡子都吹起来。一问才知道，一个一直帮他卖画的人，骗走了他的一批画。这位老画家对云天说，他昨天晚上气得前半夜没睡着觉，后半夜全是噩梦，梦中都是恶鬼，跑来跑去。

这位屈放歌是个性情中人，他说梦里这群魑魅魍魉，全都丑怪至极。有的诡谲，有的怪异，有的狡黠，有的枯瘦如柴。他说："我要画出他们的丑态！扬州八怪的罗两峰不是好画《鬼趣图》吗？我也画一幅，再画个钟馗，把这些厉鬼全都捉住、杀掉！"

云天说："好啊，您的画十分精妙高古，但恕我直言，长期以来您画中的形象太定型了。如果您把这幅画画出来，肯定会冒出一些新东西来，画风也会为之一变。您画吧，我等着看，我充满期待。"

"好，你等着看！这幅画已经在我脑袋里。"屈放歌信心满满地说。

过些天，云天听说他画好了，去他家看，见面就问他："画在哪里？我要看，行吗？"

屈放歌说："当然！你来——"说着把云天拉到画室。

只见迎面的画墙上挂着一幅八尺整纸的大画，他感觉有点不对，定睛一看，原来是"十二金钗"，这题材他至少画了一百遍，构图也全是大同小异。云天略带惊讶地说："您不是说画《鬼趣图》吗?"

屈放歌哈哈一笑,对云天吐露了真言。他拍一下云天的肩膀说："老弟,这你就不懂了,如果我的画这么一变,谁也没见过,就会认为是我的假画了。你知道如今社会上有我多少假画吗?"他伸出右手,拇指和食指用力一张,说:"至少八千幅!"

云天没再说话。他有点可怜这位犹然洋洋自得的老画家。回家后,他把这事讲给隋意。他说:"一个画家一旦叫市场绑架,就不会再有自由。"他又说:"画画任由自己,一旦卖画就必须听人家的了。"

这是云天一直与书画市场拉开距离的缘故之一。

当市场热起来,云天自然就冷了下来。他安于这种"冷"带给他的宁静,使他能够嵛心地去研究、画画、写作,过单纯的文人的生活。

他取得的成就使他不可抗拒的社会化。一个社会化的人,表面上盛友如云,实际上这些朋友都是散状的,走马灯似的来来去去,难有深交。尽管他不拿自己这些虚设的社会地位当回事,别人却很当回事,无形中与他就拉开距离。于是,孤独感像一个幽灵,时而会来到他的身上。还好,他有隋意。虽然隋意不能理解他那些深奥的专业思考,并做更深的交谈,但隋意有极好的悟性,能够在一些紧关节要的地方领悟他,成为他不可或缺的知音。所以他这么多年来,每幅画画好,先要听她的感觉;每写一些得意的文字,先请她读。

今天他有兴致画画。

他不喜欢画室太亮，喜欢树影重重时在屋内展纸挥笔。

他运笔在洁白的宣纸上，顿挫有力地画出一根苍劲的墨线，就如一条雄劲而茁壮的枝干伸展开来；然后从这枝干中生出一些长长短短的枝丫，有的清劲峻拔，有的艰涩迟疑；当一条长长的线顺畅无碍地抒展出去，他感到好像一种有灵性的思维那样信马由缰，恣意前行；这条长线行到一处，忽然分成两岔，各奔一边，脱缰而去；这时他意识到自己所画的，并非树枝，而是大脑中思维中的图像。

人在思维中，大脑中各种的思维既混乱又有序，时断时续，穿插纵横。在一片繁复与纠结中，忽然从另一边又涌来一些缭乱又有生气的思维，如同一片纷披的枝条插入进来，占取了大脑中一大片空间，也雄踞到了画面的中心。

忽然，他从这相互缠绕和彼此交错的乱枝中看到一个缝隙；在那里，一根俏皮和富于灵性的枝条伸出头来，召唤着他，这不是他企盼中一个清晰的思维头绪终于出现了？

他从来没想到脑袋里理性的思考竟是如此壮美的形象。他把隋意喊来，叫隋意看，听听隋意的直觉。

隋意看画，他看隋意的表情。

他发现隋意的神情渐渐变得好奇。她对他说："你画的好像不仅仅是一片树枝吧。"

这就是她的悟性。

他很感动，伸出左臂搂着知己的肩膀，对他讲出自己画这幅画时奇妙的感受。后来，在一个画展上，他给这幅画起了一个画名，叫作《思绪的层次》。

七

　　自从郝俊进入了洛夫的生活后，洛夫就像长出了一对翅膀。他真需要这对翅膀，他觉得自己真的飞起来了。一切一切都飞起来了。

　　很多想法都实现了，过去不敢有的想法也冒出来了，也实现了。

　　这是一个精力饱满、活力四射的女人，永远不安于现状，永远保持进取的姿态，永远勇于索取，永远目光闪闪地盯紧看准的目标，永远行动并不知疲倦。她说坐着比躺着好，站着比坐着好，走比站着好，跑比走好。她干事麻利，自信，记性力强，判断果断，决定了就干；她喜欢同时干几件事，并能够把每件事都做得比圆满更圆满。就像一棵茁壮的植物，它的根须在土地下边扎得又深又远，好似一张大网，把大地的水分养分都吸进体内；它的枝丫极力伸向天空，也像一张大网，去网罗天下所有的阳光和清风。而且她绝不会停下来，满足自己的硕果。她永远饥渴般地扑向下一个新的目标。

　　她这么辛苦，看不出任何疲倦，反倒更饱满更精神。头发又黑又亮，皮肤又红又亮，这一切都源于她先天的体质，也来自丰衣足食给她带来的能量。高高的发根使她露出雪白的粉颈，深陷的眼窝使她更显出鼓鼓的脑门。她小时候一定是个人见人爱的大娃娃。

她的漂亮，属于那种浓眉大眼的漂亮；化妆不求优雅韵致，只求靓丽夺目；她很在意着装的品牌。身上戴的，手里拿的，全要叫人看了眼睛一亮。

她曾在工艺美校学过设计，毕业后加入到一家民营的设计公司，出色的运作力使她一年后升为副总。由于从事过设计，她懂得什么叫视觉的冲击力。她要使自己具有这种视觉效果，无论站在哪儿，都能乍眼地跳出来。这也是她的性格。

去年，在艺术学院工艺系的活动中洛夫就一眼看到了她，洛夫哪里知道那天她去学院，就是想撞上洛夫。她耳闻洛夫的大名，八方打听过洛夫的方方面面，她的生活需要这样的男人。就像一门大炮需要一个视野开阔的炮台。她二十七岁还没有结婚，就是因为她一直等着洛夫这样的男人出现。

于是，在他们之间，一开始洛夫就是一个猎物，她是超级猎手。这一来，大大咧咧的洛夫高高兴兴就进了她诱人又惬意的笼子里了。

洛夫缺乏生活能力，她却轻而易举扛起他的生活；洛夫的一些想法不知该如何实现，这些想法到她手里就会立刻变成现实。她还有本事放大他的天地，扩张他的声誉，翻倍他的财富。他佩服她、信任她、由着她。但只有一件事，出现了障碍。她认为他们必须从这个与其身份不匹配的公寓里搬出去。他不能与别人群居，必须独居。她看上了城西南一片新开发的大别墅，通体白色，房前临水，还有很大一个木构的亲水平台。她说这地方很像法国南部地中海边的那种房子。但这别墅价格很高，他们缺钱。唯一变通的办法是卖掉洛夫《五千年》《深耕》《呼喊》这几幅画。去年秋天许大有给洛夫办的商业画展战绩平平。一是因为现代绘画在当时国内还缺少知音；二是油画不如国画好卖。而洛夫这三幅代表作都是写实作品，还是新时期文艺的历史经典，必定能卖出大价钱。郝俊为卖好这三幅画，设计了一场堪称绝妙的专题拍卖会。她要把拍卖会办成一个文化盛事，连主持人都是高价聘请的央视名嘴。更关键的是她连买主都找好了。地点放在北京的一家五星级酒店。

她说这场拍卖会不但可以使他的生活一步登天，还可以再壮昔日的声威，让昨天的光照亮他的今天。

洛夫听了，心情高涨，可是当他把这几幅画从画柜里拿出来，心里就舍不得了。那些当年充满生命感的笔触依然叫他心动。作品是艺术家的生命——这感觉只有本人才有！何况这些画是他自己无法重复的历史，是人生少有的荣光与骄傲，是他曾经站在艺术最高峰上的见证，比他自己更是他自己。他舍不得卖了！

最坚决反对他这样做的是楚云天。云天骂他："拿你的心去换猪肉吃？疯了！"

洛夫陷入了两难之间，这就叫郝俊发火了。郝俊说："他楚云天在五大道有那么大一座别墅，当然什么也不愁。他要是住在咱这鸡笼子里，我不信他不把他那些宝贝画全卖了。"

郝俊最强势的手段是"以退为进"。她说她不干了，要亲手叫停这件离成功只差一步的好事，自己还要从洛夫的生活中撤出来，与洛夫挥手告别。反正她现在与洛夫只是同居，没有结婚。她很坚决，也很大度，她说绝不要洛夫的任何东西，只是一走了之。她表现得光明磊落，好像一切都是为了洛夫，与她自己无关。

她这一下，洛夫就垮了。因为，洛夫已经不能没有郝俊了。在哪方面都不能没有，生活上、交际上、情感上、精神上，他说不清为什么，反正没有她，他的地球就真的不转了。他想方设法与她讨价还价，想"留一卖二"，把他最重要的作品《五千年》留下，但郝俊寸步不让。他觉得她要毁掉他的江山，她却说要给他一个有血有肉、前景无限的新生活。她告诉他："《五千年》在谁手里也是他画的，就像《蒙娜丽莎》再过一万年人们也知道是达·芬奇画的，谁能改变？"

　　洛夫好似身处绝境，最后只有把自己的一切全都交给了郝俊来裁夺。这个决定，他没有告诉楚云天，怕楚云天反对。罗潜那里根本不用去提，这些年罗潜与他已经没什么关系了。

　　可是，当云天在报上看到了洛夫要卖《五千年》的消息。他忽然想起洛夫从美国回来那天，他和罗潜去看他后，罗潜说："洛夫从此和咱们愈来愈远了。"他以为那是罗潜的一种失落的心理在作怪。现在他感觉，真的愈走离得愈远了。

　　郝俊确实能力超人。那天卖画的成果甚至超出郝俊自己的想象。郝俊比洛夫小六岁，她没有和洛夫同时经历过新时期文艺初期那个激情洋溢的时代，她对人们给予这三幅历史经典超常的热情感到惊讶与不解。盛典结束时，他们不厌其烦地送走一个个嘉宾。洛夫扭头看到他那三幅画孤零零地挂在墙上。他忽然想到这些画已经另有主人，不再属于自己。他有点四壁皆空的感觉；失落，茫然，还有点伤感，他的眼睛忽然一热，视觉模糊。这个场合，没人注意到他这个细节。他赶忙抬手抹一下眼，同时喊来一位摄影师，请他给自己与这三幅画拍一张合影，作为纪念，也是一种诀别。郝俊在一边叫道："谁要想和洛夫、这三幅画一起合影，快过去啊！机会难得呵！"

这时，洛夫感受到一点郝俊与自己有一种深层的距离。

一个人走过洛夫身边，旁边正好没人，他说了一句："你真正的朋友还是楚云天。"

洛夫听了这句没头没脑的话，有点莫名其妙。这人五十多岁，瘦高，感觉身体很轻，戴一副金丝边的眼镜，气质文雅。洛夫不认识他，他为什么对他说这句话？等到他想追问一下，那人已经走掉。

在洛夫决定卖掉他那几幅代表作的那几天，楚云天一直闷闷不乐。多少年来，只要云天闷闷不乐，隋意都会想方设法帮他解脱，尽管有些办法想得挺幼稚。一天，隋意说她有个主意，不知他是否愿意。云天叫她说。

她说想叫云天卖掉自己的画，去买洛夫的画。当然，一不是卖掉自己最重要的作品；二是只买洛夫这次拍卖的三幅代表作中的一幅。隋意说出这个主意时小心翼翼，因为云天对自己的画特别在意。而且他没有重复的画。

没想到她这主意一下子吹散了郁结云天心头的愁云，云天笑了。两人商量过后，找来余长水。他们信任长水能帮着办这种事。余长水与社会上各色人等结识较多，见多识广。

余长水深深被云天和隋意的想法所感动。他说："楚老师很少卖画，如果您的画一出现，会有很多人想要。但是洛老师卖的是代表作，是谁都知道的名作，价钱会标得很高，您可能得多卖两幅才

189

能顶上他的画价。"

云天说:"我不在乎拿几幅换回他的一幅。反正不能叫他把自己的代表作全卖光。"

余长水心里又被感动了一下。他问:"您想留下他哪一幅?"

楚云天说:"我想留《深耕》。"

隋意说:"我也这么想。这幅画虽然只画了黄土地,但寓意很深。这是耕种了几千年已经乏力的黄土地,而且是年年依然深耕着的土地。"

楚云天看了隋意一眼,很欣赏她对画的理解。

余长水说:"我也是认为留这幅画最好。说实话,绝大部分买家是朝着《五千年》去的,很难拍下来。但这幅画标价是多少,我先要打听清楚,我还不知他们找的是哪家拍卖行。"

云天便托余长水一方面去打听洛夫拍卖的底价,一方面找人买自己的画。可是,在他和隋意一起挑选自己要卖的画时,就有点费劲了。真正好的画不舍得卖掉,差一点的又怕拿不出手。

隋意说:"你要真想做成这件好事,就得肯做出牺牲。"

于是,云天从自己的画中选出了几幅上品,做好充分准备,为糊涂一时的朋友挽回损失。洛夫虽然有才,但他缺乏文化修养与历史眼光,又被那个世俗的伴侣扰昏了头。这样一来,云天就不能不做出牺牲,为了朋友,更为了艺术的本身。

余长水事情办得很得力。他探明郝俊这次找的拍卖单位是北京的雅好拍卖公司。这是一家社会声望较好的专事书画拍卖的公司,比许大有的紫云轩强上一二十倍。

他打听到《五千年》底价是一百万,《深耕》和《呼喊》各五十万。这个价钱在九十年代初已经是天价了。很多人怀疑是否会流拍，但愈怀疑就愈被关注。余长水还为云天的画作找到几位买家，大致是十万左右一幅，都是四尺整纸的大画。

云天必须割肉取义了。

最终云天是用五幅自藏的心爱的大画，来为洛夫救下这幅失不再来的《深耕》。

当余长水把《深耕》取来，交到云天手中，云天看着这幅太熟悉的画作，犹然被这幅画所承载的那个从精神桎梏中挣扎出来的时代的激情感动不已。这样的画怎么能落入盈利至上的画商与视艺术为金银财宝的藏家的手中？一旦被锁入这些人的密室里，可能就会永远不见天日。

云天把画交隋意收好，他对隋意与余长水说："这件事只我们三人知道。只有洛夫想它想哭了的时候，我们再给他。"

由此，余长水对云天和隋意更多了一分敬重。

余长水知道，如今世上有这种境界的人已经太少太少，自己也无法达到这样的境界。

一年后，洛夫发出邀请，在那个带亲水平台的宽阔的大宅子里，他和郝俊举行结婚典礼。

楚云天一家三口一起去祝贺。为了表示郑重其事，云天又穿了一次那件银灰色的西装。隋意着一身淡褐色夹着灰绿色竖条纹的薄呢套裙，只在脖子上松松地系一条淡朱砂色的头巾。这俩人与洛夫郝俊夫妇那种生龙活虎、披金戴银的装扮一比，就像火热的盛夏与疏朗的中秋，可是郝俊反而觉得自己更胜一筹。她对隋意说："你平时不逛店吗，很多牌子都有新款的套装，可抢眼了，哪天我陪你去逛。"

隋意温和地笑了笑。

审美是一种修养，是没法说服人的。

云天送给他们的礼物，是从巴黎罗丹博物馆定购的一尊青铜雕像。这是罗丹名作《思想者》的复制品。放在桌上打开之后，一半客人是画家，都说好；一半是不懂艺术的，说不出好。洛夫很喜欢，郝俊只笑了笑。

不过，他们把这两层的大别墅装修得真是华贵、讲究、费尽心机。人突然有了钱，难免想叫人看见钱的价值。紫檀木和黄花梨的柜子，巴洛克风格雕刻繁复的大餐桌，真皮沙发与躺椅，五彩缤纷的羊毛地毯，璀璨夺目的水晶吊灯，进口自鸣钟以及各种华丽和闪光的小物件小摆饰，摆满楼上楼下，楼梯口还不伦不类地摆了一个一米多高的陶瓷的黑花狗。郝俊要把他们的家布置成五星级宾馆，所以地面、门柱、窗台、楼梯和扶手一律用西班牙的大理石。

郝俊不停地问来宾："怎么样，你觉得怎么样？"

她想听到客人们的称许，看到他们的惊讶与羡慕，更想以引以为自豪的富有压人一头。那时，整个社会已经开始进入财大气粗的时代了。

楚云天心里略有一点不舒服。从主观上他为了珍惜朋友的艺术默默做出了牺牲；但是在客观上他却赞助了这种自己不喜欢的庸俗的生活。隋意从他的表情看到了他的心里，她对他说："真好，他在这里失去的，被你保存了起来。"

一句话，叫楚云天回到自己的价值观里。

八

不管你的来路如何清晰，去路依然一片茫茫，没有途径，也无路标，大多数人都是从众而行。但艺术是纯粹个人心灵的事业，个人的路只是自己探索。在这野草丛生和乱石峥嵘中，你形影相吊；时而迟疑，时而焦灼，时而苦闷。如果你是一个真正的艺术家，你就永远不会满足自己，也不会放过和饶过自己。任何现世的称许与嘉奖都不算数，因为这中间夹杂着种种世俗的功利与谋划。真正认清你的意义的最终还是历史。肖沉告诉云天，他曾在一份冷僻的资料里看到过印象派画家高更给毕沙罗的一封信。当时，高更跑到南太平洋极其荒远的塔希提岛上，长期住在那里。他要从当地土著中去寻找现代文明中已经荡然无存的原始的率真，但在那个荒岛上，他生活孤独，贫病交加，由于语言障碍无法与任何人交流，更无从知道通过自己的努力所获得的价值，因而他常常怀疑甚至否定自己。他很痛苦。

他在信中对毕沙罗绝望地说，他想自杀。但是从今天来看，这时候正是高更一生艺术的最辉煌的黄金时代。

在如今几百万人拥挤又嘈杂的大都市中，还会有这种艺术家甘愿承受这种孑然一身般的孤独吗？

在高等的艺术学府，舶来的先锋艺术已经取代了现实主义称雄天下的位置。然而在中国，先锋主义并不是一个艺术思潮，更无流派，只是一种时尚。西方人一百年折腾出的各种流派与花样，几乎全有拿来者和仿制者，一股脑地使当代画坛变得异彩纷呈和光怪陆离。先锋文学更是如此。似乎谁不先锋谁就过时。谁不先锋谁就不能进入世界。不管这些想法多么幼稚，但这毕竟是对此前长期艺术禁锢的一种反叛。一条大河决堤时，谁能知道这凶猛的洪流孰益孰损，最终冲决和淹没了什么？

当新潮唱了主角，传统一定被边缘、被冷落、被摒弃。谁还会去想传统艺术的当代意义，谁还会探索传统艺术的当代取向。本土的艺术只有在惯性中毫无生气地延续着。

这一时期，肖沉的兴趣在鼓动先锋艺术上。每有各种先锋文学与绘画的研讨会，一定要出头露面。先锋要惊世，发声要惊人。评论界已经陷入言必先锋，或者"谁愈超前谁领军"的怪圈中。这期间，洛夫和艺术院校的兴趣已经开始转向更极端的装置艺术和行为艺术上。云天偶尔碰到洛夫一聊，他感觉与洛夫愈来愈缺少共同的兴奋点。他与洛夫真的走的不是一条道了。

这期间，余长水对西藏的艺术发生兴趣，他往西藏一连跑了多次。把阿里的七个县全跑过来了。对藏画的画法与色彩产生极大的热情。他近期的画一看就有明显的西藏特征。他致力要攻克怎么样将藏画中使用的矿物颜料，还有金色，与淋漓的水墨谐调起来。

云天说："这是两种不同的文化。你别只想从技术上解决。对于艺术，技术问题是一个问题，但更大问题还是背后的哲学、文学、文化和美学，等等。背后的问题没弄明白，单从技术上无法解决。你能把英语和汉语变成一种语言吗？"

余长水听得有理，但感觉还是有些虚幻和遥远，不解决实际
问题。

一天，易了然来电话，他要出画集，求楚云天给他写序。云天
立即答道："三天后写给你。"

他说得这么痛快，一是因为他们是彼此直来直去的朋友，一是
他觉得从易了然身上能引出一些话题，值得好好写一写。

三天后，他写了出来，自觉很满意。短短三千字，尽数道出他
眼中这位徽州才子的笔墨、气韵、天性、胸襟、情致、风格、方法
以及非他人能有、非他人能及的才情。他称易了然的山水是"野生
山水"。这个称呼先前没人说过。

云天写道："唐宋以来的山水画，无论荆浩关同，还是刘李马
夏，都是人工'修葺'过的山水，其山势水态，石形树姿，都有人
为的成分。好似公园的花木，都是一种人为的自然。易了然君则
不然，他的山山水水，全是一任天然。野山野水，恣意纵横；野木
野草，混沌一气。作画时胸无成竹，信笔为之，随心所欲，自然
天成。"

云天在文中还说："这一切都源自画家对大自然五体投地的敬
畏与崇拜！试问，谁还这样作画？"

写到这里，他情不自禁写出一首五言的绝句，作为结尾：

笔若狂风柳，墨似深谷烟。

须臾吞万里，满纸是云山。

云天的文字与激情叫易了然读了，感动得马上打来电话，大声说："'野生山水'四个字正点上我的穴！知我者，云天也！"随后他又反问："我是野生山水，你呢？"

话赶话，云天没有思考，顺口说出："我是人文山水。"

易了然叫道："这下你也把自己说明白了。人文山水，也是文人山水。你和别的画家不一样，你的画里有文学！"

这两人的几句对话，无意中冒出来的概念，使他开始思考自己绘画中的本质了。自己的画是文人画吗？历史上可没有他这样的文人画。

两年后，日本朝日新闻社的中江社长到访重庆，正赶上楚云天的画展在重庆开幕，中江社长看了非常喜欢，随即邀请云天到东京办展览。日本人做事向来精益求精，他们要为云天的画展专门印制一本考究的画集。当朝日新闻社把云天画集的打样拿给日中友好协会的会长，也是日本的大画家平山郁夫先生看时，平山郁夫也很喜欢，主动要为画集写序文。平山郁夫深谙中国文化，他在序文中说云天精研过宋画，这使云天暗暗吃惊。他居然能从云天笔墨的功力中看到自己艺术的根基与背后的传统。更叫云天一惊的是，平山郁夫直截了当称他的画是"现代文人画"。这个概念过去从来没人使用过。

在这里，他首先认定云天的画是一种文人画，跟着说这不是传统的文人画，而是"现代"的文人画。这就一下子把云天的画放在一个必须进行思辨的语境里。现在，国内已经没有像样子的学术界了，因此没人能提出过这样的理论话题。而这个概念，叫他想起那天和易了然在电话里谈到的"人文山水"，应该说平山郁夫所说的这个概念更具学术意义。他很想与他聊聊，进一步听听他的见解。

在东京办展期间的一天，平山郁夫先生约他在东京艺术大学会面。平山郁夫是日本这座艺术名校的校长，那天他刚好荣获天皇奖，人显得意气风发，格外精神。花白的头发中，白发发亮，黑发也发亮。他身材在日本人中算是高大的；面色红润，一直含笑，握手有力。他这座大学里一些参天大树和屋中一尊肃穆高贵的犍陀罗的佛立像，给云天的印象很深。他喜欢大学有这样的幽深静穆的气息。他知道平山郁夫先生偏爱敦煌，而且爱之太切，一次次跑到莫高窟去观摩，还为敦煌的保护捐了许多款。

平山郁夫是个学者型艺术家，不会客套，几句话就切入中国的历史。学者和艺术家都习惯于谈出他近期思考中自认为最重要的问题。一开始，他并没有说云天的画展，话题由天而降，先说中国的历史文化。他直爽地说，中国的文化尽管发祥甚早，起点极高，可是后来一直停滞不前。

他说，中国历史上有一个很奇怪的现象，就是唐、宋、明、清这四个朝代，全都是三百年，他不明白为什么正好都是三百年。而每个朝代中都有许多皇帝。每个皇帝登极之后都忙着改年号，铸新币，修帝制，更新朝中要员。但社会并没有进步，等于原地踏步。他认为中国耽误了太多的历史时间，很需要从这样的历史怪圈里走出来。他说，他寄希望于中国现在的改革。以中国那么恢宏而深厚的文明为基础，一旦起飞，没人能赶上。

他说得很真诚，批评也很真诚。

云天赞成他的观点。但他也有自己关心的话题。他知道他们会面的时间有限，便直截了当换了问题，问他："您为什么称我的画是现代文人画？"

他说："你不认为你的画中有文人的东西吗？"

云天说："我与传统的文人画已经完全不同了。"

他说："时代不同，画自然也不同。但是你画中骨子里有文人的东西。我知道你也是个作家。中国画很看重画中文学的内涵，还有文人的气质。这和西方的传统完全不同。"

云天说："同意。中国人看画不只是看，还要品味和赏读。其实日本画和中国画也有一致性的东西。您的画，东山魁夷先生的画，里边都有文学的东西。"

他笑道："在雪舟的时代，日本画学中国的宋画。到了后来就向着中国的文人画一边倒了。明治维新后我们又受西方的影响，探索一种现代性的东西。没有现代的精神，艺术就要失去生命力。"

云天说："可是我们的问题比较大。"

他问："什么问题？"

云天说："传统的画家都有很深的诗文修养，讲究触类旁通。可是现在太西方化，专业分工太绝对。画家中文人愈来愈少。文人画的传统发生断裂。绘画的文学性也就愈来愈不受重视。"

他说："新的时代一定会产生新一代的文人。你是现代文人，你的画不就有很鲜明的现代文人画的特点吗？"

虽然他们很多话只是开了头，没有说，但在这简短的交谈中，楚云天收获重大，那就是开始有了建立起自己的"现代文人画"艺术体系的自觉了。

自东京归来，云天写了许多文章，阐发了他对文人画史的思辨，探究了文人画的本质和特征，论及他对当代文人画之"我见"。他认为当代文人画中的文学性，更应重视的不是诗性，而是散文性。因为散文的文体自由，更适合当代人的思维。他把自己这些文章编好交给曹莹，印成一本书，为了强化自己的声音，书名叫作：《文人画宣言》。

他以为可以给画坛一个冲击，引起一番讨论，然而他的想法太书生气了。待这本书印了出来，如同往大海里扔一块石头，没有任何回响。他只在《艺术报》上看到一篇千字文，说这是"自陈衡恪《文人画之价值》以来仅见的一本关于研究文人画的书籍"，但又说"民国年间陈衡恪那篇文章已是文人画消亡的一声哀鸣"了。

看来，已经没人关注文人画了，更没人去琢磨现代文人画为何物。如此冷僻的话题放在时尚文化与先锋艺术喧嚣一时的世界里，好比一只小蚊虫的叫声。于是他陷入了一种艺术和思想的孤独中。

但是他不怕。思想不怕孤独。真正的思想在被普遍认识到其价值之前，一定要固执地坚守在孤独之中。

还有一次关于中西文化关系的谈话，对云天意义颇深。

这一次也是在国外，在维也纳的现代艺术博物馆中。他去看奥地利已故画家马克斯·魏勒的一个纪念展。他喜欢魏勒的抽象绘画，更欣赏这位艺术家一生面对绘画而背对市场的精神。他与魏勒生前没有见过面，但与魏勒的夫人关系甚好。他是在魏勒故去后才认识到他夫人的。魏勒夫人是魏勒绘画的推广人。

魏勒这位西方现代画家之所以叫云天关注，是因为他对中国古代绘画十分神往。他经常把中国画的一些神韵放在自己的抽象的艺术里。这种神韵使魏勒独具魅力。

魏勒夫人为了纪念她过世多年而犹然心爱的魏勒，特意举办了魏勒这次画展。展出的画作都是与中国古代绘画神交之作。楚云天从这些完全抽象的现代作品中，居然感受到郭熙、马远、许道宁等两宋大家那种辽远和清阔的意境，他十分惊奇。

他看魏勒的画，也想着自己。

这个画展是情境式的展览。展厅一些地方，放一点明式的官帽椅、花架、条案；案上放一块文人案头的奇石或高古的素胎瓷。陈设得简洁又精雅，显然这是要对魏勒画中特有的内涵做一点暗示。

看过展览，魏勒夫人邀请楚云天到博物馆的咖啡厅里聊一聊。其中还有一位头发很乱、风度洒脱的先生名叫柯普。

魏勒夫人把这位柯普介绍给云天。她说柯普是这个展览的策展人，他也是欧洲著名策展人。北京一些重要的先锋画展都邀请他去策展，他去过北京上海许多次了。

交谈之间，很快云天就与柯普有了一些共同关心的话题。比如中国古代绘画是具象的，马克斯·魏勒的画是抽象的。他怎么把这两种东西融为独特的一体？

柯普认为，魏勒出生在蒂洛尔州。从小满眼都是阿尔卑斯山纵横起伏的高山与深谷，他天生有一种山民气质，很容易与中国古代山水巨匠笔下的重岩叠嶂、林海丛莽、云烟雾岚，还有宁静高远的气息一拍即合。魏勒不关心具象。他从这一千年前中国古代的绘画里，吸取到的是一种从容、大气、豪迈、灵动与对大自然无上的崇敬。柯普认为，中国山水画真正令马克斯·魏勒倾倒的就是这些东西。西方的风景画没有这种东西。

马克斯·魏勒是用自己抽象的形，融汇了中国人这种神。

云天说："有人说中国宋代的绘画是写实的，元代以后变为写意的。其实中国宋代的写实也不同于西方的写实。中国画从来都是主观的，理想主义的。中国画家认为'论画以形似，见与儿童邻'。这是魏勒能够将古代中国的艺术与自己的抽象艺术很自然地融合起来的深层的缘故。"

他们都认真倾听对方的表达，都欣赏对方的观点。这种谈话中的很多话题也都是可以深入下去的。

柯普说："可惜你们的先锋艺术没有珍惜自己这些东西。"

云天："为什么？你不是很热心我们的先锋艺术吗？你以为我们的先锋艺术的走向有偏差吗？"

柯普说："这很简单。你们的先锋艺术不是给你们看的，主要是给我们看的。这也是你们的先锋艺术常常请我去策展的原因，因为我知道西方人的口味。还有，因为他们要——"他举起手指在自己的太阳穴旁边摇了摇，似在寻找一个词儿，最后他才说了出来："要走向世界。"

云天笑道："这有点荒唐。"

柯普耸一下肩说："是荒唐。其实我们并不想看和我们一样的东西，我们想看和我们不同的东西。"

云天说："可能我们有些人认为——你们代表现代。"

柯普笑了，他说："我们都应该有自己的现代，关键我们要真正弄清楚什么是自己的，或者自己是什么？"

云天在和这个极有见识的策展人聊得兴致颇浓之时，心里边有些想法愈来愈强烈，就是研究中国绘画的文化本质和美学体系。

魏勒夫人忽然对他们笑道："你们聊得这么兴奋，好像喝了许多咖啡。"

九

农历腊月三十，依照国人的习俗，都应守在家里，与家人团圆过年。但这天一早，云天全家却乘着一辆面包车奔往北京，同车还有肖沉和余长水。这两年，云天与社科院协商，把肖沉调到画院，主编一个刊物叫《艺术家》，他想以文艺批评作为创作的推动力。他很欣赏肖沉思想上的进取精神，只要有什么重要的活动，他都拉着他去。

这因为前两天，洛夫和郝俊跑到云天家来，邀请他全家今天去北京，去看洛夫的一件"惊人之作"。洛夫说他这件作品不仅会叫他声名大震，还会使全国画坛大惊失色。云天问他是什么作品，他像魔术师那样事前绝不透露半点信息，非要叫他们到现场去感受被震撼的那一瞬。

云天问他："你们的展览为什么偏选在大年三十这天开幕，谁家都在紧张地预备过年呀。这不是强人所难吗？"

洛夫笑呵呵地说："我们就是要反传统。这本身就是一个行为艺术。"

云天说："哪里是艺术，只是一种野蛮的强加。"

虽然这么说，还是被逼无奈，尤其隋意，她对先锋艺术毫无兴趣，却也不好拒绝，他们决定一早跑到北京，看过画展吃了午饭就赶回来，不影响回家吃年夜饭和看电视春晚。

展览在京郊一个很大的废置的工厂的厂房里，现在这个厂区已经被改造为一个艺术展览馆了。厂区里一些小一些的房屋都被搞当代艺术的艺术家们租去做画室或工作间。这种做法是从纽约的SOHO照抄来的，很流行，经常如火如荼地举办各种名目的当代艺术展。他们把车停在厂外一个停车场中。展览馆内外已经乱哄哄拥着不少人。他们走过去。隋意忽然指着高大的展览馆的房顶说："有人要跳楼！"

那房顶上确实站着一个人，赤裸的身子，只穿一条白色的短裤。那人似乎正处在决心坠楼一死之前的犹疑中。肖沉说："这不是要跳楼自杀，这也是一个行为艺术。"

怡然说："多冷的天！他什么也没穿，不冷吗？"

肖沉说："还有人用刀割自己，在伤口里种草。有人在手背钉钉子，有人挖一个坑，光着身子跳进去，叫助手往身上倒一桶一桶的蟑螂。都是行为艺术。他们也是为艺术献身。"肖沉笑了，笑中含着讥讽。

隋意说："为了艺术？艺术需要这么极端吗？有必要这么极端吗？"

"有！"肖沉说，"只有这么做才会引起注意。"

"艺术只为了被别人注意吗？"隋意笑道，"从病理学上讲，自我戕害是神经病患者的临床表现。"

他们都笑了。

正边走边说着，迎面一个穿得艳丽五彩的女人快步走来。乍一看，她好像围着两条花围巾，是郝俊！她热情地叫道："你们都来了，怡然也来了，太好了！你们准会喜欢。洛夫在展馆里，他叫我来迎你们，马上就开幕了！快跟着我走！"

她确实干练麻利。

开幕式就在展览馆门口，场面完全没规矩，乱七八糟这一团那一片。郝俊一把抓着云天的胳膊拉到前面去，向几位看似重要的人物介绍一下。云天究竟是画坛名人，但这几位云天都不认识，面孔有的普通，有的古怪，有的傲慢，有的冷峻，还有两个外国人，使云天想起在维也纳认识的那个柯普。云天和他们握了握手，站在一边。有个人手持话筒走上来，这人装束极怪，披一件翻毛的大氅，脑袋后边梳很多小辫，很大一张脸上有很多竖长的皱纹，以前很少见过这种面孔的中国人，有点像印第安人。他用纯粹的京腔只说了一句话："里边有那么多经典等着看呢，我再说什么也全是废话。开幕了！"

展览就这么开幕了，这也算别开生面。

云天他们裹在人群中挤进去。没走几步就吓一跳，只见一排通身白色的人走来，大约七个人，仔细一看，原来从头到脚全都缠着纱布，上上下下还从里向外渗着血，好像重伤病人，他们直挺挺向前行走，样子凶厉可怕。隋意曾在医院工作，对缠纱布的人很敏感，本能地后退。怡然更是躲在她身后。云天对她们笑道："没什么可怕的，这也只是行为艺术而已。"

再往里走，就千奇百怪，闻所未闻了。

郝俊不叫他们看别人这些作品。一边拉着他们，一边叫着："快、快，就在前边。洛夫的作品是这次展览的重点，被安排在展厅正中。"在很多人中间往前挤了一阵子，她忽然说："到了，看吧！"

她面如花开似的笑对大家，好像在他们面前出现了百慕大三角。但云天他们看见的只是一个巨大的四四方方的盒子，通体灰色，十几平米见方，一东一西两个门。仅此而已。这算什么呢?

真正的内容在盒子里边。真正的奇迹也在盒子里边。

走进盒子，里边有两个人，一男一女。男的穿一身黑衣服，女的穿一身白衣服。两人都是粉刷工。穿黑衣服的男子手执黑色板刷，手提黑色的浆桶，正登在一个 A 字式的梯子身边刷浆，梯子也是黑色的。白衣女子站在一边，她的板刷、浆桶、梯子，与她身上的衣服同一颜色，全是白的。两人一黑一白，对比分明。

两人的工作方式十分离奇。

当黑衣男子用黑色粉浆，把这方盒子内的四面板壁一点点全涂成黑色之后；白衣女子便登上白梯子，用白色粉浆将这四面板壁改回白色。过一会儿，待这白衣女子刚把方盒子里全刷成白色，黑衣男子重新登上梯子，再涂成黑色。两人循环往复，不停地改来改去，黑了白，白了黑。这便是洛夫作品的全部。

作品的名称叫作《历史》。

当他们穿过洛夫这个离奇的盒子出来，郝俊望着每个人的脸，似乎在等待他们兴奋和惊奇的表情。兴奋和惊奇是装不出来的，但他们纷纷向郝俊礼貌地表示祝贺。隋意问起怎么没看见洛夫，怡然却说那个站在梯子上穿一身黑刷浆的男人就是洛夫。大家听了很惊奇，郝俊却说没错，还夸怡然眼尖。隋意问怡然："洛叔叔看见你了吗？"

怡然说："看见了，他没理我。"

肖沉笑道："他不能理你，在展览现场，他是作品的一部分。"

郝俊说："是啊，他可神了。这些天，他只要钻进那盒子，谁也不理，连那刷白浆的女的也不理。好像着了魔。"她既为洛夫吹嘘，又无知。她说："洛夫叫我先陪你们到旁边的餐厅里去歇一歇。十二点一过，他就过来。"

他们到了一个很宽敞的餐厅里，坐不多时，洛夫就跑来了，一身黑衣服还没脱呢。他很高兴好友们从天津赶来。看他的表情，他很期待朋友们的赞赏。云天向来很重视别人的心理感受。他说："你这个方法任何人没用过。你用调侃的方式表达了你的历史观。"

洛夫立刻十分高兴。他弯起右臂一搂云天，说道："我这老兄，一直在撑着我。"

肖沉是不会应酬的，他说："你是不是太图解、太卡通化你的主题了。"

云天经常和肖沉一起参加活动，很了解这位爽直又不留情面的批评家的脾气，但这究竟是洛夫自认为非常重要的作品。云天担心肖沉这句一针见血的批评会使洛夫不快。正想用什么话遮过去，怡然忽对洛夫说："你把黑浆与白浆搅在一起就是灰色，你把你作品的外边涂成了灰色，是不是想说历史最终是灰色的？"

怡然的话使大家包括云天和隋意都吃了一惊。

洛夫一下子把怡然抱起来，叫道："我们伟大的批评家啊，你可比你肖沉叔叔厉害多了！"

他这话也是对肖沉的一个幽默的反击，肖沉并不在意。

大家高高兴兴吃东西，喝饮料，瞎聊。这时，外边似乎很乱，一会儿还有救护车的声音。又过一会儿，有人跑过来与郝俊耳语几句，郝俊的神气有点变化，跟着她对云天和隋意说："看来你们现在就得走了。刚刚在屋顶做《跳楼》的那个艺术家犯了神经，真的跳下来了，可能摔死了。救护车已经赶来了。听说有人还报了警，一会儿要是警车来了，你们就不好走了。"

云天明白他们赶上事了，必须马上离开。他们很快起身，在走出餐厅门口时，外边进来三四个人。从装束和发型上看，像是标榜个性、很极端的先锋艺术家。洛夫马上拦住他们，同时对云天说这几位都是国际知名的当代艺术家，他又向他们介绍楚云天的大名和在美协的职务。没料到这几个人好像没听见，只左边耳朵上戴一个大耳环的中年男子厌恶地看他一眼，另外几个冷着脸、头也没扭一下就走过去了。这叫云天很不舒服。他什么也没说。

此刻展览馆外已经成了出事的现场，跳楼的人正在被抬上车，从人群的空隙间可以隐约看到地上一片殷红的血迹，很可怕；隋意赶紧伸手挡在怡然脸旁，不叫她看见。这时已经有警车闪着警灯正在往里边开。他们加快脚步赶到停车场，赶紧上车，隔着车窗与洛夫郝俊摆摆手，就逃跑似的匆匆穿出乱糟糟的人群，上了大街。

在返津的高速路上，一开始大家都沉默不语。肖沉无话，好像他不知该怎么评价这些乱七八糟的东西了。云天不语，似乎还对餐厅门口撞见的那几个傲慢无理的人心存不快。隋意忽然说："像吃一大堆虫子那样恶心。"女人更喜欢说直觉。

隋意的话把云天心里的话勾了出来。他说："我不明白这种反艺术的东西怎么会这么热。"

"我们有这种土壤。"肖沉说，"你以为我们的土壤全是五千年的高度文明吗？全是华夏艺术的精粹吗？那是你脑袋里的东西。现在的土壤是拜金，是功利至上，是无知，是自我文化的自卑感，是西方的皮毛。现在是怎么能出名出大名怎么干，怎么叫西方人看着新鲜怎么干，怎么赚钱怎么干，怎么出奇制胜怎么干。上无真正的追求，下无不能逾越的底线。今天你看到的就是这些。"他停一下接着又说："刚才看展览时，我在反思，这几年来从形式创新，到现代主义，到先锋艺术，再到当代艺术，我一直是狂热的推动者，我用了十足的力气！但现在看，已经走上歧路，甚至出现了极端。我想我是不是做错了，是不是一种荒谬的潮流推动者？我在问自己，问题具体出在哪儿了？我们必须冷静下来拷问一下自己了！"

他谈他的想法。云天也在焦虑中，他说："今天这场面，让我挺悲观的。因为我注意到，展厅里除去圈内的人，没一个是真来看艺术的，全是看热闹的。"

肖沉说："你改变不了这潮流。历史地分析，这也是一种逆反，一种必然。只要你对自己不悲观就好。"

最后一句话对于云天挺有分量。

当一片狂潮铺天盖地席卷而来时，关键看你是否站得住，你是否像一块石头那样有足够的重量使自己稳如泰山，有够粗够长的根脉深深扎在自己的土地里，抓住古往今来文明的根基，否则你一准会被这洪流卷去，灭顶于其中，成为一个时代不幸的牺牲品。时代的潮流是不可逆的，但你不能盲从。如果你乐在其中，随同它一起上蹿下跳，自以为是时代的弄潮儿；在你被巨浪掀上天空时，还真的以为自己真的登上了天，那你就糊涂了！等这潮流过去，你才会明白，这一切全是一种假象一种虚幻！最后你一定会随波逐流地沉没下去，成为没有任何价值的时代的沉渣而已。

如何使自己站得住，那就要"关门即深山"，沉下心来，真正地在艺术上参禅问道了。人的力量只有从自己身上去寻找。

十

他完全没有想到，转过一年，会结识到一位惊世骇俗的天才画家。就像当年他在山西绛州偶然邂逅水墨鬼才易了然那样。然而这次结识的画家在艺术精神上更清醒、更纯粹、更彻底、更自觉，对他意义更重大。

这一阵子，他一边思考，一边沿着那本《文人画宣言》思路，继续对中国的哲学、文化、艺术、美学做更深入的理论探讨。作为画家，能有这样广博和深厚的中外文化的素养，还能做这种纯理论研究的人微乎其微。画画是形而下的，理论是形而上的，一个形象思维，一个逻辑思维，难有人兼能。况且他又是作家，文笔好，文字流畅、明晰、好读，故而他的文章渐渐有了一些影响。河南洛阳一家出版社有眼光，向他约稿，要把他的文章结集配图出版，连书名都想好了，叫作《中国画的天性》，新颖又幽雅，还偏一些文学色彩。出版社约他去一趟洛阳，研究书籍的样式和插图，借机看看牡丹。此时是四月底，正是"花重锦官城"中的花意与诗意都最浓郁的时候。

他到了洛阳，在出版社开会中间休息时，有一个人在走廊等着见他。一问，是出版社的美编，名叫郑非。这人个矮而壮，胡子拉碴，脑袋中间有点秃，下边一圈头发垂下来很长，略有些怪，但人质朴热情。他说他有一位朋友正在画一幅大画，极大，极棒。他想说出这画究竟多棒，但语言和词汇跟不上。急得他双手不停地比画，眼睛却放出一种神奇的光芒，如说天堂的故事，嘴里吭吭巴巴，一直说不明白，最后心里一急，竟说出这样一句："你要是不看，终身遗憾！"他还说："你只要是有时间，我拉你去看。什么时间都行，我有车！"

云天问一问出版社的人。都说："那画可是了不得。不过这人没名。"

有没有名不算事，关键是画得如何。云天请他的编辑通知郑非，明天上午去拜访那位画家。

转天郑非开一辆车来接云天。这辆车好像自己造的，车身像一个很旧的长方形的铁盒子，上边的喷漆疙瘩不平，车皮坑坑洼洼有许多撞痕。里边更是一团糟，坐垫硌屁股，还有一堆靠垫、外衣、背包、空水瓶子、小孩玩的皮毛熊，车内的脚垫上许多果皮果壳。一路上，郑非不断地骂自己的车，不停地向云天道歉。云天笑道："你这车是土造的老爷车。过一百年也是文物了。"

郑非的车开得还要糟，走走停停，不知他踩不好离合器，还是什么地方的线路有问题。每当车子熄火停下来，他就一边再道歉，一边说很快就到。他很想在车上向云天介绍一下将要去见的这位画家，但他语言能力不行，再加上糟糕的汽车和驾车的技术叫他心里发急，说起话来更加语无伦次。

云天断断续续听到的是这位画家叫高宇奇，岁数和云天差不多。毕业于当地的美院，在一家杂志社做美编。他画人物，画得极棒，连北京来洛阳的一些大画家对他都服气。但世界是不公平的，似乎在北京的画家都是全国的，外地的画家都是地方的。他身居这个早已过了气的古都里，离着北京那样的文化中心数百里地，他从来没参加过全国美展，没拿过奖，榜上无名；他又不肯把画送去拍卖，画无市价，谁认他的画？

他坚信自己是最好的人物画家。可是你认为自己是皇上有什么用，你不还是在街头买早点吃早点，在公厕里上厕所，坐公共汽车回家。你自信、孤傲、愤愤不平，更不管用。在一般人眼里，你只是在大地上走来走去的一只蝼蚁。

幸亏有一位搞金融的企业家看上了他，迷上了他。这企业家上大学时学的是美术。眼光极好，他说他从高宇奇身上"看到了中国画的希望"。一个穷艺术家碰到这样一位有眼光的富翁，是缘分加上幸运。当高宇奇向他吐露心中野心勃勃的一个梦想时，这企业家竟然给他租了一间极大的房子做画室。他的梦想是一幅巨画，两米半高，百米长，题材对外保密，要画五到七年。这位企业家叫他在就职的杂志社办理停薪留职的手续，他的生活与工作等一切费用由企业家慨然承担。这幅画完成后，许诺为他盖一座永久性的美术馆，专门陈列他这幅作品。这个敬畏于艺术的承诺，是任何画家都难以得到的。可是私人的承诺，总不免有一些变数和冒险的成分。

但是，为了心中的画，风险再大高宇奇也决心这样做了。他在杂志社办了停薪留职，也是一种变相的辞职，谁知道七年以后，他想回到杂志社时，杂志社是否还需要他。由此，他开始了由自己的一支笔来开拓的充满理想主义的巨大的艺术工程。他走这一步，是把自己的一切都押上去了，置身家性命而不顾。

这位企业家很真诚地配合他做这件事。在一个工厂给他租下一个闲置的车间作为画室。由于他家离这厂房离市区较远，给他安排一辆小车天天接送他。他在这里的工作和生活一切自理，但这位企业家给他提供足够的费用。

这件事已经干了三年半。

郑非忽然说"到了"，车子猛地停住，好像掉进坑里。这时云天才知道他一路上走走停停，完全由于他用开拖拉机的本事来驾驶这辆破老爷车的。

这是一个很大的服装加工厂，很多厂房，很大院子，院子里停着不少货物、集装箱、货车。他们从其中两个厂房中间的一个夹道走进去，来到另一个大院。四边全是规格一样、又大又简易的厂房。

云天随着郑非走进其中一个厂房，中间一条笔直又宽绰的通道，两边两排门。他们走到左边中间一扇门前，郑非叫道："宇奇，我们来了。"门一开，是一位模样年轻的中年男子，个子不高，白皙，谦和，沉静。他穿一身再普通不过的蓝裤蓝褂。云天以为这是高宇奇的助手或其他什么人，没想到他伸出手来竟说："楚老师，谢谢您来，我是高宇奇。"

他就是高宇奇？怎么这么年轻？云天想。

郑非好像已经知道云天心里是哪些问号了。他说："宇奇的模样比自己小十岁。可你看他的画就不一样了！"

说话间，楚云天感觉自己已经置身于一个浩瀚的水墨天地里。未及细看，围绕在这空阔的大车间四壁上的是一幅浩浩荡荡近百米的大画，把他围在中央。还没看清高宇奇画的是什么，只觉得一片风疾雨骤、雄壮浑厚、豪迈奔涌、汪洋恣肆的气势，一下子把他吞没。不用去细看，不用去感受，一切全无准备，第一时间就被彻底地冲击、震撼、征服了。古今中外的画看得太多了，他从来不曾有过这样的感受。他一时说不出话来。

他走上前，渐渐看清楚了，画上竟是成百上千农民如潮一般奔涌向前。这是什么主题？

凭着云天对社会和生活的敏感，更凭着高宇奇对人物刻画的真切与准确。他画的是农民工！是近二十年从广大的乡野走进城市建设中的农民工的千军万马，是五千年农耕社会向现代社会史无前例的历史性的转变，他画的是当今最伟大的时代景象与人文主题！

如果罗中立的《父亲》、洛夫的《五千年》表现的是世世代代传统农民不变的令人敬畏的典型，他所展现的是新一代具有开创性农民崭新而壮丽的群像！

高宇奇向他说明了自己这幅巨作总的构想与大结构。这构想令人惊叹。他这幅画分为三部分。走在前边的农民工以年轻一代为主。他们是敢冲敢闯的一批，农民工中的主力，黄土地新的一代。宇奇向他讲了一个自己亲身的感受，也是这幅画的缘起。在八十年代末一年春节过后农民工刚刚返城的日子里，他看见一群年轻的农民正在穿过马路，有的背着被褥卷儿，有的扛着行李。他们之中有的可能是头一次来到城市，有的充满好奇与希望，有的眼里含着迷茫，有的心情快活、有说有笑。高宇奇说："他们的新生活就这样开始了，这给我一个很大的触动！有人说农民进城打工，是为了填饱肚子，赚钱养家。别忘了，我们城市现代化的高楼大厦、高速公路、运动场、广场、桥梁、住宅，恰恰全是他们建设起来的啊。没有他们就没有今天中国的城市。这是多么伟大的一代农民！他们是中国今天的创造者和功臣！我想我要为他们画一幅巨型的画，为他们立像！不是一个人，是一代人！"

他的每一句话都带着艺术的激情，都加深着云天的感动。

高宇奇说："这幅画中间的部分以中年农民为多，他们在农忙时候还要兼顾着农村。后一部分是坚守在农村的老一代农民，往往他们在家为年轻的农民工照看孩子，看守家园。这三部分放在一起，才是当代农民工完整和真实的生活。"

在当今流光溢彩、变幻无穷的社会中，谁会这样精准地抓住了时代特有的本质、生活的脊梁、时代沉默而可敬的灵魂，并为之付出自己？当然只有真正的艺术家。

车间放着一张很大的木桌，上边有墨池、水盆、大大小小无数色盘色碗；还有饭盒、饭碗、暖壶，半筐水果和许多满的或空的矿泉水瓶。

大木桌的另一端，堆着大量的参考用的画册，大堆写生本、海量的人物形象的画稿和各部分的草稿。

这就是这位艺术家生命的器具以及全部支撑了。

云天翻看他海量的写生稿，为他如此勤奋又扎实的写实以及素描的功力感到同样的震惊。正因为这样，他画上数不清的人物，没有任何符号性和彼此的雷同。每个形象全有年龄、个性、心情，乃至细微的心理活动。他要倾尽多少精力，才能把这样一个个彼此不同、仿佛能呼之欲出的人物刻画出来。

这是对一个空前浩瀚又驳杂的时代众生多么广博又深厚的包容!

云天看到,他运用皴擦和晕染塑造形象的方法唯其独有;他巨笔泼墨之酣畅之大胆也不曾见过。

云天还发现,车间中间地上堆着许多大纸,都是有画的。有的只画了一部分,有的已经画满。高宇奇说:"我有时忽然不满意某一个人物,或某一部分,就立即撤下来重画,我绝不让一点遗憾留在画上边。"

云天问他:"你说这幅画要画五年甚至更长,可是在这么长的时间里,你在技术、方法、人物造型等方面,一定会发生改变,你对自己绘画的认识也会不断加深,这样前后就会不统一了,怎么办?"

高宇奇说:"你这问题非常好。我想过。我会在不断的修改中解决,也可能在整幅画完成之后,再用半年时间把它一口气重画一遍,就统一了。"

云天一惊,这是个多么气魄恢宏的想法,但要用掉生命中多么强大的精力啊!为了艺术掏干自己吗?

云天禁不住问他:"你需要什么帮助吗?"

高宇奇说:"我一直注意着你,看你的画,也看你的文章。在当今,你的艺术观是最纯粹也是最独立的。我想听听你对我这幅画的看法。"

云天把心里的话说出来:"我认为这幅画完成后,无论在思想价值,还是艺术的创造性上,都将是二十世纪中国人物画中最伟大的作品。"他想了想又说:"希望你在专注每个细节刻画的同时,始终保持一种整体感，一种酣畅自如的作画心态。你的才华应该使你有足够的自信。相信我，我没有捧你。"

好像有一块石头从高宇奇的背上落下来。他很感动，眼角竟有点闪闪发亮了。他说："谢谢你，我一定把它画完。坦率地说，我这一阵子有点画不下去了，我很需要你这些话！"

云天完全理解高宇奇之所以请他来，是要通过他自己信得过的人来认定一下自己。他需要精神的支持。精神的事物需要的是精神的理解与鼓励。被这位世所罕见的画家视为知己，也令云天感动，他说："作品完成后，我在中国美术馆帮你举办一个盛大的展览！"他把一种坚定不移的信念传递给这位天才的朋友。

他在离开这个偏远而又神奇的车间而上车之前，两人激动地拥抱了三次。

在车上，郑非像喝醉了酒，把车开成战车，不仅两次开错道，还有一次开进一条死胡同里。他高兴得有点忘乎所以。云天觉得郑非十分可爱，他也是个画画的，却忘我地推崇自己一位画画的朋友。这与那年春节在北京现代艺术展上见到的那些趾高气扬的人完全是一天一地两种人。他想起一句话：

真正的艺术家爱的是自己心中的艺术，而不是爱艺术中的自己。

这两天，他眼看着车窗外这个在现代化改造中已经失去特色的古都，一直在叹息。现在忽然有了一些信心。也许正是历史文明的精魂不散和长生未已，表面好似消泯，无迹可寻；谁料它竟在荒芜之中，悄悄钻出一株健旺的枝头，神采奕奕地开出奇异的花来。

　　坐在洛夫新买的威风八面的路虎吉普中，听着他得意扬扬地说很快就要带着他那个行为艺术《历史》去意大利威尼斯参加双年展了，郝俊已经先行一步为他去打前站，云天心里不是滋味。他想起一个月前在洛阳郑非开着那辆土造的老爷车，去拜访那位无名的天才高宇奇的情景。这世界真是荒唐，无法公平。

　　他对洛夫说："你现在是不是全心搞行为艺术，不再画了？"

　　洛夫说："你知道，行为艺术是不卖钱的。郝俊总叫我送画去参加拍卖，我手里没什么画了。送拍就得现画，可是说老实话，不知为什么，我拿起笔来没有什么感觉了。"

　　云天吓了一跳，画家的笔上布满自己最敏感的神经末梢。如果拿起笔来没有感觉，不像一个人失去知觉了？平日，他与洛夫联络不多了，他不大知道这个曾经才气纵横的老弟现在怎么变成这样了。

　　今天，他们一起出来，尤其是一起去看罗潜，都是多年里不曾有的事。

　　这事的缘起很美好。那天，怡然在弹钢琴曲《少女的祈祷》时，隋意忽然想起七十年代云天描述过——他、罗潜和洛夫在四川路一座空楼里听延年演奏这支曲子的情景。那天她虽然没在现场，但云天把那个景象描述得栩栩如生，一直记得。往日遥远又清晰，凄然也甜美，这使她忽然很怀旧。怀旧时一定想念昔日的朋友。她问云天多久没见罗潜了。云天想了想，说想不清了。这时，他有一点负疚感。隋意说："你和洛夫应该去看看他。现在这情况，不好等着他来看你们。如果洛夫不去，你自己去。"

这样云天便硬拉上洛夫，去看一看久违的好友。

当他们的汽车转到衡阳路，眼前的情景出乎意外。那里，不只是罗潜这院子，原先周围很大一片老房子全没了。一片开阔的空地上只有一些没清理干净的残垣断壁，东一间西一间破屋，这一棵那一棵东歪西斜孤零零的老树，余下全是瓦砾。他们在路边停车下来，走过去。洛夫眼尖，忽说："罗潜还在，那不是他那屋子吗？"

一间灰黄色、破旧、极简易的平房，孤单地立在空地中央，周围的树木全不见了。它正是罗潜的房子，他们原先那个无限美好的小沙龙，在那湿冷的寒夜里亮着灯的温暖的小屋。现在看起来怎么这么小，小得卑微、可怜、无助。远远看像谁扔在地上的一只鞋。为什么其他房子全都荡除一平，只有他的房子依然还在，他在屋里吗？他们跑过去一看怔住了。墙上门上都画着一个大圈，里边一个凶横的"拆"字。两扇门中间还给几根挺长的木板条钉死，贴了封条。罗潜不在这里了，他搬走了，他去哪儿了？怎么没给他们一个信儿呢？

他们找来找去，找到一个看工地的老头。这老头说："这是最后一个钉子户，三个月前搬走了。"

他们问他去哪儿了。看工地的老头有点犹豫。洛夫赶紧掏出好烟给他。当老头知道他们是罗潜的旧友，便掏出一张纸条说："这上边是他的地址和电话。他叫我给他看着这房子，扒房时叫我通知他，他要这些砖。你们记住他的地址电话，纸条还得留给我。"

他们记下罗潜的联系地址，把纸条还了，谢过老头，上车照地址按图索骥。具体住处是西青道的紫罗兰花园。洛夫说："还是罗潜厉害，硬做了最后一个钉子户，从开发商手里逼出一座豪宅！"

西青大道通着杨柳青，他们走着走着已经离开了市区，道路两边多是田野，少有建筑。他们边跑边找，终于在路边看见一块草草地钉在树干上的木板上边，用墨笔写着"紫罗兰花园"五个字，其中两个字还写错了。洛夫哈哈大笑，说这一定是农民开发的土别墅。云天不喜欢他这样笑话朋友。

这小区简陋又特别。虽然建筑粗糙，格局规划有些乱，但全是很宽敞的平房，灰顶白墙，窗子很大，玻璃闪闪发光，而且树木很多，这地方的土质肯定肥沃，树叶全都湛绿油亮，草也很高。罗潜住的是十九号，他们找到了这门牌，但见他的新房半隐在树木中，叫楚云天感觉有一点他那老房子隐秘的味道，心想罗潜肯定喜欢这房子深藏不露的气氛。于是，他有一种重返昔时的温暖的感觉焕发了出来。

洛夫从车子后备厢拿出来看望朋友的礼物，朝着这房子大声呼叫罗潜。门一开，罗潜出来。他看到他俩的不期而至，开始有点发傻，跟着他笑嘻嘻上来，一边表示欢迎，一边说："你们是怎么找到我的？谁是福尔摩斯，谁是华生？"

云天马上感觉到罗潜这一变化，他以前很少开玩笑，脸上也很少笑。

洛夫说："我们去找最后一个钉子户，顺藤摸瓜便找到你。福尔摩斯当然是我。"

罗潜说："什么钉子户，他们非要把我塞进一个高层里，我就怕人多嘴杂的地方，坚决不去，开发商和地方官员勾起来可厉害了，对我软硬兼施，有一阵还说要把我关起来，我死也不动。他们最后给我找到这个地方。这地方在郊区，地价便宜，他们以为我不会来，哪知道这正是我想要的地方。"他带着他俩穿过树下的院子，进了屋，说："看看怎么样吧——"

洛夫认为他成了农民，云天认为他进了另一个小天堂。三间屋，前后都有大片绿地和丛生的树木，很难看到邻家，别人也看不到他。罗潜说，他已和小区说好，允许他在房前屋后垒一道短墙。他正等着原先那老屋拆除时，把砖运过来用呢。云天想，他这里和洛夫那个豪宅差别是什么？不就是豪华吗？可是罗潜最讨厌的正是那种世俗的豪华。此刻的罗潜一定是志得意满呢。

云天还发现一个新现象，他的墙上没有画，是刚刚装修过还没挂吗？屋里的家具也不再是以前那种用大木头横竖钉成的桌椅，自然也没有往日那种粗犷和野味儿；原先桌上那个插花用的橄榄绿色的空酒坛子跑到哪儿去了？往日的痕迹一点也找不到了。屋内的家具全都应和着一般家具日常实用的规范，他闻到了清漆和新木头的味道。他问罗潜是否自己打的。罗潜笑笑，没等说话，门一开，从外边走进一个女子，提着一兜菜，四十多岁，略高略胖，相貌平平，一看就是个朴实又随和的人。罗潜稍显尴尬，随后向他俩介绍这是他的妻子，名叫夏日莲。这女子并不认生，请他们随便，她去倒茶。

他结婚了？噢，是好事，他的个人的生活显然已经从长久的孤僻中走出来了。他的精神与艺术呢？刚刚他去看罗潜的房间时，一间是卧室，一间半掩着门，他嗅到了一点油画颜料的气味。他很想看看罗潜现在的画，但罗潜伸手把门带上，显然他不想叫他们看，可能更不想叫洛夫看。他深知罗潜心理古怪，不会强求。

在他们闲谈时，有一种生疏感三人都感到了。

这是源自长久未见带来的疏远，是一时找不到共同的话题，是这中间的一些隐隐的隔膜，还是由于在各自社会位置的不同产生的复杂的心理或屏障，没法说清。无话而谈，只能没话找话。云天想出一个个话题，但什么话题也不能引起共同的兴趣来。他们有点像不同国家的人，用哪一种语言都无法交谈。

楚云天对罗潜说："你这次可以买一台音响了。现在好的音乐比起咱们那个时候多得太多了。"他以为这是他们三人都会谈起来的话题。

洛夫说："要买就买山水的，比飞利浦强。"

他说的不是他们曾经敬畏的音乐，而是现在市场追捧的品牌。罗潜自然没兴趣接过话说。

楚云天又换了话题。他说罗潜妻子的名字夏日莲很好听，还有画意。他说罗潜可以在院里挖个池子，种上睡莲，像莫奈的花园。

洛夫一边抽烟，一边摆手扇开面前的烟雾说："干吗总是莫奈，莫奈早过时了。在巴黎只有旅客才关心莫奈。"

罗潜说："你从美国回来，带给隋意的丝巾不就是莫奈《睡莲》的图案？"不过罗潜这次反驳他时也不再气哼哼，而是笑吟吟。

楚云天觉得他们之间已经没有通道，无话可谈了。他起身，从口袋掏出两个罐头说："这是隋意送给你的。不是什么贵重的礼物，只是你爱吃的。"

罗潜拿在手里一看，是四川涪陵榨菜。他像被电击了一下，一下子使他怀旧、使他感动起来。其实这才应该是这次他们来访的主题，也更是隋意期望的那样。罗潜用右手一拍云天的肩膀，有如叹息地说了一句："替我问她好吧。"

他送他俩出去，上了车，挥手而别。

云天半天没有说话。快进市区时，他忽对洛夫说："我发现今天我们三人有一个话题谁也没谈。"

"什么？"

"画。"云天说，"过去它是我们在一起最热衷的话题。"

洛夫淡淡地说："各干各的，有什么好说的。"

云天没说话，洛夫的话也并不错。但他心里忽觉一片苍凉，从中冒出来一句很冷的话：人与人，聚是一种必然，散也是一种必然。

但他没有说。

他们本来是山里三条天然的野溪，各自穿木越石，翻坡跳崖，奋力奔流。在一个深谷里他们相遇，在相遇那一刻他们激情洋溢，光亮的浪花彼此相拥，飞溅的水珠相互浇洒，他们用各自的灵感激发起彼此的生命的活力。他们相互凭借，相互依靠，相互感召，相互推动。把原本的孤独化为神奇的丰盈，并从深谷一直冲出大山。

可是当他们来到这无限宽阔的蛮荒大地上，渐渐发生变化。疏离与分手也许是一种必然。于是，你融化到另一条波涛滚滚的黑色的大江里，他注入一池静谧的碧湖中；我则漫溻在光秃秃的大地上，在焦渴的大地的吸吮中，在毒日头的曝晒下，渐渐化为虚无。

昨天是美丽的、难忘的、有情的、伤感的，但谁有力量把昨天召回到今天来？

后卷

被美照亮灵魂的人，才是真正的富翁。

一

　　你如果想改变自己的生活，往往十分之难，可是你的生活常常因别人轻易的改变。为什么？因为人人都有一扇门，别人可以走进来。所以在这扇门上，有的人戒备重重；有的人从不设防。前者多是谨小慎微、性情胆怯，或者曾经受过伤害；后者则是天性单纯的人。

　　权贵们通常理性地活着，门上装着一道道栏杆，还有高高的门槛，很难去接近他们；艺术家们则不然，他们活着全凭直觉，多数只有门框，有的甚至连门也没有。只要感觉好，很轻易就走进了他们的世界。

　　你知道走进来这人会对你带来多大的影响吗？你知道这人是否心怀什么目的或有怎样高明的算计？

　　云天头一次听到白夜这名字，是在一个画家的口中，他盛赞这位名叫白夜的年轻女画家不仅画好，人的气质出类拔萃，他用了一个词——清纯非凡。云天很少听人如此赞美一个女子。什么样的人清纯到非凡的境地？云天向来注重人的气质，尤其女人。随后这位画家还说："白夜说她特别想认识您，还说她曾是您的邻居。"

　　这就叫他如入五里雾中，他什么时候、住在哪里，有过这么一个气质非凡的邻居。这使他有了想见一见她的想法。有一次，上海来两位编辑访他，他想起白夜这个名字，向他们打听。一个戴眼镜、干瘦的老编辑笑着说："那是一个海归的画家，画得不错，人挺漂亮，气质极好。不过，她很厉害。怎么，您想认识一下？"

云天摇摇手。他怎好说想认识人家，尤其是一个女画家。不过，这个戴眼镜的老编辑为什么说她"厉害"——她究竟哪方面厉害？他不便再问，换了话题。还有一次，又有人用夸赞的口气说这个叫白夜的女画家气质"极好"。看来气质好，是她留给人最深的印象了。这使云天对这个未曾谋面的女画家产生一些幻想。这不奇怪，画家总是用形象思维。

一年以后，他画了几十幅关于秋天的画，他画得很得意。一年四季中他最迷恋于秋。秋是最丰富的。从初秋到晚秋，无论秋之充盈、灿烂、明媚与松弛，还是秋之疏朗、萧条、飘零与落寞，都能自然地融合人的情感与心境，寄寓各种人生感触于其中。他这批画都不大，一律是四尺纸对开。这些画的照片到了余长水的手里后，叫上海一位办画廊的人看到了，非常欣赏。这人说每张画都像一篇散文，要给云天办一个画展。这人十分殷切，有一天就来了三个电话。云天拗不过，答应了，条件只有一个——不卖。他向来是自己得意的画一幅不卖。真正的好画都是乘一时之兴，充满偶然性，无法再画。

画展定在十月中旬，这时候上海天气的酷热已经过去，秋高气爽很舒服。画廊的地点也很好，就在淮海路上。云天本想带着隋意一起去。隋意多年没去上海了。可是临行前两天，美协通知他北京有会。这样一来，他在上海参加开幕式的转天就必须飞往北京，这就只好带着余长水去了。

人生的故事一定由老天做编剧，如果北京那边没有会议，隋意随着云天去了，一定另外一样，另一个过程，另一个结局。

给云天举办画展的这个画廊不算大，据说这里举办画展的开幕式通常人都不多。但云天画展的开幕式绝不同。一是他名气大，上海的朋友多；二是他还有不少文学读者想见到他本人，求他签名；三是他画展的题目借用当时当红的克莱德曼最爱弹的一支钢琴曲的曲名——《秋日的絮语》。这题目叫人浮想联翩。于是开幕式上人十分之多，挤成了一团。

多亏余长水帮他周旋，才使他一次次逃出重围。快到中午时，他送几位上海画家到门厅，说话，握手，告别。待转过身，一个极其清亮又美丽的女孩子站在眼前。这个"清亮"是他的感觉。这女孩子的神情很特别，没有因陌生而拘束，也没有因初见大画家而心怯，而是朝他笑，像见到一位多年未见的老熟人那样十分高兴地笑，直笑得微微弯腰。

她是谁？她穿得简单至极，下边一条长长的、旧得发白的牛仔裤，上边一件浅褐色、很宽松的套头毛衣，仅此而已。素颜无妆，浅浅的红唇，白亮的皮肤，长长的睫毛，全是本色；头发像春草一般向后一卷，系一根细细的朱红的绒绳。还有谁这么一任自然地打扮自己？还有谁这样善于打扮自己？

云天发怔。不知是给这女孩天然、清纯、高洁的美征服了，还是不知她因何用这种熟稔于他的笑？

她一笑，左右两边嘴巴上出现两个细长的酒窝，更增加了她的俊美。

他怔着，不知该说什么。

她对他说："我就是小夜啊，您的邻居小夜啊！"

云天更不知她是谁。他把"小夜"听成"小叶"。他从来不认识一个叫"小叶"的人。这女孩说："您七六年大地震不是住在墙子河边那个红色尖顶小楼的顶层吗？"

云天说："没错。可是非常对不起，我怎么不记得有你这么一个邻居。"

她很遗憾地笑一笑说："您就忘掉那个曾经邻居家的小女孩吧。您就认识一下现在的我吧。"她伸出一只手说："我叫白夜！"

他握她的手，她的手不大，握上去特别光滑又柔软。手有魅力的人不多。

哦，她就是白夜！就是不止一次别人对他说过的白夜！也是他曾想见到的那个"气质极好"的女画家。她现在就站在自己面前，气质果然非凡，天生一种江南三月一般的淡雅与清纯。但自己却怎么也想不起来这个昔日的邻居；他有些歉意，又不知怎么表达这种歉意，就不免有些尴尬。他这种心理活动，叫白夜看出来了。白夜非常会说话，她爽快地说："这次认识您这位大画家就行了，下次再与老邻居重新回忆往事。"

说完，她向他摆摆手，扭身轻盈地走了。好似一阵微风把她带走了。她竟然这样说走就走了。

然而，她把一个关于老邻居的问号留在楚云天的脑袋里，叫他不能不想。她还把一个罕见的美好又清新的气质留在他心里，叫他总去回味这种很特殊的异性的感觉。

下午他很忙，画廊经理拉着他交谈。经理再三提出有几位真正懂艺术的藏家希望能收藏他的作品，他说协议在先，他不卖画，可是画廊经理纠缠不休。最后说好出手三幅才算罢休。晚间便是几位上海画界的朋友邀他一席晚宴，九点钟才回到宾馆。刚刚洗一洗脸坐下想歇一歇。忽然一楼前台来电话，说有朋友拜访，人在大厅等候。他赶紧换了便装下去。

到了大厅不见有人，环顾四处一看，只见右边咖啡厅那边，有人坐在那里朝他招手。远远他就看出是白夜。他有点意外也有点愉悦感，好像这正是他心里隐隐盼望的。

他快步走过去，白夜站出来。她换了一身墨绿色的衣裙，晚间有点凉，她外边穿一件黑色的薄外衣，头发还是随便地一卷。这身重颜色的衣服使她白皙的脸儿愈加明亮。

没等他开口。她就问道："我这时候来拜访，有点打扰您。可是我不甘心您忘掉那个'小夜'，忍不住来问问您，想起来了吗？"

云天刚一支吾，她就笑了，说："快二十年前的事了，何况又经过一个时代的变迁。不怪您，我来帮您回忆。"

她挺善于使对方很快与自己融洽。云天笑了，说："好。"

白夜说："您住的房子，一个式样并排三座，上海也有一些这样的房子，都是以前外国人盖的。您在最左边，对吧？"她拿起桌上放调料的小瓶小罐横排摆了三个。她拍拍最靠左边的一个说完，又指一指最靠右边的一个说："我家住在这一座。我们中间还隔着一座。"

云天说："噢，不在一个楼里。中间还隔一座，怪不得没印象呢。"

白夜说："我对您印象很深。我妈妈总说，那个长腿的叔叔是画画的，一次您在您那边院子的小树林里画画，我妈妈还带我去看呢。您还抱我，亲我。"

说完，她又笑，这次笑里略有一点害羞。这个回忆的细节叫云天有一种亲切的感觉。这时，他对往事确实有一点点印象了。他说："你妈妈好像个子略高，挺苗条。记得我爱人总夸'前楼那个女人很好看'。对了，我想起来了，还说她孩子——也就是你——像个洋娃娃。"

"这就全想起来了。"白夜很高兴。一笑露出长长的酒窝和皓白发亮的牙齿。她说，"记得您夫人很文气。她现在好吧。"

"挺好。"

"您好像还有个女儿。比我小，现在上大学吧。"

"现在波尔多美术学院，不过她不学画，她喜欢艺术史。"

"波尔多美术学院在法国可是数一数二。我也是在法国留学的，毕业于巴黎的凡尔赛美术学院，也念过一段艺术史。现在很多画画的人不懂艺术史，也不读书，那可不行。"

"你们为什么搬到上海来？"

"我爸爸搞金融，上海这边更有发展。我们就跟来了。"白夜说。

本来云天想了解一下她的画，究竟还没见过她的画呢。但白夜更有兴趣的是回忆往事，由此牵出关于那三座小楼里许多美好的记忆。她怀念自己的童年，云天则对那段苦涩艰辛的岁月与生涯难以忘怀，这就使他们有了一个共同的过去。于是，她就不是他生活的一个突如其来的闯入者，而是他人生中一位原本的故人。只不过从已经溜掉的时光里掉过头来，带着相同的珍贵的记忆，自然而然地返回到现实，并迈进他的门框。

已经不知不觉到了十一时，余长水找了半天才在咖啡厅里找到他们。余长水见了白夜相互点了点头，他们认识吗？

余长水告诉云天，明天早晨七时就得离开酒店。飞机上午十点半起飞。白夜明白她必须走了。她从一个手提袋里掏出两本画集，说是她的作品集，微笑着请云天在飞机上看看解闷。

如果不是余长水在场，他们分手肯定还会生出一种别样的感觉。

在楚云天回到自己的房间后也有一种感觉，那是一种美妙的东西还没有开始就离去的感觉。他有点怅然。

他从上海飞到北京开过会，再回到家里。隋意用一桌丰盛的晚餐加上冰啤酒等候他，过后坐在餐桌的对面，笑嘻嘻看着他一通狼吞虎咽，饭后又听他得意地大谈"秋日的絮语"的反响，人们欣赏他在画展开幕式上讲的关于绘画的文学性的主张。他给她许多好消息。他也喜欢看着她脸上十分满足的神情，这时他忽然想到自己什么礼物也没捎给她，哪怕是一盒她爱吃的云片糕。他去时曾经还想着，并暗暗嘱咐自己记住，可是结果还是忘了，真糟糕！即使头一天没有时间去买，在机场的商店里也能买到。为什么？他脑袋里到底装满什么了？

隋意问东问西，当问到还遇到什么特别的人的时候，好像给他憋着要扔出来的东西，送上了一个筐。

他问她："你还记得咱们住在墙子河边那小楼时，有个邻居的小女孩吗，名叫'小夜'？"

隋意在想。云天认为她肯定也不记得了，谁料她忽然说："记得、记得！那小洋娃娃。她妈妈很好看，体形好，气质也特别好，像夏梦。"

"你怎么还记得？"

"好看的人我都会记得。她们就住在最靠东边的那幢房子里，有时她带着这小夜在家门口玩，我下班时会碰见。她妈妈好像在话剧团工作，是不是演员不知道。怎么，你碰上这个小夜了，她也去看画展了？她不在天津吗？"

"她家早搬到上海去了。她现在是画家。"云天说。

"噢？她居然也是画家了。她像她妈妈吗？很美吗？"隋意问。

不知为什么，云天感到回答这问题有点难，他想一想说："她妈妈没见到，她挺精神。对了，她也在法国留过学，也学艺术史，是在巴黎。"

"她和怡然差不多大吧。哎呀，不对，她要大四五岁，你看过她的画了吗？行吗？"

云天迫不及待地从随身的旅行包里拿出两本薄薄的画册，递给隋意，当隋意一翻，偏头向他露出惊讶。云天说："没想到她的画这么好，很有自己的东西。"

"而且很有品位，非常独特！"隋意说。脸上有一种被感动了的神情。

云天很满足，好像别人在称赞他女儿或隋意。

这两本画集便一直放在他的画室里，他不时会翻一翻。他觉得扉页上的签名"白夜"两个字，就像她初见他时那个清亮的面容。

入冬时候，美协艺委会请他去济南评选新一届全国美展的作品。他是国画部分评选组的组长。余长水有事去深圳了，刚好费亮正在济南为一家宾馆会议厅画一幅大画，画院就打电话叫费亮在济南那边协助楚云天。等到楚云天到了济南车站那天，费亮带车来接他时，交给他一封信。他坐在车上打开信一看。只有短短几行字，写道——

楚老师：

　　今天您将看到我的画。这是我的幸运！不求您帮助，只想听到您的指点。明晚与您联系。

署名是外文，但不是英文，看一些字母像是法文，因为怡然从法国来信时偶尔也用一点法文。云天立刻判断出这是白夜写给他的。她很聪明，没有任何强加于他的表示，但又有一种希望隐含其中。云天对艺术是严肃和客观的，一切只有看画再说。他问费亮："这信是谁交给你的？"

费亮说："上海美协来送作品的一个工作人员，叫陈非。是个小伙子，我以前没见过他。"

云天说："他和我住在一个酒店吗？"

"不不。"费亮说，"这次你们评委专门住在一个酒店，各地送画来的人都不准和评委们住在一起。评选作品全部在酒店里，你们就在酒店里评，哪儿也不能去，评选过程全部保密。评选总共两天，后天下午结束。您要在济南没别的事，我给您买大后天回去的票。我还住在画画那个宾馆里，有事您叫我。"

云天说："好。有事我电话找你。"

云天担心白夜来酒店大厅等他，或这期间来找他，但都没有。看来白夜不是那种求名求利死磨硬缠的人。不仅影儿没见，连电话也没有。他向来不喜欢功利的女子。他想，她气质品位的确非同一般。气质不只是一种表面的风度，还是实实在在的人品。

入选的作品全都挂在一座大厅内临时架设的一道道展壁上。他和评委们一幅幅边看边议边评。一边评议，一边在各自手中的一张表格上打分。他们依次而有序地审评着。忽然，白夜的画出现了。

不是他发现了她的画，而是她的画跳进他的眼中，不只跳入他的眼中，也跳入所有评委的眼中。

能叫评委们驻足赏议的，正是隋意曾感受的——她的画非同寻常的独特性。

这幅一米二见方的画上，她采用完全属于自己的绘画语言，完全不见笔触，最多一点淡淡的线条轮廓，也被层层的晕染消融了。她使用的是工笔画中晕染的手法，但从来没有人只用染的技法，既将万物一层层濡染出来，同时又把这一切烘染到梦一般的虚幻中去。

不见笔痕，不着重墨，淡墨淡彩，若隐若现。她把形象的清晰度控制在似有若无的程度上。一种朦胧的美使她的画意境含蓄而深邃。到底她想与你拉开距离，还是诱惑你一点点进入画中呢。

正如她这幅画的画名叫作《期待》。

远处看分明一片花树簇拥的山村，清新、浑厚又温馨；走近看却是各种色彩驳杂又和谐地相互交错与融合。这样一种独创的带着迷幻感觉和鲜明的现代特征的绘画，而画的后边分明又有传统工笔画技法的根基与修养。评委们都表示很欣赏。

一位评委说："这幅画虽然分量不是很重，但给工笔画传统的现代走向打开了一扇门。"这个评价相当高了。

"完全不用笔触，只靠晕染，表现力是不是就变得有限了？"

"这正是画家的一种追求。将染的技术用到极致，也是一种独创。"

"何况很有意境，也有味道。"

"我欣赏它语言的模糊性。"一位广东的评委说。

"画家语言的模糊是为了唤起观众的想象，这不仅仅是一种技术上的革新。"楚云天忍不住说，"这是近期少见的独树一帜的一幅佳作。"不知为什么，在这当口，他情不自禁地给白夜使了一点劲。这是他以前从未做过的。

在画界，楚云天的话，是有权威性的，他一向从艺术出发，只面对作品，客观公正，而且人缘又好，大家都服气他。他这一说，差不多了。谁也没想到，最后在评委们的投票中，白夜获得了很高的分。

在评审结束后，他很少这么高兴，是因为白夜入选了吗？不，是一位有才气又可爱的年轻女画家入选了！他扪心自问过，自己是不是为白夜使了点劲，有没有昧着艺术良心？他想，自己对她的评价虽高，却并不为过。因为白夜确实有才，有想象力，很独特，有品位，尽管由于年轻还有一点单薄。

单薄这种东西不完全是艺术的东西，要靠人生的历练了。

他下午回到宾馆，就接到白夜的电话。

"楚老师，我是小夜！"白夜的声音。

他一听到她清亮的声音，眼前立刻浮现出她笑时面颊上的长酒窝，他很愉快。

"您看到我的画了吗？我上次给您的画册太小，看画必须看原作。"白夜说。这时白夜还不知道评审结果。

"是啊。原作的尺度是画家作画时情感的尺度，一缩小就大大损失原作的感觉了。"云天说，"我赞成你用工笔画晕染的技巧所创造的模糊语言。这是你非常独特的东西。既有独特的技术，也有独特的审美。"

"还是楚老师厉害，几句话就把我许多年来才想明白的道理全说出来了。楚老师，我今天能见到您吗？很想与您多聊聊。"白夜亲切地说，还带着一点殷切。

云天很想见到她，可是不一会儿，山东画院的一些画家，还有济南文化部门的几个官员都要来。白夜是候选作品的作者，她若来了，叫人看见不方便。他把这些为难告诉她。

白夜说："其实，我也很想知道别的人对我的画怎么看。"

云天知道她关心自己的作品命运如何，怕她着急，心一软，就把不该说的话告诉她："大家都赞成我的看法。你放心好了。"他停一下说："不过你千万别对别人说。"

白夜一听，立刻非常快活。她说："我不会，您也放心。最主要是有楚老师支持，我就敢往下画了。"

随后，白夜就表示，她不来酒店看云天了。晚间，楚云天与山东画家们一聚为快。山东人喝酒太热情，不把客人喝醉喝倒绝不罢休。他回到房间后，衣服没脱，一头倒下便睡，早晨电话把他吵醒，他以为是费亮，再听是白夜，声音与先前不同，似乎有点低沉缠绵。他以为她要来送行，不叫她来，无论他怎么说，对方都没有接茬。是不是对方挂了？他"喂喂"问两声，忽然话筒那边传来白夜压低而有点胆怯的声音："我不会送你，我怕人看见。我没事，只想听一听你的声音。"

跟着她把电话挂了，只有嗡嗡的忙音。

这句突如其来的话叫楚云天蒙了。他觉得自己的心忽然加快地跳起来。特别是她对自己的称呼，由"您"改为"你"，一下子就使得他和这个有才气又美貌的女孩子关系不一般了。

而这句话，突兀又大胆，意味无穷，叫他事后不时会想起来，却捉摸不透；就像她的画朦胧暧昧，似有若无。

二

几个月过去，倒春寒时候，新一届全国美术大展在北京开幕。这个三年一届的全国大展，吸引着各地画家如候鸟一般纷纷云集京都，开幕式人山人海，轰轰烈烈。当楚云天走上台前致辞，分外神采奕奕。一件长长的深蓝色的风衣，一贯的不修边幅、有点散乱的头发，庄重又轻松的神态，特别是他那充满灵气的讲话，叫开幕式的主席台分外具有磁性与张力。

摄影记者们的闪光灯在他身上频频闪烁。后来一位记者描述此刻的楚云天——"像一块带着闪电的雨云"。

美协之所以请他致辞，除去他的影响力、思想深度、口才，还因为他做了美协主席后给自己定好一条规矩，绝不送自己的作品到全国美展，也绝不登上美术界任何领奖台。他确实这么做。大家尊敬他的人品。

今天，他说："美术界是不是在进步，就看冒出多少叫人眼前一亮的作品和叫人心头一亮的有才华的年轻画家。"他随后又机警地补充一句："当然我们也把老画家的新亮相看得分外重要。"

他的话叫大家笑了，特别是老画家都笑了。

他讲话时，看到台下大片观众中，一个穿砖红色长外衣的女子跳进眼中，正是他刚刚说"眼前一亮"那一瞬，他马上认出是白夜。

这使他很兴奋，起劲，下边讲的话就更有灵气。

他从接到出席美展的通知，就预料到身在上海的白夜一定会赶到北京。因为画展将展出她的作品。能入选全国美展，是一个画家实力的见证，也是开始为全国画坛关注的标志。她是不是也想趁这个机会见到他？

自济南电话中一别，她留给他那句意味深长的话一直余音袅袅，但此后她却始终未与他有任何联系，既无电话，也无信函。他对那句话当真那么认真吗？

早已步入中年的楚云天已经不会再出现当年的"雨霏事件"，不会再落入一往情深的爱的陷阱。虽然他骨子里仍有浪漫情怀，天性向往生活的诗情画意，可是他毕竟早已度过二十年前生命中的盛夏时代。特别是他叫隋意受过伤害，那条疤至今留在自己的心上。

可是，当这个绝美、有才华又气质出众的白夜突然出现，并对他表现出一种主动的时候，他会不会重蹈覆辙？反正现在还不会！最多不过激活了沉睡在他骨子里那点浪漫罢了。由此引来的仅仅是一些感动，一些欢愉，一些臆想。被异性倾倒是一个人魅力的体现，谁都会从中引为自豪。但现在还非常清醒的他，绝不会叫自己陷入昔日那种无以自拔的困境。所以，他不会对她主动。何况现在真正主宰他的，一半是社会艺术的事业，一半是他孜孜以求的艺术的本身，特别是后者。

今天他跑到北京来，为了两件事。上午来参加全国美展的开幕式，下午去五洲大酒店，去看一个大型书画拍卖会的预展。余长水几次向他描述书画拍卖的盛况。由于他从不参加拍卖，对此所知寥寥，今天也想看一看，了解一下当今画家们为之疯狂的书画市场究竟怎么一个局面。他过去从未走进过这样的场合，就像他从未进过夜总会和歌厅。

在画展中他匆匆走一圈。远远看前边聚一些人。从人缝看到一个红衣的人在说话，再看一眼是白夜。电视台记者正在她那幅《期待》前采访她。白夜对他好像有第六感，在他看到她的一瞬，她也看到他。这有点神奇。

她立刻跑过来，穿过人群，一把拉着他的胳膊，把他拉到她的画前。她对一位摄影记者说："劳驾给我和楚老师拍一张合影，我崇拜楚老师。"

云天并不想这样，但他无法拒绝，还好，他们都很自然，轻松地站在一起，微笑着面对着不少照相机和摄像机的强光；于是，这对少女中男漂漂亮亮拍了一张合影。

这时电视台记者扛着摄影机上来，想叫云天谈谈白夜的画。他摇摇手谢绝。白夜很聪明，她明白楚云天要回避这种事。她绝不像一般人那样强人所难，非拉着名人给自己捧场。她礼貌地伸手拦住电视台记者，请云天离开这里继续去参观画展。这么一来，叫云天看到她气质的高雅不俗。

下午，照原计划，他们到了五洲大酒店来看拍卖预展。酒店没有专业展厅。拍卖公司依照拍品的不同年代与主题，在几个大型宴会厅与会议厅用统一规格的展板分割成不同的展区。各展区看画的人竟然都是摩肩擦背。云天头一次领略到这种阵势。亲眼目睹当今拍卖市场之火爆，绝非自己原先的想象。

他上午在美术馆看的是纯艺术的展览，现在看的是纯商业的画展。凭着他的敏感，明显分出两个完全不同的世界。在美术馆看画，人们是感性的；这里是理性的。在美术馆人们主要是看画，这里连题款署名图章全看；在美术馆看画人的眼睛是在欣赏，这里还要用脑子来算计。尤其每幅画下边全有标价。

云天问同来的余长水："这儿的展览和上午美术馆的展览最大的不同是什么？"

余长水憨厚地笑道："这儿全有价钱。"

云天接着问："价钱能说明这幅画的价值吗？"

余长水说："当然不能，但市场有市场的规律，和我们不一样。我们说的价值是艺术的品值，市场的价值就是价格。关键要看价格。"

云天："价格高的画应该好啊。"

长水说："不一定。有时正好是反过来的，卖得好、价格高的画不一定好。"

云天："噢，你这个话题很有意思，回去咱们找个时间好好聊一聊。"

在展厅里走来走去一看，云天看到了许多熟人的画，心想这些画家也都在卖画吗？他忽然看到易了然一幅《黄山绝壁松》，八尺竖幅，一怔。失声说："他也参加拍卖吗？"再看，标价很高。他问余长水："易老师常参加拍卖吗？"

"拍卖场上总能看到他的画，海外一些藏家喜欢他的画，价钱一直往上升。但不一定是易老师本人送拍的，可能他送给什么人，别人拿来拍卖换现钱。"余长水说，"这儿偶尔也有您的画，但肯定不是您送来的。这是同一个道理。上一次还有您两幅四尺对开的方画，画的是江南水乡，卖价很不错。不过，买画的人并不知道不是您送拍的，兴许以为就是您送来的呢。"

云天说："那就跳黄河也洗不清了。"

余长水说："为什么要洗？画画的人也要用钱啊，大家还都争着往里跳呢。那边展厅还有我送来的两幅，都是小幅。"

云天："每次都有你送拍的画吗？"

余长水说："楚老师，我得结婚、买房子，将来还得生儿育女啊！我从去年开始送拍，但画价一直不高。"

"好，去看看。"云天说。

他们来到余长水的两幅小画面前。云天说："还是你西藏风格的画，为什么不拿来你擅长的水墨写意，从容大气，又有味道？"

"拍卖公司的人说，现在画水墨的人多，买画的人分不出好坏。这种藏画风格的画特色强，已经有几个南边的买家盯上我这种画，如今我只要把画往这儿一送，弹无虚发。就是价钱低一点，才两万一幅。"余长水说，"他们说卖画一开始定价不能高。等到市场有了一定的存量，藏家们都希望你的画升值时，他们就会一起把你画价抬上去了，好比股票一样。"

云天没说话，他不喜欢这些买卖经。余长水看出来了，他怕云天怪他不用心画画，只折腾卖画。云天忽对他说："两万一幅也挺不错了。一幅画就买四平米房子了。"

长水一怔，两人都笑了。

云天向来这样善解人意，他不强加于人。

两人正说话，忽然有人过来问他："哪一位是楚云天先生？"

云天说："是我，什么事？"

这人说："有您电话，您随我来。"

云天纳闷，电话怎么打到这里，谁会知道自己在这里。他随这人走进一间办公房。拿起电话一问。电话里发出清亮的笑声，一听声音就知是白夜。一听声音就像看到她的面容。她说："别问我怎么找到你的。我要想找到一个人，会找遍整个地球。"

云天不知该与她说什么，好在她自己接着说下来："先告诉你一个秘密，我加入美协了，我是你的兵了。还有一个秘密，很快你就会知道，反正我离你愈来愈近了。你欢迎我吗？"

云天不知该如何回答。

白夜说一句："祝你回去一路平安！"电话就主动挂了。

她总是戛然而止，不纠缠你，叫你轻松；同时给你留下余味，或是类似谜语什么的，叫你去想去琢磨去回味。

云天放下电话，转身看余长水。他满心奇怪地说："是上海那位画家白夜，她怎么知道我在这儿？"

余长水忽说："噢，那个女的吧，上午在美术馆开幕式时，她找到我，说下午要见您，我说您下午要来这儿看画，她什么都没说就走了。她可真有本事，把电话追到这儿来了。没事吧。"

"没事没事。"云天忙说。

他们正要离开，一矮一高两个人笑嘻嘻走来。前面一个油光光、矮胖的人对云天说："您是楚老师吧。我是嘉和的副总，姓马。前两天，您画院这位余先生说您要来看看，我们十分高兴，万分欢迎，应该远接高迎才是，您是大名人。"说着，胖胖的手递上名片。手指上套着一枚油亮亮羊脂玉的大扳指。

他把云天和余长水请到旁边一间接待室里，坐下来后，他说："我们这儿与您上午那个展览，完全不同吧。"

云天："这是商业画展，当然不同。"

云天这话略含一点贬义。这位马总下边的话就有意思了。他脸上仍挂着笑说："上午美术馆我也去了，还恭听了您的致辞。您说得对。您那边画是作品，到我这边就是商品了。可是作品最终都得变成商品才能流通。进一步说，您那边的展览是画家出名的地方，可是一旦成名就都跑到我这儿来了，干什么？卖画呀！有了名，画就值钱了。谁不想卖钱，甚至卖出好价钱？这么一说，我们和您是一条流水线了。"

云天笑了笑，他心里边肯定受不了这位马总的歪理邪说。但他没必要与他争辩。马总是明白人，他似乎知道楚云天是怎么想的，他接着说："我知道，我这些话有点俗。可是没钱谁也不能活，这才是硬道理！比方你们天津一位老画家唐三间。你肯定认得。他原先清高得很，声称绝不和拍卖行打交道，可是打三年前找上门来了，要卖画，而且很和我们配合。最初他的画卖不过一位年轻画家，现在年轻画家卖不到他一个零头了。"

云天说："为什么？"

马总一听，得意起来，一伸胳膊，差点把桌上的茶杯打到地上，弄得茶水哗哗流，一阵慌乱之后，他笑嘻嘻接着说："这就是拍卖行的厉害了。三分画，七分卖。现在，像唐三间这样的画家主要是卖'老'。老就是老一代，老前辈。尤其他在'文革'前就是名画家，隔过了'文革'一个时代，现在人都成古董了，画就更值钱了。我们就拿他当宝贝供着他。古董嘛，愈老愈值钱。他自从'文革'后不画别的，只画梅花。我们就称他的梅花是'唐梅'。'唐梅'一叫就响，现在他的梅花可好卖了。有人说要唐三间按花朵的多少计价，一朵梅花三千块。"说完大笑。

云天开玩笑说："那就画梅树吧，一树全是梅花。"

马总说："还有画梅树的吗？"显然他不懂。

云天说："当然。关山月就善画梅树。元代的王冕不也画梅树吗？'吾家洗砚池头树，朵朵花开淡墨痕'嘛。"

马总说："还是楚老师学问大。哪天请唐老爷子画一幅梅树，创个天价。"

云天没接过话，而是问他："我见您这儿有一幅山水是徽州大画家易了然先生的。他也与你们合作吗？"

马总说："不，他的画都是别人送拍的。他本人从来没和我们联系过。不少藏家找他的画，但据说他这个人脾气怪，行踪不定，一年时间几个月待在山里边，黄山那么大，哪儿去找他。听说您和他很要好，还和他一起办过画展，托您带个信儿给他，就说我们想给他做代理。我们是中国三大书画拍卖行之一，只要他把画交给我们做，保准给他的画增加含金量！"

云天听了最后这句话，心中生出一种厌恶感。他要尽快结束这种带着铜臭味的谈话，起身的动作很快，匆匆而别。

在返程的汽车上，余长水说："这位马总特别希望您能叫他们做书画代理。很迫切。"

云天说："我怎么没听出来。"

余长水说:"您真是不了解商人。他说如何把唐三间做大做强,就是说给您听的。他不把话说明了,是希望您找他们。您找他们,他们就主动了;他来求您,他们就被动了。"

云天敲敲自己的头,说:"我真没有这种脑子,也没精力与这些人打交道。"

余长水见他那股子高傲劲儿又起来了,不再说话。

车子在夜间行驶时有一种舒适感。新建成的京津高速公路地面平整又坚实,车子跑起来有点像飞船穿行夜空。云天请司机师傅打开音乐,他车里总放着一些他喜欢的录音带。在夜行的车子里听音乐,可以无限美妙地进入音乐中去。

此间,在这辽阔又深远的音乐情境里,他脑袋里浮现出白天的种种景象,人山人海的开幕式,致辞的自我感觉,一幅幅让他记住的画,跟着闯进来的是易了然的《黄山绝壁松》,唐三间的"唐梅",不一样的观众、马总的话。当人群中一块砖红色蹦出来,接下来就是与她合影,她优雅的美,电话里的琢磨起来颇有意味的话……这时正是一个悠长又缠绵的小提琴旋律,惹起他心中一种美好又温柔的感觉。她不是说还有一个秘密吗,而且要和自己愈来愈近了,会是什么事?

三

　　自从看了五洲大酒店那个声强气盛的拍卖预展之后，云天才开始认真关注这个用金钱运转的书画世界了。

　　此前，他的眼睛和耳朵也常常遭遇到这类信息，但他没有兴趣，从不理会，只当与自己钟爱的艺术及事业没有关系，互不相犯，撇在一边，不理它就是了。但是从这一天起，他终于心明眼亮地看到，这是另一个世界，强势的世界，无法回避的世界，而且与自己并非无关。

　　过去他以为，他在山川大地上工作，那里是海洋，最多只是一些艺术家为了果腹偶尔去打捞食物的地方。现在不同了，他发现大海的潮汐早已气势汹汹卷上岸来，正在淹没了自己的土地。许多艺术家已经是那个世界忠心耿耿的臣民了。

　　为了弄明白这些事，他结交了一位专事艺术品经营拍卖的俞先生。俞先生懂得陶瓷、木器、近代书画。六十来岁，秃头，戴一副圆眼镜。喜欢穿中式上衣。经验很丰富，有头脑，人又老到。在拍卖行里是一个凭眼力吃饭、靠得住的人。这天，他坐在云天的院子里的藤椅上，饮着一杯亮晃晃的绿茶。他对楚云天的一席话，非常值得琢磨。他说——

　　"您和我们虽然都一辈子和画打交道，但我们是完全不同的两

251

种人。谈不上谁高谁低，只不过各干各的。

"您是画画的，您的劲使在一幅画完成之前；我们是卖画的，我们的劲儿使在一幅画完成之后。

"您求的是艺术价值，我们把它变成商业价值。

"您看画，看画不看人；我们看画，看画也看人。人没有名气，画再好也不值钱；人名气大了，画不好也值不少钱。

"您把画称作作品，我们把画称作拍品。拍品就是商品。

"画在您这里只看好坏，画在我们那里首先是真假。

"您看画家，看水平高下，功力高低。我们看画家，就看他的价位。谁价钱高谁排在前边。

"所以在您这里，功夫用在画里边；在我们那里，功夫都在画外边。"

云天笑道："杜牧有句诗是'功夫在诗外'。"

俞先生："您别笑，卖画卖画，关键是卖。现在的画家为什么想方设法搞炒作？请媒体宣传，再买一送一，甚至买一送三，找人打托，现场抬价，假买假卖，这种法子多了，够您写一本书了。为了什么？就是为了抬高价位。"

云天想起洛夫那次办展览大张旗鼓的架势，他说："这我知道，也听人说过许多炒作的招数。但是如果画不行，只把价钱抬上去是不会持久的。"

"持久不持久不是我们的事。我们只管当下卖得如何。"俞先生说，"您没有注意到，我刚刚使用的词儿是'价位'，不是'价钱'。价位是市场价格。说白了，是一平方尺多少钱。价位是相对稳定的。但价位也可以操作。"

云天说："这我不明白。"

俞先生："把价位抬上去需要投资。每次拍卖我都得找一帮人，高价买你的画，渐渐就把你的价位巩固下来。"

云天说："谁肯花钱高价来买？"

俞先生说："我刚才不是说了吗，买一送一、送二、送三，或者假买，完事把钱退回去，画拿回来。当然你得付一笔手续费，也就是市场成本，可是这一来你的价位就落住了。"

云天说："我要这个价位干什么？"

俞先生说："不对呀！比如您，偶尔也卖两张画吧，但都是私下卖出去的。在我们看来——这不行！因为您的画没有固定的市场价位，没价位没法在社会上流通。要想有市场价位就必须上拍。每次拍卖会每个画家的画卖得如何，多少钱一平方尺，大家全都心知肚明，全都认可。可是您的画值多少钱谁都不知道，因为您不参加拍卖，您就没有价位。如果您真的要用一笔钱，必须卖一些画，怎么卖法？所以，画家们都要下一番功夫，弄到一个好的市场价位。这就什么也不愁了。"

云天说："我不在乎这个价位，也不追求太高的价格。"每次谈到这里，云天都有这种自许的清高。

俞先生笑了，他说："我说的只是一个世俗的道理，您姑妄听之。您说这社会上有几个真懂画、真爱画的？咱中国多少人家里挂画？有了钱，装修房子，挂张画，那只是附庸风雅而已。连到我们拍卖会上来买画的人也没几个真正懂画的。谁会花十万八万买一幅当代画家的画？画家还活着，他一边画，你一边买，这不是傻了吗？凡是拍卖场中买画的人大多有利可图。主要就是两种，第一种是赚了大钱的人，指望着名人字画能够升值，拿画当股票买；第二种是做买卖的人买去送礼，拿画当珠宝买、当珠宝送。在他们眼里自然是谁的价位高，谁就是最好的画家！这世界上什么都是愈好的东西愈值钱。是不是？您说。"

云天说："本来应该谁的画好，谁的画贵；现在反过来了，谁的画贵就谁的画好。这是一种商业误导！"

俞先生说："市场有市场的规律啊，现在是市场社会，什么都是拿钱说话呀。对于画家来说，名气就是钱。把名气折腾起来，画也跟着值钱了。"

云天说："那就不一定把劲全用在画上边了。"

俞先生把茶杯往桌上一放，说："我认为您现在全明白了。"

这俞先生是在夸赞自己吗？云天苦笑一下，心想，这是多糟糕的一个时代。

在这样的时代里，一定是大批大批的画家向市场悄然地转移。他知道，有的画家已经把一年两次的"春拍"和"秋拍"当成自己的主战场了。市场有它的脾气，它不顺应你，你必须顺应它。比如它推崇名家，它只给买家偏爱的画家放行，它还喜欢脑子灵活、随机应变、共同奉行利益至上的合作者。于是云天看到不少本来年轻有为的年轻画家一头扎进市场，主动向买家挤眉弄眼，主动磨平自己性格的棱角，主动去媚俗，原先动人的才气渐渐荡然无存。他这次从余长水送拍的画，也看出这种商品画的势头来，余长水的解释是马上要结婚了，要买房子急着用钱。这是人生存之必需。可是，那些在书画市场中使出浑身解数卖出天价的"大师"们呢？个个趾高气扬，人人都在炫富，他们已是正在市场里苦苦奋争的年轻画家们心中神往的天王般的偶像。

他听肖沉说，连美院的学生们都热心卖画了。一边学画一边卖画。要学会卖画，必然要精通种种市场上的招数。有一个二年级的学生专画丑画，丑人丑物丑石丑树，卖得挺火。很多学生不和老师学，都向他学，都画丑画。

市场社会一定是奇葩盛开。

一天，费亮打电话给楚云天说，一位华裔的女画家后天在文化中心的美术馆里举办个展，邀他出席，并托费亮告他一定不能拒绝。

他听后一怔，是白夜吗？白夜不是华裔，最多是个海归呀。再说如果是白夜来开画展，怎么他事先一点也不知道。除非她要给自己一个惊奇，这就是她上次说的还有一个"秘密"，而且要与他"愈来愈近"吗？白夜这个人有一点的不可思议，她喜欢出其不意。比如，她每次见到他，都表现出一种异性间的暧昧，分开后却音讯皆无。这源自他对她的某种误读，还是她有意地用一种若即若离的做法来牵制他，再一步步向他贴近？抑或是她的一种猜不透的天性？反正现在的女孩子都喜欢成熟的、成功的、风华正茂的男性。她如此年轻，会有这么多的心计吗？

不一会儿，费亮来了，把一份黑灰色的请柬交到他的手里。他一看请柬的风格就不对了，浑厚、沉郁、隐秘，这完全不是白夜的风格。再看上边，展览的题目是"古老的东方"，作者的姓名是英文，他不认识这个外国人。忽然英文中有一个中文名字跳进眼帘——唐尼，他马上想起来新华中学徐老师的那个女学生，曾在北京出版社做美编、搞黑白版画、很有才气的女画家。她出国、结婚、入外籍了吗？再一想，倏忽已经二十多年了。二十多年间什么事都会发生，都会变化，他决定去祝贺，看看她现在的画什么样了。

晚间，他把这事告诉隋意，隋意说应该请洛夫一起去，他没说话。这其中的原因隋意知道——

前年法国国际双年展上，洛夫带去一件作品叫作《墙上的画》，是一件行为艺术。现场立着一面破败不堪的墙，墙上挂着一幅风景画。实际上这幅画和镜框全是画在墙上的。洛夫本人扮演这个破屋墙壁的主人。他每隔一小时，手里拿着一个调色板和画笔走过去，把画框里的风景改成另一番景色。他这样一遍一遍地改下去，表达主人内心的压抑、向往和无法摆脱的不安。

这件作品在双年展上受到好评，还获了奖。

这使云天非常生气。明明这是当年罗潜遭受打击时，赖以从中解脱出来的艺术行为，也是老朋友一个刻骨铭心和苦不堪言的记忆，怎么能剽窃过来成为自己炫耀于海外的作品？如果罗潜知道了会是怎样的感受？当时他想去直问他，还是肖沉拦住了他。肖沉说："你难道没有从这件事情上看到洛夫的原创力已经枯竭了？再说，中国的行为艺术走到今天已经到头了。"

肖沉的话是对的。自此而后，洛夫再没去参加双年展。至少最近一年多，已经听不到洛夫什么消息。如果洛夫真的枯竭了，他的日子会很难过。他是不大会思考的人。不会思考的人很难走出艺术的困境。

他想了想，给洛夫打了电话。洛夫一听唐尼来开画展，便说好，他来接云天一起去。

转过两天，洛夫把车子停在云天门口，跳下车按响门铃。云天开门一看吓了一跳，洛夫怎么这样消瘦，脸色很暗，头发很干，肩膀有点干瘪，完全没有先前运动员那样的虎虎生气。

洛夫望着云天吃惊的表情，笑了，问他："这么快就不认识我了？"

"你怎么这么瘦，人也单薄了，没有病吧。"云天问。

"这半年来有点累，没事。"

云天说："没事就好，我们走。"

洛夫推开云天，说："我总得跟师姐打个招呼，快一年没见了。来了不打招呼，回头她骂我。"他笑嘻嘻跑进去，边喊隋意。

隋意从楼里跑出来，一见洛夫也一怔，"你怎么这样了。"

"刚刚云天也说我瘦，其实没瘦多少，就是每天干活的时间太长。师姐，我可拜过你了，我先和云天去看展览。哪天我专门来看你，你给我弄点好吃的。"洛夫说着转身又往外跑。

隋意说："好啊，你带郝俊一起来，我给你们做西餐吃。"

洛夫摆着手，跑出门，与云天一起上了车。

车上，两人许久未见，见了挺亲热，一通乱说。

云天说："现在的人变得厉害，过几年就不知变成什么了，这个唐尼居然成了美籍华人了。"

洛夫说："一天有人来电话说她要来办画展，我一打听，这唐尼的丈夫还是一好莱坞的电影导演呢，厉害！"他又说："人家的画你绝想不到，跟你同行了！"

"画国画了？"

"'国画'这词儿太老旧了，现在时兴叫'水墨'，水墨既有东方特点，又好走向国际。"洛夫接着说，"她在国外画油画，搞版画，谁看得上？就得拿水墨才能唬住他们！"

云天笑道："画还需要唬吗？又不是江湖卖艺的。"他说着，忽然想起一个人，便说："我想起来，咱们上次在徐老师家见唐尼时，还有罗潜呢，是不是拉着他一起来？"

洛夫说："也就是你还念旧，人家早不是了。上次咱去他家，出来时我问他电话号码，他说他还没装电话，其实我看见他屋角柜上放着一部电话。我没捅破。人家已经不想和我们联系了，上赶着人家多没劲！"

云天没说话。车子已经开进文化中心。

他们到了文化中心的美术馆，只见费亮远远就举着手打招呼。他们下车，费亮对云天说："唐尼见您没到急死了。开幕式不能再推迟了，刚开完。"

洛夫对云天说："人家不是请你看画，是请你大主席来撑台面的。你把人家的事耽误了。"

云天说："别逗了。不看画我干什么非要来。"说着二人进了大厅。

唐尼迎上来。云天说："真抱歉，早晨堵车太厉害，迟到了。"

唐尼马上说："参加开幕式太耽误时间，不如现在来直接看画。"说着露出了微笑。

从见面这两句话，楚云天便感到现在的唐尼和二十年前见到的唐尼，已是两个唐尼。

虽然相貌变化不大，依然还是缺一点女性的感觉，但文静一些了，说话也变得和缓。穿一条黑色的牛仔裤，一件松松的灰棕色的长衣，带着中年人的稳重。现在的唐尼绝不会再像当年——饿了就从口袋里掏出苹果咬一口。走进展厅一看，她的画依然那样雄浑有力，有生命感。她所画的是现在海内外流行的试验性的"现代水墨"。画都很大，半抽象，大笔阔墨，以及在宣纸洇染出的各种偶然的效果。这中间离不开西方人对中国文化的感觉：深厚、宏大、曲折、晦涩与神秘。画面上常常还出现一些汉字。但这些汉字都是拆解的、无解的、臆造的、不伦不类的。这种带着调侃意味的伪汉字，在现代画家的试验水墨中几乎成了一种荒诞的中国文化的符号。

所以唐尼的画展叫作"古老的东方"。

云天在一篇文章里曾写过："这是用扭曲自己文化的方式，来和西方人传统的东方观对接。但是，恰恰是这种小儿科的东西，反被西方接受了，这不能不说是一种悲哀。从中我们也看到了中西文化深层的差距有多远，历史的误读有多深！"

今天，这些画对于云天，毫无新意，远不如二十年前在徐老师家看她的版画时感到那么新奇与震撼了。

云天一边看画，一边问她："你这些画是给中国人看的，还是给西方人看的？"

唐尼感觉他的问题很能切中要害。她说："老实说，我在西方生活，面对的当然是西方人。"

云天问："他们能接受吗？"

唐尼听了，头一甩，短发像要甩出去。这个细节叫云天想起当年那个率性爽快的唐尼。她说："何止接受，十分欢迎！我的画非常好卖。一些公司向我定制，放在建筑物的门厅或会客室里边。"

云天扭头对费亮笑着说："听见了吗，你的大画在美国会更吃香。"过后扭过头问唐尼："美国的画家很看重卖画吗？"

唐尼好像觉得他问了一个儿童的问题，她说："卖画对所有画家都是头等大事。"

"为什么？"

"这是全球化时代！你们难道不是这样！"

洛夫打着趣插进话来："只有云天是一个例外。他是不吃不喝的外星人！"

洛夫显然对唐尼的画卖得很成功极有兴趣，他问东问西，他们谈得投机。洛夫提出中午请她去文化中心对面一家台湾菜馆一起用餐。唐尼很高兴地接受了。

云天心想，如果他去，整整一个中午他听到的，将全是他们彼此卖画经验热烈的交流。他便推说有事，自己打车回家。

唐尼卖画这事，比她的画，更令他思考。因为他从唐尼的画中看到，她画中所有的特点都是卖点。他很想和肖沉聊一聊。忽又想到，肖沉去郑州开会去了，他还请肖沉抽时间跑一趟洛阳，代他看望一下高宇奇。他有较长一段时间没有高宇奇的消息，他觉得高宇奇创作的进度放慢了，这只是一种感觉，只有肖沉见过宇奇才能知道。他还托肖沉给宇奇带去十瓶日本墨运堂的"玄宗"墨汁。这种墨汁不但黑，而且很像当年曹素功的油烟墨，颜色很正，掺水后各种灰度十分丰富。

他还有一个目的，是想叫肖沉亲眼见识一下这位罕见却默默无闻的罕世奇才。肖沉见到高宇奇一准会激动起来的。

四

　　肖沉一踏上洛阳返回天津的火车，就掏出手机给楚云天打电话。他按捺不住刚刚高宇奇的巨作《农民工》给他心灵造成的十二级地震，而这地震的余震还在一直频发不已。高宇奇——这个外表沉静和内敛的画家所表现出的惊天的才气、宏大的气魄和坚定又纯粹的艺术精神，让他激情难捺。他像刚从一座雄山峻岭上走下来，怀间全是豪气，袖里满是清风。

　　在这个利欲熏心的世上，谁能给你如此一种宏阔又清透的境界？

　　他在给云天的电话里说："我已经一连给你打五个电话了，是不是打扰你了？我同车的人都烦我了。我现在是在两节车厢中间的隔间打给你的。"

　　云天的声音："不不，我喜欢听你说，你这时候的感觉最直接、最真实，也最有鲜活的价值。"

　　肖沉笑道："我手机马上就没电了。"

　　云天心里有一种说不出的感动与舒畅。他叫肖沉去，就是希望肖沉与自己有同感，没想到肖沉的感受比自己还强烈！

　　肖沉还传递给他一个极重要的信息，是高宇奇最近找到一种更神奇的笔墨感觉，这感觉令宇奇信心百倍，竟然一连大半年、一口气、不舍昼夜地把已经完成大半的画重画了一遍！这是怎样一次工程浩大的卷土重来，怎样的对艺术至高至美的追求，怎样又一次伟大的自我发现与自我升华！

云天想，怪不得自己觉得他的进度慢了，原来如此！

他仿佛看到了，远在中州那个闲置的被人遗忘的破车间里，一个艺术圣徒孤独一人发疯般工作的身影。他很惭愧，他没有这种绝对的创作状态。

转天下午肖沉来了，他把对自己的自责告诉肖沉。肖沉说："我们谁也无法和这个人站在同一个高度上。他远离当代文化的闹市，他在世外，在深山里。我们都不能免俗。但我们只要不把美神从自己内心的中心位置挪开就好。"

这句话说得好。云天想，这一点自己还能做到。

他问肖沉："宇奇究竟为了怎样一种画法上的革命，使他决心把如此浩瀚的画面、几百个人物重画一遍。"肖沉从背包里取出一个纸袋给他，说："这是宇奇给你的，你看吧。"

他从纸袋里抽出几张七寸的照片。一看就惊呆了，全然一新的感觉，强大和雄劲的整体感，长江大河般纵横千里一贯到底的气势，丰富和富于韵律的黑白灰，特别是在那些人物个性深刻的描述中，笔的纵横自如和墨的淋漓挥洒，表明他已进入了自己的自由王国。云天指着照片上的一些细节说："我喜欢这种用笔，看似漫不经心；还有这里——你看！这一大块水墨，好像不知表现什么，好像没有任何内容，但它把这边所有具象的刻画全对比出来了。你看！这些大笔写意的衣服和裤腿，水墨都淌下来了，好像钧瓷的'鼻涕釉'他也不管，多么酣畅……"他忽然抬起头喊隋意："隋意——

你来看啊！"

每到此时，他自然要喊她来一同共享。

云天感慨地说："他完成了一次伟大的自我的飞跃。太值得重画一遍了！就像苏里柯夫的《近卫军临行的早晨》那幅巨作，前后画了几年，也是在快画完的时候，忽然在构图上有了更好的想法，毅然毁掉原作，重新再画，这才是一个真正的艺术家要做的！"

隋意说："我想去洛阳，去看。"

云天说："可是我们现在不能打扰他，叫他全心去画。他大概还要一年半吧！我们也不能叫别人知道，弄不好，一帮画商全跑去了。"

肖沉说："这话说来，我挺惭愧。"

云天说："怎么回事？"

"这次，我在高宇奇那里说了一句不该说的话。"肖沉说。

"什么话？"

"我问他，'将来画好，画算谁的？你的还是那企业家的？'"

"他说什么。"

"他说，'我只想把孩子生下来！'"

"这话真棒。"云天对肖沉笑道，"你这问题问得确实够俗的。"

肖沉笑了，有点不好意思。

这时，云天对肖沉与隋意说："我想对你们说另一件事。"

"什么事？"

"前两天见到洛夫。我感觉洛夫的状态不好，他消瘦得厉害。那天我无意中拍他肩膀一下时，他的肩膀怎么没劲儿了？原先的肩膀硬邦邦，拍都拍不动，现在怎么像草捆的了，我有点担心。"

隋意说："那天他来，我也感觉到了。晚上我还给郝俊打个电话，她说他什么事也没有，还说他整天不画画，闲的。我挺奇怪，闲也不会把人闲瘦了呀。"

云天说："我发现他笑得也不开心了。只是和唐尼谈卖画时，挺有神儿。"

肖沉一直缄默不语，后来像是憋不住了，才说："我知道你们由于法国双年展那幅《墙上的画》的事，联系少了。我与他还有一些联系。他压力很大。一是因为于淼。艺术学院油画系主要是他俩，油画在全国最有影响的也是他俩。过去于淼主要是给他打帮手。七十年代每次有'任务画'，大场面都是洛夫画，于淼帮他抠人物细节。说实话，于淼的写实和刻画细节的能力比他强，只是琐碎一些。洛夫的优势是格局大，有气势，整体把握得好。一个管全局，一个攻细节，两人合作，各尽其长。于淼人又老实，凡事都听他的，两人关系一直不错。现在到了拍卖市场上，于淼那个精雕细刻的本事就成了卖点。他用不着再去跟洛夫合作，而且远远把洛夫抛在后边了。您对拍卖的事知道得可能不多。"

云天说："我知道，不就是童子非那样的画吗？那种像上海月份牌画美女题材的商业画。童子非专画清末仕女，他专画三十年代女子。"

"可是他这种超级写实主义现在很时髦，这几年于淼画得比照片还逼真，卖得特别好，每幅画都能换一辆宝马。洛夫呢？把他的劲儿都用在赶时髦上了，抽象画、装置艺术、行为艺术，渐渐将手上原先那些功夫全荒废了，等到现在再想画画卖钱，画不出来了。他着急，压力能不大吗？"肖沉说。

"急什么，商业画也不是一下就画出来。不仅要有能力，还得找到卖点。"云天说。

肖沉说："洛夫还有另外一个压力呢——"他沉一沉说："是郝俊。"

云天说："她怎么会成为压力？"

肖沉笑一笑说："比洛夫还着急的是她呀，比洛夫更需要用钱的是她呀。可是她又不能替他画，只能给他压力。"

"她能怎么压法？总不能和他打架吧。"

"何止打架。细的咱不说了。艺术学院的人常常借郝俊的话贬他，说他江郎才尽。反正不知是真是假，听说郝俊和他闹两次离婚了。"肖沉说。

云天和隋意都惊奇得说不出话来。沉了半天，云天深有感触地说："这和我们刚刚说到的高宇奇，完全是两个世界发生的故事。幸好有一个站在名利场外的宇奇，让我看到艺术的神圣性还在，理想主义没有被消费主义赶尽杀绝。"

两个月后的一天，云天一进画院那座小楼的电梯，正巧费亮在电梯里。费亮对他说："我正要给您打电话，您赶巧来了。"

"什么事？"

"上海画院来了几个画家，要和我们搞横向交流，说要拜访您。他们来的五个人中有三个与您见过。"费亮说。

"那好，现在就去见。"

云天推开会客厅的门，里边的人看见他立刻全站了起来，叫着"楚老师"迎上来。有两个是上海名画家，他认识。带队的是上海画院的副院长，专画海派写意花鸟，他还记得这人名字叫绿池，主要因为名字特别，好记。更好记的是他嘴唇上有两撇发红的小胡子，现今留胡须的人不多了。他们纷纷做自我介绍，递上名片。忽然这几个上海客人彼此相视，好像是失掉什么。跟着大家扭头都看见客厅的里端，一个人在专心看花。

云天他们这里有一位画家画花又爱养花，客厅摆了许多绿植与花。

那边看花的人是个女子，这边只能看到她的背影。她好像听到同伴招呼她，一回头。绿叶丛花映衬着一张好看又靓丽的脸儿——竟是白夜！

她看到他们，立即像风一样轻盈地快步走过来。一边亲密地招呼楚老师。她似乎要给同伴们一个印象，她和楚云天很熟。

大家坐下。绿池对云天说："白夜参加全国画展的那幅《期待》影响很大，我们要特别感谢楚老师的支持。这次白夜与我们画院签约三年，是我们的专职画家了，进入了咱们的画院体系了，今后还要请楚老师多多指点，争取下一届美展继续参展，还要拿奖呢。"

同来的画家们都笑着说是，并感谢云天。

云天心里有点奇怪，心想他们怎么知道白夜作品的入选参展自己起了作用。虽然自己在评审现场对白夜作品的评语举足轻重，但也不是由他决定而最终是评委们投票的结果。难道这是她的一种自我宣传，还是由于他是评审组的组长，只是对他客气一下而已？

他说："这届全国画展，新涌现的人才很多。"他本想把白夜含糊在众多年轻画家心中，但他的目光正好停在白夜那张叫他不得不动心的脸上。他不由得说："当然，你们的白夜是其中出色的一位。

这和你们上海对她的培养与支持分不开。"他转而对白夜说:"你和画院已经正式签约了?我年轻时是七十年代,那时可没人这么支持我!"

他用一句笑话,使一切都变得很自然。笑话在会说笑话的人那里是一种智慧。

这时,云天叫费亮把画院的联络处、学术部,还有《艺术家》杂志主编肖沉以及几位画家都请来,讨论一下今后怎么开展津沪两地画院的交流。肖沉建议建立一个论坛,每隔一年在一边做一个专题研讨,可以是当前画坛大家都感兴趣的前沿话题,也可以对某一位画家的作品进行有主题的学术研讨。这时,绿池抛出一个题目,他说:"明年春天我们打算给白夜搞个研讨会,这就算是我们论坛的第一个活动了,我们联合主办怎么样,到时候楚老师一定出席!"

白夜马上伸出两只白白的手使劲摇着,好像两只小白鸽。她说:"我可经受不起。"

这是抛向云天的一个钩子,还是一个温柔的套儿?

在热闹又快活地交谈过后,上海的客人们要回酒店了,云天接下来还有事要办,他送客人上电梯时,白夜一直紧随他身边,她好像一直有一句私密的话要对他说,但前后左右全是人,没机会说。

送走他们,办完事,开车回家的路上,他手机响了。他接听。话筒里只有一句话:"我明天要见到你。"

是白夜!他问她:"你怎么会知道我手机的号码?"

对方的手机挂了。

他想一想白夜在手机里的话,有一点压力。

第二天，他从费亮那里得知，昨晚画院已安排上海客人夜游海河；今天上午去娘娘宫和鼓楼一带，看看本地风物，中午在意大利风情区吃饭，下午乘西式马车游五大道。这样一天就把华洋各半的老天津独有的特色全看过来了。他们当晚就乘机回沪，不会有时间再和他见。可是午饭过后两点多费亮忽来电话说，他们正在逛五大道，听说云天就住在附近，还住在一所经典的英式老房子里，很有兴趣来拜访楚老师，真正体验一下津门老租界的味道。

他哪里知道，早先那两位上海编辑来五大道拜访过他，回去告知白夜，这一切看似顺理成章的事，其实都在她精致的安排之中。

他不好回绝，当即告诉隋意："那个小夜很快就要来了。"

"谁？"隋意一时没听明白。

他说："就是上次我在上海遇到的那个女画家，以前咱们住在墙子河边时的邻居。我对你说时，你还说你记得。她现在已经是上海画院的签约画家。他们画院一行人昨天来的天津。"

"你见到她了？"

"昨天我去画院取书报信件时，碰见了。他们来了几个人，由一位副院长带队，与我们画院搞交流。"

"怎么没听你说呢？"

"一忙就忘了。"

"你约她来了？"

"没有啊。今天画院请他们来逛五大道，费亮刚来电话说，他们听说我就住在这儿，非要来看看。"

隋意想了想，说："那就来吧。我叫小霞赶紧收拾一下客厅，屋里太乱了。"

小霞是他们近一年请来的帮工，二十多岁，安徽铜陵人，一个善良又勤快的女孩儿。

白夜一行人穿过云天家爬满青藤的门洞，踩着石钉铺成的甬道，慢慢进去，很快就被这古老的院落特有的幽深和静谧的气氛所笼罩。岁月感也含着一种尊贵，它由这建筑的每一个样式奇特的细节、斑驳的墙色、浓荫蔽日下木叶深郁的气息，悄然无声地散发出来。历史是积淀出来的，它雄厚又深厚，蔑视着单靠财富炫耀出来的轻浅。这种氛围，迫使得来访者不知不觉连说话声也小了下来。

男主人云天和女主人隋意从一个竖长的楼门内走了出来。在这座房子里长大的人，带着这房子的气质。

没等谁来介绍，白夜忽然跑上去，她没有朝着云天，而是朝着隋意，亲切地称呼她："阿姨，小夜看您来了。"

隋意一怔。首先叫她感到震惊的是：这女孩子这么好看！她说："你就是小夜吗？太像你妈妈了，比你妈妈还漂亮！那时你妈妈就很漂亮。"

白夜双手拉着隋意的两只手，说："阿姨和当年一样美，而且还那么年轻！"

"哪能呢，我女儿都二十多了。"

"听楚老师说了，她在波尔多学艺术史，我也在法国念过艺术史。我是她的师姐呢。"

他们轻松地边走边聊，通过花园的平台走进客厅。这些年，这间客厅已经叫云天和隋意收拾得很像样。他们不追求豪华，却着意于这种英式老宅应有的深厚与味道。无论是家具的式样，各种东西

269

的颜色，小物件。云天得意自己从欧洲带回来的几件大理石石雕和铜雕，特别是一座石雕的莫扎特像，是意大利人十九世纪初的作品，还有一对泥金彩绘的木雕唱歌的女神，据说来自德累斯顿一座二百年前废圮的教堂；这些西洋雕塑和明代的青花罐子及古陶放在一起更有味道，也更谐调。他连"大革命"中被破坏的石砌的壁炉也修好，真能烧火呢。隋意最得意的则是屋中的瓶瓶罐罐。每件东西都是她那双爱美的慧眼"发现"而来的。

客人们东看西看，隋意硬叫他们喝茶才坐了下来。

绿池说："没想到天津有这么好的洋房。我们上海也有。您这房子有点像巴老在武康路的房子。"

云天说："我知道巴老那房子，更大一些，而且有前院，我们这座房子是倒座，没有前院。"

隋意说："天津和上海还不完全一样。过去有九国租界，各国租界自治，房子各有各国的风格。现在看很有历史味道了。"

绿池说："你们住这五大道过去是哪国租界？"

隋意说："五大道是英租界的推广租界。这里的建筑和各国租界还不一样。因为最早的住户都是从全国各地搬到天津来的富有的人家。用现在话说都是移民。他们来到这里建房盖屋，样式随其所爱，想盖什么样就盖什么样。从我们这楼后窗户看，有一所很大的白色的房子，是安徽寿州孙家的。外墙分别在大理道、常德道和云南路三条街上，规模很大，里边还有泳池，纯西班牙风格。这孙家的祖上是孙家鼐，光绪皇帝的老师，北京大学的创办人。解放初这房子归公了，五十年代毛主席来天津就住在里边。这种房子在五大道上不算少，很多民国时期的要人在这里都有私宅。"

绿池说:"要不你们画院非要我们来这儿逛一逛呢。"

说话这当儿,白夜忽然看到了墙上云天那张墙子河边旧居的写生画,她叫了起来,指给她的同伴看,"这三座红色尖顶的房子就是我和楚老师他们曾经住的房子。楚老师和阿姨就住在左边这座房子的顶层。我住在这边——一座一楼。这幅画叫我好怀旧啊!"

绿池说:"我们现在才知道你们这层关系。要不全国美展评选时,楚老师给你这么使劲儿。"

白夜显得挺得意。隋意却暗暗一怔,她并不知道白夜入选全国美展,更不知道云天还给她出了力。她自己怎么一点也不知道?

云天感到绿池的话无意中暴露出一些不利于自己的东西来。他接过话说:"哪是我使的劲儿,是她的作品受到了评委们的肯定。"

他这么说,反倒更证实了他评定过她的作品。为什么他从济南回来没说?他从北京全国美展回来也没提过?

隋意心里有了这个问号,对来访的白夜以及那几位上海画家就没那么热情了。

在他们告辞回去时,云天和隋意送他们到门口,白夜拥抱隋意时,隋意也就拍了拍她,说一句普普通通的"再见"了。

这个不起眼的变化,叫白夜的聪明和精明捕捉到了,并且立即明白隋意发现了云天对她隐瞒了曾与自己的接触。他为什么隐瞒?这很微妙。

当然,白夜又很得意这个隐瞒。隐瞒是一种保密。这表明,她已成为他的一种隐私。这正是她需要的。

五

　　一种不祥之感进入了隋意的心里，无声无息地激活了早已淡忘的一个记忆，就是雨霏那件事。

　　那件事曾经深深伤害了她，差一点颠覆了她与云天这只多少年风雨与共的小舟。但那一切早都过去了。特别是那天雨霏和她开画廊的丈夫许大有来串门，更是给那件陈年往事画了一个终结的句号。有了句号的事就进入了历史。

　　但是，一个去了，又一个要来吗？

　　不会吧。尽管云天与白夜之间还有一些什么事她不知道，但未必是什么不好的事故意隐瞒她，也许正因为什么都没有，云天没当回事，才没有告诉她。

　　隋意天性纯良。自己没邪念，自然也不会去这么疑惑别人。她与云天两小无猜，太信任云天。他在雨霏那件事上那么深深伤害了自己，当时她看到他追悔莫及的样子都可怜他了，还会重蹈覆辙吗？可是那时候种种感受的记忆毕竟太过深刻，自然会使她本能地有了戒备，并生出一些这类的敏感。

　　还好，白夜和雨霏不同，究竟她人在上海，相隔太远，很难接触。而且在画坛上她还不算一个人物，没人提她。在此之后，很长时间，云天都没提过她。他不去提她，自己何必提？自己又不是那种心里装满小精明的女人。

这件事在云天那里就不一样了。

云天在自己与白夜的关系上的确有意回避了隋意。一是过去有雨霏那事，他怕她敏感生疑；二是白夜这个气质非凡的女孩子，确实叫他有点动心。可是她现在还是叫他有点捉摸不透。她与他之间，莫名其妙地若即若离。她不像雨霏那样对他动了真情，甚至有了依赖。对于白夜，他虽然感受到她的主动，而且在一步步逼近他，却感受不到她的感情。他从来没有遇到这种爱的方式。他想不明白。

不过，他和二十年前的自己全然不同了。他经多世事，与隋意苦乐相伴，愈来愈相靠相依。再说，这些年爱慕于他的异性又何止一个两个，常常会收到各种各样求爱的信件和照片。他都能淡然处之，也不介意告诉隋意。但这一次，也许是白夜太非同寻常了，惹动了他天性中的"情种"，他才会躲闪隋意。然而直到现在，他和这女孩子并没有什么隐私。应该说，这不是故意隐瞒，实际上是躲藏自己的一种心理罢了。然而，躲藏自己是不是一种麻烦将要出现的内因？

他是否真的会陷进来，就全看他自己了。

存在于他和白夜之间有一个障碍。这障碍是不是代沟？

首先，白夜与雨霏不是一代人。两代人之间最大的区别是"功利"二字。雨霏那个时代是社会平均主义，人没有多少社会功利，情感里边掺杂的功利就少一些。白夜这个时代整个社会变成一个名利场，非名即利。人的功利心已是一种平常心了。情感很难纯粹。一旦爱情和名利捆绑起来，难免真真假假，甚至变为一种追名逐利的工具。当然，每一代人都是各种各样的，世界上最大的不同还是人与人，那么白夜是哪一种人？

云天心中始终存在一个概念，就是在他没认识白夜之前，那个来访他的瘦瘦的戴眼镜的上海老编辑对白夜的一个评价："她太厉害了！"

这厉害究竟指她哪个方面。是画厉害？人厉害？手段厉害？还是能力太强才称她厉害？

判断人最难。何况对人的判断中常常还会夹杂着妒忌或别的什么东西。

她这次离津回沪以后，又像前几次分手后那样，没有消息，她在干什么，是否惦着自己，想自己，叫人费猜。如果她真的像她表达得那样亲密，应当常常主动与他联系。他没有收到过她任何短信、电话、信件。过年拜年也没有。可是如果再见到时，她却会更主动，更大胆，向他再逼近一步。尤其这次，她从费亮那里问到了他的手机号码，她哪怕给他一个短信。开始一段时间，他每次听到短信铃声，都会想到是不是她的短信，甚至都有一点期待了，但每次都不是她，都叫他失望。终于有一天，他收到她的一个短信，又是她那种逼迫性的口气："今年十月中旬终于要见面了，别说你不能来。"

同一天，费亮来电话，说："上海那边来电话说，下个月，白夜的艺术研讨会在上海会议中心举行。这次研讨会咱们画院也是主办单位之一。请您务必出席。"

云天回家就把这事告诉隋意，并说："这次你也去。"

隋意一听，挺高兴。这件关于白夜的事他并没瞒她，还拉她同去。可是她又有点犹豫，她说："如果是画展我可以去看看，可是这次是研讨会，我去不合适吧。"

云天很坚决地说："不不，你好久没去上海了，总共才三天，叫白夜找个人陪你逛逛。机票咱们自己买。"

隋意微笑着同意了，随即安排家里家外的事。云天叫肖沉同去，会上一些有价值的发言可用在院刊《艺术家》杂志上，费亮也去，忙些会务的事。他叫费亮与上海画院及白夜沟通一下，很快就确定下来。

白夜肯定知道他要去了，却没来电话或短信表示高兴。她这人真有点费解。是不是因为隋意同去？

到了云天他们要去上海的头一天，隋意忽然感冒发烧，无法去了。云天只好和肖沉、费亮同去。他决定缩短上海的行程。头天到，住下来，转天开了研讨会；研讨会两天，他只参加一天，发言过后，当日即归。隋意发烧在家，他要尽快返回。转天下午他乘机到了上海，在虹桥机场出口那里，本以为白夜会喜笑颜开地迎接他，却没见到。站在那里的几个人为首的一个是留着小胡须的绿池。他们上来欢迎、握手、道辛苦。绿池说："白夜在那边布置会场，还有不少活儿。她说她完事就过来。"

上海方面把楚云天和肖沉、费亮分别安排在两个不同的酒店。云天不知何故，绿池悄悄对他说："这是白夜的好意，您住这酒店是五星级。"

车子开到了酒店，放了行李。绿池在酒店里设席欢迎云天。白夜还是没到。绿池有点不高兴，对一个同事说："你们催她快来，楚老师是为她来的，她哪能迟迟还不露面。我打她手机，怎么关机了。"

可是从宴席开始直到结束，都没见到白夜的影儿。弄得餐厅包间的门儿一动，就觉得是她，但她始终没有出现，连云天都感觉奇怪了，她一定碰到什么意外。费亮打电话，她的手机确实关机。饭后回到房间，自己干坐在屋里，好像只有一件事，就是等她。说不定什么时候她会来了。于是，这种等待渐渐变成一种期待。

过了十时，忽然有人敲门，敲得很轻。他听这敲门声就听出是她。他说不好是兴奋，还是有点紧张。他穿着件宽松的衬衣，挽着袖子。把门一打开，一怔，迎面过来是一大束雪白、蓬松、清香的满天星，拿花的人躲在花后，这花一直顶在他的胸前，松散、轻盈又芳香的花朵抵在脸上。满天星花小枝细，小小的花朵蹭在脸上，带来瞬间的美妙。他不得不后退两步，送花这人进来，用肩膀顶着门咔嚓一声关上；而这人一直躲在这一大束满天星的后边。云天轻声问："你是白夜吗？"

这人在花后边一出声，正是白夜！她的声音又轻又软又小心翼翼而充满性感地问："你能隔着这花，对我说出你最想说的话吗？"

她的声音、她的气息、她的诱惑穿过花束扑在他的脸上。

这太浪漫了！云天已经完全不能自已，他说了原本并没有想过的一句话："我喜欢上你了！"

忽然花儿向四边扔开，她扑在他胸前，吻他，激情四射地吻

276

他。他同样是这样。激吻中，他忽然浑身发烫，已经不知自己清醒时的底线在哪里。他忘乎所以了，按捺不住了，不管不顾了，接下去什么事情全有可能发生了。

她小声说："你为什么这么使劲捏我的耳朵，你弄疼我了。"

这一句话，却无意中叫停了他，使他回到现实。

他轻轻推开她，自己坐到那边的椅子上，努力压制自己浑身翻滚的热浪，他抓起桌上半杯水喝下去，好像要浇灭心头的火。然而，白夜比他更会使这骤起的狂风停歇下来，她什么也没说，猫下腰，把散在四处的满天星一枝枝拾起来。她故意做得很慢。

当一束花重新完好地攥在她手中，他们已经度过了眼前的尴尬。

她看见柜子里摆着一个窑变的瓶子，拿过来将手里这束花插进去，摆弄好，放在桌上。然后整理一下外衣。脸上又恢复她的常态。这次她什么也没说，只朝他含笑点一点头，仿佛一切都在不言之中。然后她出去，带上门，走了。

一切都来得快，去得快。快如闪电，但在这电闪雷鸣中，究竟发生了什么？他不敢想了。他首先是后悔，很后悔，自己做错了！又一次错了！

但是他不明白这一切究竟是怎么发生的？他喜欢她的气质、聪明、才华、能干、善解人意、超群的美貌；她也会爱慕他、崇拜他，他还帮助过她。但仅此而已，最多只是相互有一些好感而已，并没有过深入的交谈、心灵的相通，更没有感情的相予。他静下来想想，他们甚至还没有过真正的爱的表达和彼此深切的感动。没有这种牵魂动魄的细节，更没有曾经与雨霏那样一往情深、手牵手共同的陷入。怎么就这么轻而易举，几步就过了山脊？

在他俩之间，无疑她是主动的。她为了什么？像许多女孩子都向往一位站在事业中天、根基雄厚的男人吗？

如果真是这样，他就要在自己的脚尖前边画一条红线，可是自己已过了红线。怎么办？那就绝不能再失足了。他能做到吗？他能管住自己吗？难道已经发生的事不正是他期待的？

当天晚上他在酒店里没睡着觉，一会儿是对刚刚浪漫一幕的回味，一会儿是把电话打回家，询问隋意是否退烧；一会儿自责，一会儿对着桌上那束神奇的满天星发怔。他完全乱了。

在第二天的研讨会上，楚云天做了一个长篇的发言，题目是《模糊美与朦胧诗》。这是他事先做足了功课的发言。他从模糊哲学、朦胧诗、模糊美学、模糊美的价值，一直论及白夜对当代绘画开创性的贡献。一下子就把白夜的绘画定位在一个较高的具有学术意义的层次上。然后再在这个层次上，剖析了白夜的绘画特征，这就把白夜的绘画拔高了。云天讲得合情合理，大家信服，白夜听得心花怒放。但白夜很聪明，开会时，她一直坐在会场的一角，这个位置是云天看不到的地方。她怕云天看见自己，会影响思路。特别是因为昨晚发生那心魂荡漾的一幕。

云天上午发言后，下午就要乘机返回。从昨晚到今天，他不断打电话给隋意，好像只有用关心她才能来为自己"赎罪"。这样一来，他知道她发烧已退，感冒症状缓解了。他想早一点去机场，给隋意买一些上海小吃。他没有忘记上次来沪，给隋意一点小礼物也没带回去。但是，绿池笑道："什么也甭买，白夜都给您买好了。"

在机场，白夜赶来，手里果然提着一大兜花花绿绿的小盒小包，她对云天说："没什么像样的东西，都是给阿姨看电视时吃着玩的。"

云天这才又回到以往那种亲切里。

过闸口时，他回头朝送行的人挥手，他看到白夜站在那里微笑，没能挥手，而是抬起右手捏着自己的耳朵。这正是昨天晚间狂吻时被他捏得叫她叫疼的那只耳朵。

这时，走在身边的费亮把一个又长又轻、挺大的纸包递给云天。云天不知是什么。费亮说："是白夜叫我交给您的，她说是一束花。"

云天透过纸包的缝隙一看，心里一动，是满天星！是昨夜散落一地、又在一种异样的气氛中给白夜一枝枝拾起来的那束满天星！满天星干了之后，可以自然成为一种干花，她是让他作为一种长久的纪念吗？

他带着这样的感觉进了机舱。在万米高空的飞行中，他处于两种相互矛盾心理的困扰中，一个是他对隋意的歉疚，他又多了一件必须严守心中的事，从而欺瞒这个天性纯良的妻子，他心中有愧，而且于心不忍。另一个是白夜对他会是一种爱吗？他对下一代人的爱情观和爱情的方式一无所知。如果她真的倾心于自己，昨晚那一幕会不会是一个轰轰烈烈的开始，又一个"雨霏故事"的卷土重来？不过，还好，他们究竟在津沪两地，相距千里。他唯一的选择，是把这个刚刚破土的迷人的嫩芽留在这遥远的异地，他也不再跑到这儿来了。

他回到家，隋意感冒的烧已经退了，正围着一条毯子在客厅里看电视剧。他用手摸摸她光滑的脑门。她笑眯眯问他："不烧了吧！"

"和我手心一个温度。"云天说。

不管云天什么时候回来，都会给她带一阵高兴。而他每次回到家中，都会先感到一阵唯家才有的安稳与温馨。他把白夜送她的东西给她。她着急地问他："会开得好吗？成功吗？"

云天说："应该不错，参会的人挺多。不过我上午发了言，下午就回来了。会期两个整天，肖沉留下了，他明天还要发言，只有他回来才能知道。"由于心理的缘故，他把研讨会轻描淡写地说过。

隋意一边从兜里一样样拿出她喜欢的上海小吃，一边接着问："小夜好吗？高兴吗？穿得漂亮吗？"

云天说："那还不高兴。不过忙死她了，她事事都要办好。连接机她都没去。"

隋意说："那个纸包是什么？"

云天心里一动，立即说："他们放在酒店房间里的，我觉得挺好看，带回来了。"

隋意叫小霞打开，她叫道："哦，满天星，我喜爱的花！我喜欢它的柔和、清纯、自由自在。小霞，你把楚老师画室里那个黑罐子拿来！满天星适合放在深色的罐子里。"

小霞拿来，放了水，把花插进去，摆在客厅一边的小木几上，雪白又蓬松，在幽暗的背景上，细细的花枝不见了，无数小花如浮在空气中。隋意微笑地看着它。

两人轻松地聊着天。昨天那一页翻过去了。他很希望昨天那一页就这么永远地翻过去了，但谁知道谁会把这一天再翻回来。是白夜，是云天，还是隋意本人？

没人能知道明天。

几天后，肖沉从上海回来就来找他。肖沉说云天的发言反响很大。特别是从哲学、美学、文学等角度对"模糊美"的阐述，有助于对白夜艺术价值的认识。当然，也有人认为不要对她定位太高，她很年轻，现有的作品无论在"质"还是"量"上，还不足以支撑这些评价。肖沉说："我也给白夜提出一些问题，请她思考。"

"噢？你说说，我听听。"云天说。

"我说'模糊美'确实是一个新命题，也是个太大的命题。我对白夜说，现在这命题落在你身上，你必须要思考，你扛得住吗？现在使用这个'模糊美'的概念与方法的只有你。但是只用这个概念和方法是不够的，你能走多远？"

"白夜说什么？"云天说。

"她什么也没说。我想，她肯定没深入地想过。女孩子画画往往凭感觉。"

隋意在房间另一边收拾桌上的书，她插一句："干什么刁难人家，她才二十多岁，哪会有你们的深度。"

肖沉笑道："怕她被我难住了？可是艺术家一辈子碰到的全是难题。"

云天说："你这问题问得好，逼着她去思考，人的路都有'山穷水尽'的时候，要早一些想，要有前瞻。"随后问道："我看这会办得不错，听说白夜很辛苦。"

肖沉说:"她确实辛苦,可是给她帮忙的人也不少。"

"看来他们画院团队的精神很强。咱们画院也这样就好了。"云天说。

"哪是画院的人,听说她有很多志愿者。"肖沉说,"一招呼一帮。"

"个人哪有这么多志愿者?我就没有。"云天说。

"她漂亮啊,倾慕者众呗!"肖沉又说一句,"她也有能耐把那些志愿者全都调动起来。"

"她真的很漂亮,漂亮的人就会有很多人愿意给她帮忙。"隋意说。

说到这里,他们都笑了。云天想,自己对这绝色女子的生活还是一无所知呢。

六

　　两千年来人们一直活在一成不变的生活中，这二三十年里却一下子掉入一个社会的万花筒。不知是生活的变化诱使每个人去求变，还是每个人的求变加速了生活的疾变和巨变。这是一个各种欲望都可能变为现实的时代。于是，所有城市都在疯狂地成长壮大，每个人拥有的物质都在无限度地膨胀；物欲使人们馋涎欲滴。于是，拜金成了一种惑乱人心的社会"宗教"。

　　谁能想象画坛中，八十年代开的花，九十年代全结了果。所有绘画都可以按平方尺用一沓沓货币来结算了。在艺术史上，艺术家在活着的时候能够尽享自己果实的，外国人是毕加索和罗丹，中国人是齐白石。大多数画家包括更伟大的八大和凡·高，都是穷愁潦倒。人们如果真的懂画、爱艺术、爱才，为什么在他们活着的时候，没人搭理他们？现在是个千载难逢的时代，只要你愿意，你肯干，你手段多多，你的画便立竿见影地化为锦衣玉食，富贵荣华。这一来，画坛中的千军万马，全都如醉如痴地陷落在市场里了。

　　市场又是神鬼莫测的。它能把你点石成金，叫你陡成巨富；也能对你冷若冰霜，拒你于千里之外，叫你得不到半点好处。它奥妙、离奇、诡秘、莫测。就像演员，人长得周正，演技也好，未必能够成名；歪瓜裂枣，旁门左道，也许能成为明星。成了明星才有人追星，才有广告费、代言费、出场费，滚滚财源和财源滚滚。可是要想成为明星，一是要深谙市场里的弯弯绕，一边还得有超人的智谋，这就逼着画家们各显其能了。

近五年来，城中画价排第一位是画梅花的唐三间。云天认为他的梅花画得不错。玉骨冰肌，枝干老辣，瓣蕊光鲜，他还能变化出各种情境来。有的繁花满树，有的横斜几枝。宏幅巨制咫尺斗方扇面镜心，花样百出；红梅墨梅绿梅白梅素梅，无所不能。他的画把人的胃口吊足了，画价自然就由着他了。他这几年使出一个高招，每年大年初一都把自己每平方尺的画价向上提升五万元。今年如果不买，明年画价更高。他的画量大，很多人手里有他的画，人人都盼着他的画升值，这样一来，他的画价眼瞅着像大年夜里的烟火一样向上蹿升。

比起唐三间，更厉害的一位云天也认识，就是那位画案上放一壶酒，一边饮酒一边作画的屈放歌。他瞧不上天津的市场，他说留着这一亩三分地给唐三间玩，他的战场主要放在北京和香港。开始给他捧场的人是一些台湾和新加坡的藏家，那时内地的书画市场刚刚起步，这些富有的海外藏家就把他高位的画价确定下来。随着内地热钱大量涌入书画市场，水涨船高，他的拍品时时出现天价。画价对于画家也是一种兴奋剂。他眼里渐渐只有自己。有一次楚云天去电视台录制节目，正巧他从里边刚刚做完一个访谈节目出来。

屈放歌一人仰面朝天、旁若无人地走在前边，后面跟着三四个人，好似随从，气派很大。云天与他恰好正面相遇，谁料他好像没有看到云天，傲然而去。这一瞬间，又叫他想到十多年前去看洛夫参加的现代艺术展，在咖啡厅门口与几个狂妄至极的当代艺术家遭遇的那个场面。原来市场和金钱能如此改变一个人。

余长水说："当今没人比他更牛了。上个月在香港他一幅《扬州八怪图》卖了七千万！"

楚云天说："什么画能值一个工厂？"

余长水说："《扬州八怪图》确实是精品。可是他的话太狂了。他说他和陈老莲中间再没有别人。还说他上边是陈老莲，陈老莲上边是吴道子。"

云天大笑起来，说："这不是疯话吗？一千多年，中国绘画史的人物画家只有三个？再说，绘画史也不能由他说了算！我看他叫自己那个画价弄昏了，画价简直是一种毒品了。"

余长水说："可是现在世道变了，你画得再好，价钱低，没人关注你。"

"画价是活的。经济大萧条时，什么画也没人要，画价绝不是艺术标准。"

"可是艺术标准在哪里呢？谁说了算？一人一个标准。"

"你好好读一读绘画史就会明白。"

谁料到长水说："绘画史是过去，现实是拍卖市场。现在画家们比谁高谁低，全看拍卖市场的排行榜。"

云天听了一怔，心想：这个整天在自己身边的有才华的年轻人是不是也被市场绑架了？他把这疑惑说给肖沉。肖沉笑道："甭说外边，就说咱画院，画家们天天奔命的还不都是画价？长水已是市场的既得利益者，你看他现在开的是什么牌的车？人家正和女朋友合计在深圳买一套公寓房呢。"

云天说："他会不会去到深圳结婚，离开了咱们？"他似乎有点担忧,"深圳那边的商业气氛就更浓了。"

肖沉说:"你忧虑得太多了。高宇奇只有一个,有一个就不错了。你也别把自己的理想主义放在别人身上,有你这么一个理想主义者也很不错了。"

他已经热闹了很多年。早期巨大的成就使他有资本我行我素,但现在他明显有了一点孤独感。孤独感是无形的,是一种身在其中、四周什么也抓不住的感觉。在市场时代,如果你想获利,你就要抓住很多东西很多人;如果你获得了利,又会有很多手来抓住你;你会很热闹,不会孤独。可是如果你无利可求,你对别人无用,谁会来关心你,谁会成为你的知音?只有孤独为伴了!

如果你选择了孤独,就必须坦然面对它。习惯孤独,这不容易。

最近,他常常想起七十年代,怀念昔日的三剑客那个小沙龙。但他只能说给隋意,发些感慨。可是,有一天,一个意外,叫他连这个怀旧的情绪都无处安放了。

那天,他开车跑到图书大厦看看新书,买了几本。在回来的路上,由于堵车他绕到电台道侧面的小街上。忽见道边有个小画廊,门脸不大,倒很清爽。画廊的名字很特别,叫作"街边画廊"。不故作高深,不求高雅,叫人轻轻松松推门就进去,这也是一个生意经。云天在这画廊门前停车下来,推开门进去了。窄窄一条横向的屋子里挂满大大小小的画,都是油画,风格题材不同,一看便知全是一些没什么名气的画家寄卖的,价钱非常便宜。他看到一幅只有十六开纸大小的油画,画的是一些船在水中的倒影,光影、色块、笔触，都很好，才卖二百元。他问店主："这画真卖二百元吗？"

"是。"店主说。店主是个中年男子，背对着他，后背挺结实。

"你能给我摘下来看看吗？"他问。

"你自己摘吧，随便。"店主说，还是没有回过头来，不知在干什么。

"好，我要了。"云天说，"你给我包一下。"

店主不能不回过身来，待转过身，云天看到一个吊着一双小眼睛、朝他微笑的面孔。他绝想不到的一个人：罗潜！他绝对想不到罗潜会做这样的事：开店，卖画！

云天禁不住说："怎么是你？"

罗潜的回答更叫他意外："为什么不能是我。"

云天不知下边的话从哪儿说。罗潜却对他说："你记得当年咱们去徐老师那儿，有一个黑黑的、鼓眼睛、很自负、对人也不客气那个人吗？"

云天想了想，说："好像有这么一个人，咱们去见唐尼那天，他一直坐在那儿没动劲儿。听说是徐老师的一个学生，画得挺好。"

"这幅小画就是他画的。他拿来求我帮他卖。"

"怎么这么便宜？"

"我也不知道，没名吧。愈便宜就愈没人买。不是有句老话'一赶三不买，一赶三不卖'吗？市场有市场的规律。你只要进了市场，就得顺从它的规律。"

"除非远离市场。"

"远离市场可以，前提是不缺钱用。为了生存，或生活得好一些，最终还得服从市场。"

287

罗潜已经把自己为什么开店卖画的缘由说出来了。云天与他多年的朋友，太知道他生存的哲理了，因此他惊讶至极。像罗潜这样一个精神至上、傲视一切的人，居然也向现实功利低下他顽石一般的脑袋？

更让他惊讶的是，罗潜领他到画廊另一端，那里有个小门，推开门是一间小屋，很黑。罗潜打开灯，照亮了墙上的六幅画，有横幅也有竖幅，全是静物，瓶花、水果、玻璃水杯和一些陶艺品，等等。画得很美，幽雅沉静，色彩与笔触都很讲究，但都是商业画，一种挂在客厅里的装饰画。但这几幅画绝非出自一般画家之手，画家应具备很好的素养。云天走近再看，忽然看出这几幅商业画的背后站着同一个人，就是罗潜！他太熟悉罗潜的笔触与气质了。尽管他这幅画的题材、调子、内涵，全都不同以往，但依旧是罗潜。使他十分不解的是，他开画廊，是为了谋生；那么他画商业画呢？这就一定要在艺术观上颠覆自己。是什么原因，使他丢弃自己原先信奉的艺术宗旨，而到市场来强颜欢笑了？当今的罗潜，也加入了唐三间、屈放歌、于淼、洛夫等这支商业画的大军了吗？

他感到一阵寒凉。他没有把事情捅破，没说他看出这些画是罗潜的画，只说这里屋的画比外屋的强，便告辞了。

离开了街边画廊，他后悔刚才走这条小街。他希望自己没有看到这一切。现在，现实告诉他，过去那个可尊敬的孤傲的罗潜已经不存在了。他有点不甘心，这么容易就失去一个源远流长、情深意厚、精神至上的朋友？

人生的朋友，不一定他离开了你，你就失去了他。彼此各在天涯海角，情谊依然地久天长。可是如果他改变了，改变了信仰、追求、品质，改变了你们曾经赖以相依的共同的东西，你自然就失去了他。

这一天对于楚云天真糟糕。

他回到家，没等他把今天悲哀的心情告诉隋意，隋意就焦急地告诉他，一个小时前，郝俊来个电话说，下周洛夫有三幅画在北京嘉和拍卖。郝俊给洛夫找到几个有财力的买家，打算现场竞买造势，把画价推上去。谁知这事叫于淼知道了。于淼立刻给嘉和送去一幅超级现实主义作品，极其精细逼真，又是他那种在市场极受宠的民国女人题材的画，题目叫《春风得意》，画中几个时装女人仪态万方地在街头散步，逼真得好像个个都能从画中走出来，这无疑是在市场上一件十分抢手的拍品。郝俊给洛夫找来的这几位买家，恰好都是于淼作品的藏家。可是于淼这件作品一出来，这些藏家肯定都会甩掉洛夫，争着去买于淼。这就使洛夫极其为难了。如果洛夫撤画，不参加拍卖，等于甘拜下风，以后别想再超越于淼；如果不撤，必败无疑，明摆着叫于淼一棒子打翻在地！

"于淼怎么能这么干，这等于故意把洛夫置于死地。"云天说。

"郝俊说了，他们两人早就打得你死我活。洛夫天天想在画价上压过于淼，这次送拍的三幅都是憋足劲儿画出来的，他输不起。"隋意说，"洛夫先是气得大喊大叫，摔东西，想打人。这两天不吃不喝，整夜睡不着觉，也不说话，郝俊怕他神经出毛病，急得找你。"

"我对卖画的事一窍不通啊。"云天想了想说，"要不叫郝俊再找找那几位买家。"

"都找了，买家口头上都说会帮忙。可是，买画卖画都为了钱，谁能信谁。"

两人都没办法，都没话说。过一会儿，云天忽然站起身说："我有个办法。"

隋意说："你去劝洛夫？"

"谁能劝得动那头犟牛。"云天说出自己的想法，"我去找于淼，劝他撤拍。我请他看我面子，让洛夫这一次。"

隋意一听就笑了，说："你真有好办法。你怎么想出这么一个好办法来呢！"

楚云天没去过于淼家，找人打听到地址，直接去了。他不敢先用电话联系，怕于淼猜到他要去拜访的意图，推说有事把他挡了。

楚云天在城东一片有树有水、风景宜人的别墅区里，找到了于淼的住宅。一片红钢砖、形式简约、看上去很坚实的建筑。他的房子在这片别墅区是最大的，院子也大，栽了一些很大的树，都是从山里移植来的百年老树，反正现在有了钱什么奢侈的想法都能实现。

乍一看于淼，差点认不出来，人居然胖了，爱主动说话了，说起话来指手画脚，难道财富连人的性格也能改变？他的客厅，论气派之大、装修之精、陈设之考究，都远远在洛夫那个亲水别墅之上。只是在这之中，也同样散发着一种人暴富起来之后不自主想炫耀一下的劲儿，叫云天不大舒服。爱美是自己的一种天性，但炫耀是对别人的一种强加，不是人人都分得清楚。

于淼请云天坐下，饮茶，不等云天开口，便说："您楚老师尽管与我相识多年，来往不多，今天您肯屈尊来我寒舍，我诚惶诚恐。不过您一定有事找我，让我想想——"

他这开门见山地一说，云天反而不好说明来意。谁料于淼精明得很，也爽快得很，他问云天："您为下周那场拍卖会来的吧？您为洛夫说情来的吧？"

在云天的印象里，于淼是个褊狭又较真的人，很难把话说进去。没想到今天他变了一个人，说话单刀直入，虽然有点财大气粗的劲儿，但还爽快。他接过话说："是这样的。我知道你们是好朋友，过去许多大画都是你们共同完成的，你们谁也离不开谁……"

于淼大笑，摇着手说："您快别说这话，洛夫早就不认头了。自从他画了那幅《五千年》，就说我只能给他打下手。我们现在已经是冤家对头。"说到这儿，他好像有一股气上来。但他把自己这气压了下去，换了一种口气说："楚老师，我是敬重您的，无论是画品还是人品，您都德高望重。既然您为这事来了，您说吧，您想叫我怎么办？"

云天看得出他说话是算话的，既然话已说到这儿，他也直说了："我请你这次让了他吧。你的画到哪儿也都有人争。"

于淼一听立时高兴起来。他说："您是明白人。我这幅画要是拿到香港去，卖价起码再加上去一倍！您为朋友两肋插刀，我敬重您。今天我听您的了，楚老师——"于淼一挥手叫道："我撤拍了！一会儿就打电话告诉嘉和。"

"太好了！"云天顿时感到绑在自己一身的石头"呼噜"一下全掉在地上，他激动地说，"你叫我十分感动！"

但是，于淼说："您告诉他，我只让他一次，而且是冲着您！"

这叫云天深深感到,如今洛夫与于淼关系糟糕到何等地步!特别是在充满功利博弈的市场里,真是另一种你死我活。

他回到家里,把这个结果告诉隋意,隋意含着笑流下眼泪来,连连说:"太好了,太好了。"跟着就打电话告诉郝俊。

一会儿,洛夫打来电话。云天在话筒里只听洛夫喊了两声"云天——"就没声音了;云天再呼他,话筒里便传出一种低沉的哽咽声。云天再呼他,电话挂了,响着忙音。

当晚,云天把白天在电台道后边的"街边画廊"撞见罗潜的事告诉给隋意。隋意也大惊不已。她见云天郁郁不欢,她的话便是对云天的劝慰了。她说:"他毕竟不像当年,单身一人好坚持自己的想法,现在背着一个家庭,说不定有孩子了呢,他有责任让全家过好日子,不卖画还有什么办法?你不能用昨天的原则去衡量今天,也不能用自己的想法强求别人。人生哪能没有遗憾。"

"很可怕,生活居然可以彻底改变了这个人,连艺术观都变了。"云天感慨地说。

隋意说:"你没和他多聊聊?"她想把他从陷进去的话题中拉出来。

云天说:"他什么都不说,也什么话都不问我。我和他说了一个艺术的话题,他一边笑一边摇手,不想和我说,好像那是童年的事。"

隋意不再说话,听着云天下边的感慨:

"今天我一连失去了两个朋友。这两个原本都是充满理想和才气的,本来现在他们应该展翅飞翔的时候,却都折戟沉沙。一个被

292

画价逼到绝境，一个顺从了适者生存的道理。他们没有迷失在荒原大漠里，却被金钱收买了艺术的良知。金钱太不可抗拒了，现实太残酷了，我很怕自己也沉沦下去。"

隋意还是没有说话，因为她心里的话，云天刚刚全说出来了。

一天，余长水来了，他刚参加北京嘉和那场拍卖会回来。他满面春风，今年他送拍的两幅画都卖得不错。据说他那种藏画风格的画作已经有了一个相对稳定的收藏圈子。他的画价虽属中等，但有个固定的收藏群体更重要。就像栽花种木，有了土壤才能生根长大。他打算把在深圳的购房再换大一些的。

他说，这次拍卖会上洛夫那三幅画卖价虽然不高，但总算都卖出去了，没有流拍。余长水并不知道云天去找于淼撤拍的事，他挺神秘地告云天："原先有于淼一幅，很精，很漂亮，下的功夫很大，很多藏家都奔着于淼这幅去的，但不知为什么，于淼临时忽然撤拍了。如果于淼不撤，洛夫的画放在那儿一比，就没人买了。于淼一撤，算救了洛夫。洛夫的画现在愈来愈不行了。精气神全没了，技术能力也到头了。"他说着，把一本这次拍卖的图录给了云天。

云天翻一翻。里边依然有于淼那幅撤拍的《春风得意》，画得确实十分精致逼真，底价极高。但在云天眼里，于淼的画再下功夫也是商品画，他没兴趣。洛夫的三幅也在图录上，的确已经江郎才尽。他从《五千年》的时代，突然跳到流行一时的抽象主义，跟着投身到标榜现代的行为艺术和装置艺术，现在重新被郝俊硬拉到商品画上来，目标乱了，方寸也乱了，哪条道都行不通了。原本多么生气勃勃，才华横溢，只因为追名逐利，避开了艰辛的求索，最终在喧嚣的名利场里耗尽了自己的精力，像一棵半枯的树，再生不出生气勃勃的绿叶来。艺术是纯个人的事，谁也没有办法救谁。

云天翻到图录的最后一部分，一幅画忽然跳到他的眼中。朦胧，温柔，含蓄，熟悉——白夜！画的题目是《春天的记忆》。他禁不住说："她也送拍了？"

幸好，此时隋意没在家。

余长水说："是啊。她这次还来到北京，也去拍卖现场了呢。"他笑了，还说了三个意味深长的字，"她很行。"

"怎么叫'很行'？"云天问。

"很活跃，很会办事呗！她上拍不过两三次，现在居然一些藏家就挺认她的画了。"长水说。

这时，云天还在看白夜的画页。他看到关于白夜的文字介绍中有一句话"著名画家、美协副主席和艺委会主任楚云天说：白夜的模糊美是具有开创意义的审美语言，堪比朦胧诗"。

余长水站在他身边说："这是您给她写的吗？"

云天说："怎么会？这是我上海研讨会上发言时说的，这也不是原话。"

余长水说："我说她行吧，她拿您给自己做广告了。"

云天笑着支应一句："那我得找她要广告代言费了。"同时，他心里有些不快。

七

渐渐楚云天感到，白夜是一个美丽却捉摸不透的精灵。

自从上海那个意外的夜晚，那花枝飞散中浪漫的一吻，他以为从此自己又要坠入情网，重返二十多年前雨霏时代那个深渊。一方面两情缠绕，愈缠愈紧；一方面心存内疚，追悔莫及，难以自拔。但时间一长，他发现事情并非如此。白夜并不纠缠他。依然不给他打电话，偶尔会有一条短信：

"模糊的问候。"

"忘记过去就意味着背叛。"

"我的耳朵又疼了。"

……

这些短信绝不像雨霏夹在书中纸条上的短诗，没有感情的燃烧，没有心在呼叫。这些隔一段时间偶尔出现的短信，好像只为了保持他们一种非同寻常的关系，并没有情爱难捺，难舍难分。当年的雨霏好像一只小猫，渴望天天诗情画意一般依偎在他怀里。现在的白夜却像一只美丽的小鸟，在他身边跳来跳去，偶然飞来，忽又飞去。她并不依赖他。他想一想，她与他之间没有很深的感情，不像是爱情。爱情往往是不管对方的，所以爱情都是一厢情愿，一往情深。这因为，爱比被爱更幸福。可是，如果他与白夜之间没有这样的情感，怎么会有那次——那么忘情的一吻。如果那一刻他们不是都努力地克制住了自己，各种可能都会出现。她不像是在两性之间太随意的女孩子。那么，她是怎样一个人？她对他，是不是像她曾对余长水说的——"我太爱慕楚老师了！"

如果真是这样，他觉得这种关系也不错，比较轻松，互不拖累，最多只是一点温馨的私密。他很喜欢这个气质非凡又美丽超群的女孩子，愿意与她保持这样一种特殊的有点暧昧却又有节制的关系。

有时，他也会忍不住给她发条短信，但是大都是谈论艺术。比如："注意模糊的程度，不要模糊到叫人费解的程度。"

她回给他的短信，却还是往他俩之间扯："是不是指我对你？"

她表现出的这种淘皮、幽默、情感上的外露与主动，是不是来自她这一代女孩子在情感上我行我素，不那么沉重了？他毕竟与她是两代人。如果两代人非要活在同一个人生季节里，很可能会出现误判。

一次，在北京评选"中日青年画家交流展"的作品，艺委会又请他担任评委会主任。余长水有画参评，不便随着他来，他就带着费亮来了。这次评委中有几位是从各地美协和画院请来的画家。他从中看到了上海画院的绿池。由于他们相识，津沪两地画院一直有来有往，见面很亲切。绿池说："这次白夜也送来一幅，画得相当好。她说请您注意她这幅画面的空间感，她很得意自己这幅画对空间的表现。画得确实不错。"说完他把云天拉到一边，扬起嘴巴在云天耳边小声说："我已经和好几位评委都打招呼了。您得给使劲啊！"他还笑嘻嘻地说："这次也有你们的余长水的画，他打电话给我，请我帮忙，我跟我认识的几位评委也说了。"

云天听了，他对这种找关系拉票的做法挺反感，不过由于他们关系不错，再加上余长水又扰在里边，不好说什么，只能笑笑。但同时他感到，这位上海画院的副院长给白夜很卖力气。这是不是说明白夜"很行"和"很厉害"呢。

等到大家评选作品时，他看到了白夜这幅作品。方形的画，略大，淡彩，朦胧又优雅，十分鲜明是她个人的风格。画中的境象十分独特，意境开阔又空灵。在一大片斑斓又虚幻的背景上，涌现出很大一束花，雪白，蓬松，温柔，如漫天星斗，静静地浮动在烟岚氤氲般芬芳的空气里。这幅画的空间感确实处理得很好，前后拉出了很大的距离，有很强的空间感和立体感。再看，他一怔，这花不是满天星吗？不是他们那一次爱的冲动的象征吗？她为什么画它？唯有这束满天星才是他们那个激情与浪漫的见证与记忆？这是专门献给他的吗？

再看画名——居然是《爱情》！

他陡然心动。是的，她为他画的，为他们画的！

可是评委们不明白，何以要称作《爱情》。在场的人中间里，唯有他知道这幅画后边的故事，他感到自己就在画中。

他听着大家七嘴八舌都称赞这幅画，意境美，空间很立体，色彩也美，有味道。绿池忽然问云天："楚老师，您觉得白夜这次画得怎么样？"绿池实际上是逼着云天表态。

云天情不自禁地说："一幅叫人感动的画，是精品。"

大家认同他的"精品"之说。这句话对于他并不违心，确实画得好，意境奇美，有灵气。但心里却想不明白，当时自己怎么会说出了"叫人感动"这句话来。

这幅画评上了。余长水的画也评上了。

会后，绿池要拉他去吃饭，感谢他。他谢绝了。他说他有事要赶回去，实际上他不想叫隋意一个人守在那古老而略有点阴凉的大房子里。

在回来的路上，手机就出现了一条短信，只四个字："你感动了？"

她这么快就得到消息了。她确实厉害！

他也确实被感动了。他看得出来这幅画中真切的情感，一束蓬勃的满天星有如从心中喷发的烟花，闪闪烁烁璀璨地布满空间，自由自在地飘浮。他知道她的灵感从何而来，更知道她缘何以《爱情》为题。她知道这幅画他一定会看到吗？这是对他的最美好的一种表白吗？

他第一次用短信向她主动而直白地吐露心声。他惜墨如金，只用了一个字："是！"

她没有短信来了。他们都沉默和享受着沉默。但这也可能只是他自己的一种感受而已。他请司机师傅打开音乐。正好是霍洛维茨弹奏的莫扎特的《回旋曲》。车子在暮色中穿行，这支曲子把他此时心里的感觉，以及被《爱情》唤起的回忆一直带到家。

到了家，与隋意聊起评审的事，当提到白夜的名字时，隋意马上问："你见到白夜了？"

"她怎么能露面，参评的人都要回避，她在上海。咱们这里不也没让余长水去吗？上海方面是绿池去的，他也是评委。"

云天感到了隋意对白夜的敏感，但不知因为什么。在他们的谈话中，已经很久提不到她了，她缘何忽然这样敏感起来？她敏感，他就更敏感。

前些天，山东的画家约他去泰山的后石坞看看。他年轻时曾和一些画友来泰山写生，从南天门的背面下到山谷，才知道后山比前山更好。雄奇中带着一股野性，乱石崚嶒，野松纵横，有一种旷达和放肆的美。他看到一座垮塌了的古庙，十分奇异。当初古庙倒塌时，顶子落地后居然完好，四面墙没了，整个屋顶竟然完整地趴在地上，好像一顶扔在地上的巨大的黑灰色的帽子。还有一口比人还高的大钟，上边铸满了文字。在钟楼垮了之后，它就一直扣在这里。不知这座古庙荒废了多久，一人多高、疯长的野草淹没了一半大钟。他拾起一根树干，使劲敲一下大钟，钟声惊起了古庙废墟中的许多乌黑的大鸟。但走到这里他不敢再往下走，下边更深、更野、更怪、更荒无人迹。

现在不同了，来泰山旅游的人多了，经常有人下去。当地的画家也都下去过，路也很熟，不会迷失。

今天，他自驾着车，一早出来，刚过了德州，一个可怕的电话打来，是郝俊！他以为又是卖画出了问题，或者家庭发生了矛盾。可是这电话是直接打给他的，她从没给他打过电话，可见事情之急。对方一听是他的声音，就像呼喊救命一样，嘶哑地大叫："云天啊，你得救救我们洛夫呀！"

云天脑袋"轰"地一响，怎么了？死了？急病？疯了？拼死去了？他说："你先告我，出什么事了？洛夫现在哪儿？"

"没了！没了！人没了！"对方喊了这三声，就"啪"地挂了。

云天完全不明白，却深信事非一般。他再打电话给郝俊就无法接通了。他转而打给隋意，打了三遍才通了话。隋意说："我正打给你呢。洛夫失踪了！"

"怎么会？"云天叫着，"他什么时候失踪的？"

"郝俊说，他近两个月来一直不正常，晚上不睡觉，经常一个人跑到亲水平台上坐着。今天一早人没了。"隋意说。

"车呢？我问他的车在不在。车不在就是出去了。"云天说，口气很急。

"车不在，可是现在他的手机关机了，据刚才郝俊说，已经报警了！"隋意说。

"先别急。你设法用电话找到郝俊，告诉她我马上掉头回去。你那里有任何消息第一时间告诉我！"云天说。

云天立即找到最近的高速口，出去，掉过头再返回高速，然后疾驰回奔。他猜想了许多可能。当他想到一月前余长水告诉他，洛夫可能得了抑郁症。整天沉默寡言，什么也吃不下，口燥舌干，不停地喝水，夜里不睡觉，人瘦得厉害，脸上全是褶子，学院已经半年没去，上不了课，根本画不了画了。云天知道抑郁症很痛苦，折磨人，担心他会用轻生的方式寻求解脱。他心里暗暗祷告，只要他这次没走极端，他一定拿出时间去陪陪洛夫，帮这老朋友重拾信心，走出困境。可是，半个小时后他接到更可怕的一个电话，是隋意打来的，据说警方发现了洛夫的踪迹。洛夫的车子停在北安桥上，车门打开，但车子是空的，里边没人。警方判定，他从桥上跳下去——投河了！

云天手脚都凉了。他努力使自己静下来，随后问隋意："警方找到人了吗？"

"没有。"隋意有气无力地说，"我很害怕，云天！"

"你别怕，也别急，那只是一种猜测，不一定投河。我再有两个小时就到天津。我先不回家了，直接去找洛夫。我们一直保持联系！"云天说。

"我明白。你的车千万不要开得太快。"隋意说。

路上，他不断接到电话，四面八方打来的，内容全是洛夫投河的事，但所有信息都止于此，没有再进一步的细节。当他的车子进了天津刚下高速，肖沉打来一个电话，问他："你在哪儿？"

"回来了。情况有什么进展？"

"找到了，在金钢桥附近。你听好了，别动感情，你开着车，不安全。"

"我会注意。你必须告我实话，他现在什么情况？"

肖沉沉了一会儿，声音很低沉："人没了。"

云天猛地一刹车。后边的车差一点撞上他，非常惊险。气得人家使劲地按喇叭，摇下车窗骂他，然后绕着他的车过去。他坐在车里呜呜地出声痛哭、痛哭。他的车子一直停在大道中央，后边的车子放慢了速度一辆辆绕过他的车鱼贯前行……

他的手机一直在响着肖沉的叫声："云天、云天，你听见了吗？云天！"

待他赶到金钢桥，海河边围着许多人，一些警车上闪着警灯，河边阔地上横扯着一些红色的警戒带，气氛十分紧张。云天停了车跑过去。从人缝正巧看到两个人正抬着一个担架上车，在那一瞬，他看到由于尸体浸了水将担架中间沉重地压弯；从没有盖严的布单下边十分刺目地露出一堆湿漉漉、黑色的卷发；一条胳膊赤裸的小臂由侧面垂下来。正是洛夫！他无论再怎样做也制止不了他了！他站在那里，不停地流泪！

肖沉发现了他，赶了过来，他一条胳膊勾住肖沉的肩膀，云天的身子已经没有力量，站不住了。肖沉不断地用手拍他的后背，仿佛要给他力量，嘴里说："坚强些云天！这恐怕是他最好的解脱了，他活着是解脱不出来的！"随后他说了三句话："市场的压力太大了，舆论的压力太大了，郝俊给他的压力太大了！他只能如此。"

有些悲剧是不可避免的。它是各种恶性的原因渐渐积累和叠压的结果。

现场的各种工作人员和围观的人渐渐散了。剩下云天、肖沉、余长水、艺术学院的领导和几位画家，但没有于淼。两个面孔熟悉的中年人悲情满面地走过来。在他们自我介绍之后，方知是洛夫的两位堂兄，实际上是亲兄弟。云天在二十多年前大地震后，给洛夫父母办丧事时见过他俩。没想到再次见面仍是在丧事中，而且一次比一次惨重和悲伤。大家握手，相对无言，只是不断地抬起手背抹泪。云天问一句："郝俊呢？"

一位堂兄说："用车拉回家了，她在这儿闹得人家没法做事。"

云天听出他们对郝俊的不满，然后大家商量一下给洛夫办丧事的办法。

肖沉对余长水说："楚老师一早去山东又返回来，肯定什么也没吃，你去弄点吃的，送到车上。我开他的车，把他送回去。"

云天上车时，两条腿已经不是自己的了。

洛夫的遗体告别在艺术学院举行。那天来吊唁和瞻仰遗容的人不少，有京城与各地的画家，也有洛夫的学生们。洛夫为人憨厚义气，朋友很多，远远近近都跑来为他送行。他先前的一些弟子们对他感情尤深，也纷纷从不同城市赶来，并一起在他遗体前跪了三分钟，据说这中间有田雨霏。

这一天，云天好像谁也没看到，许多人过来和他握手，具体是谁，他也不知道。白、黑、黄三种颜色，纸花、鲜花、写着墨笔字的大大小小的挽联，从眼前纷纭杂乱地晃过。他甚至连灵堂怎样摆设的也没看见。他牵着隋意在洛夫遗体前深深三鞠躬，作为一生好友情深意切永久的告别。隋意已经哭成泪人，几次站不住，身子一歪撞在云天身上。云天挽着她的胳膊走到郝俊和洛夫两位堂兄前握手慰问，但他一直说不出话来。他感到自己整个身体里全是翻滚的乌云，裹挟着电闪和雷鸣。他知道什么东西夺走了洛夫，这东西是这个市场时代最强势的东西。无法抵抗，无法阻拦，只有顺从。顺从往往是更深刻的悲剧。

他和隋意走出来，准备上车回家，只见余长水跑过来，对云天说："刚刚洛老师的堂兄叫我请您等一等，完事一起到洛老师家里去。"

云天诧异地问："什么事？"

余长水凑近一些说："听说他们要谈洛夫遗产的事。"

云天说："这叫我去干什么，有我什么事？"

余长水说："他们说您是洛夫真正的朋友，您又公正，您的话谁都服。"

云天脸上出现一股怒气。他说："遗体还在，他们已经想着财产了！"他对长水说："你告诉他们，我从来不关心、更不管别人的财物。我只记住我和洛夫一生的友情。"

说完，他拉着隋意上了汽车。

一连多日，云天守在家，沉闷不语。他和隋意没有交谈一句洛夫。其实他俩心里都是洛夫。他们都不愿意加重对方心里的痛苦，各自去消化自己心里的悲伤。真正深切的痛苦像严冬，无法躲避，要等着它酷烈的寒凉随着时间一天天过去。

一天，余长水来说，洛夫遗体告别仪式那天，发生一件怪事。在仪式将要结束时，忽然一个陌生的人走进空荡荡的大厅，面对洛夫的遗体默然肃立。这人个子略高，平头，身体结实，穿一身黑，面无表情，眼神空茫。他一动不动站了很长时间。工作人员上去悄悄对他说仪式结束了，他却像没有听见。在场洛夫的亲友没人见过他，不会是很亲密的关系，缘何这样不离不舍地久久而立？大约七八分钟后，才转身独自而去。离去时也没和洛夫的亲属们握手慰问。这人是谁呢？

隋意和云天都知道一定是罗潜了。隋意还猜到一定是云天请人给罗潜送去讣告。除去云天，美术界再没人知道罗潜。但她和云天都没有说。心里明白的事还是放在心里好。

于是这些天，他们心里都是往事，往日的欢乐、笑脸、活力十足的体魄、苦中作乐、抱团取暖、三剑客的小沙龙、地震中相扶相援，当然还有在他俩出现情感的危机时，洛夫伸过来的那只仗义的手。

在云天心里还多一层思考，即是他与生俱来的才气，七十年代的任务画、八十年的《五千年》、九十年的当代艺术、新世纪的商品画，他究竟怎样一步步走到今天。为什么屈放歌和于淼是膏粱锦绣，他却是悬崖绝壁？其实他心里一清二楚。他悔恨在很多人生和艺术关键时刻没有给予自己的好友更多关切与提醒。自己已经多久没和他深谈过了？是不是早不再把他当作知己了？自己只是悄悄买下他的画，却最终也没有告诉他自己这个所作所为以及为什么这样做。是自己在精神上疏远了他，还是他疏远了自己？

云天明白，这谁也不怪。在这个金钱主宰一切的时代里，有几个人能够像高宇奇那样遗世而独立？

他眼瞧着一个才华卓绝的艺术家在这个名利场中，一步步陷入其中，渐渐失魂落魄，最终毁掉自己，现在还有多少富于天资的艺术家仍在走这条路，谁又能去阻拦？想到这里，在那个高高冷杉树下僻静的深院里，他发出一声长长的叹息。

八

　　一个好端端的事物出现裂缝，无非两个原因：一是原先就有裂缝，修复好了，现在又裂开了。一是原本好好的，不知不觉间裂开一个小缝，随后愈裂愈大。当初它何以裂开，并不知道，也没留意。可是等到它真正裂开，就难以愈合了。

　　一年之后，当洛夫自尽的阴影慢慢消失之后，云天家庭的裂痕却渐渐显现出来。

　　最初的蛛丝马迹，出现在那次在绿池和白夜一行人来访那天。谈话中无意说出在济南全国画展入选作品评定时，云天力挺过白夜，这事隋意完全不知。至于后来他在北京全国画展开幕时，见没见过白夜，她更不知道，他也没说。如果他回来告诉隋意，就什么事也没有了。如果他故意不告诉她，就不可理解了。难道这里边还藏着掖着什么？特别是那次隋意见到了白夜本人，她竟是这样一个少有的美丽、气质又非常出众的女孩儿。她看见都喜欢。她更知道云天喜欢什么样的女孩儿。当时这都还只是一种感觉、一种女性的本能，并没有多想。她本来就不是胡乱猜疑的人。

　　此后，云天要去上海出席白夜的研讨会，这原本是早说好的事，两地画院的交流项目。他又说好带她一起出席，只是因自己行前忽然感冒不能去了，怨不得云天。可是云天回来后，很少提白夜，她问他时，他闪烁其词，好像故意回避。真实的原因是此次他与白夜确实发生了一个短暂的情爱的遭遇，他险些失足。直到他回家后，还不时回味到那种特别异样的冲动。特别是一次，隋意无意间揉了一下耳朵，叫他心里一惊，好像他和白夜狂吻的时候，她在场全看见了。那一刻，他表现出的心惊肉跳的神气，叫隋意好像明白了什么。随后，她从肖沉送来的新一期《艺术家》上，看到了云天在白夜作品研讨会的发言，她感到他对白夜的评价有刻意拔高的意味，云天谈到艺术向来遵循客观的原则，他为什么在衡量白夜的准则上忽然昏昏然了？

其实，这都是一些心理与不解。真正叫她警觉起来是最近一个重要的发现。

他们这个典型的英式老房子，通常一楼是三间房子。前边朝阳一间较大，是客厅，有一扇落地门通向院子；后边一间是餐厅，连着楼后边的厨房；侧边一间是书房。这书房的一面墙是柚木书架，从底座到望板都有雕花，很精致，"大革命"期间这里住着"革委会"一位领导，一直把这间屋子当办公室用，所以书架一直完好保存着。现在，云天把这间屋子当作画室了，书架上琳琅满目放满了大大小小的画集。一天，云天不在家，隋意给他收拾画室，无意间从书架上看到几本放在一起的画集。有厚有薄，都与白夜相关。有的见过，有的头次见。两本很薄，是白夜的作品集。那次云天在上海办"秋日的絮语"画展，初次见到她时，她送给他的。他回来后还把这两本小画册给隋意看过。她有印象。

另两本画集就没见过了。一本很厚很沉，是全国美展的作品集，中间夹着一条淡蓝色标签纸的那页，是白夜参展的作品。画集的扉页上有一行白夜的赠言及签名：永远的感谢。这本画集是他为她尽力以及后来在北京画展上见过面实实在在的证据。

再一本则是上海白夜作品研讨会专印的画册，很精致。扉页上也有白夜写的一句赠言，这句赠言就费琢磨了：你不会丢掉的。不会丢掉什么？画集还是人？这句话里边好像是一个暗示，有一点故事。

还有，她对云天的称呼不是"楚老师"吗？为什么现在写成"你"了？她和云天是两代人，什么关系才会直呼为"你"？

然而，这虽然是猜测，但猜测正在一步步接近现实。

隋意很怕第二个田雨霏将要出现。

如果真是那样，她就会孤立无援。她已经没有当年的罗潜，更没有洛夫了。她想好了。如果他真和白夜有事，她绝不会和他吵架，不会叫外人看他们的笑话。她只有到国外去找她的怡然。世界上不管有几十亿人，个人的生命真正能依能靠的人只有一两个。

所以她没有对云天有任何表现乃至流露，对于常来的几个人如肖沉和余长水也是如此，对小霞更是守口如瓶。现在对女儿怡然那里也不能吐露只字。女儿最在乎的就是他们两个。如果他俩之间出了问题，苦恼对于怡然就是双倍的。

这个裂缝真正张开是在一天傍晚，云天回来，隋意正在院子里用割草机除草。院子割草的事从来都是她自己做，她喜欢割草时散发出的青草沁人肺腑的清香。云天胳膊夹着一本画册，经过院子时和隋意打个招呼就进到楼中了。一会儿隋意也进来，云天坐在客厅喝茶，桌上没见有画集。第二天云天出去，隋意到云天的画室的书架前一看，在放着那几本与白夜有关的画集旁边，果然多了一本崭新又精致的画集，抽出来一看，封面是中文和日文。名字是《彩虹一般的桥梁》，副标题是：中国青年画家赴日交流展作品集。中间又有一页夹着一个小小的浅蓝色的标签纸，掀开一看，一种优美、温柔、浪漫的气息扑面而来。一种在宁静中优雅地发散的深情，生动地荡漾着。再一看，这是一大束花，竟然是盛开的满天星！这不就是半年多前云天从上海带回来的那束吗！现在，这束已经成为干花的满天星还在屋角那个黑色的罐子里。画中这束花无疑就是瓶子里那束花！这里边难道还有什么特殊的含义？当她看到画下边的画名——《爱情》，一切全明白了！

这一瞬间，她有失往日做事的风范。在遭受打击之后她有点缺失理性，她跑到客厅抓起电话打给费亮。她说："我问你一件事，你必须向我保证，我问你的话，你绝不和别人说。包括楚老师！"

对方怔了半天，好像打来电话的人不是隋意。隋意从来没有这样冲动过。费亮是老实人，他说："您问吧，隋老师，我保证不对任何人说。"

隋意说："去年，你和楚老师从上海回来，楚老师拿的那束满天星是谁交给你的？"

"白夜啊。据说是白夜头天晚上送到酒店的。临走时，白夜用纸包好，叫我给楚老师带上的！"费亮说完，诧异地问，"怎么了，隋老师？"

"白夜具体是什么时间去到酒店的？"

"那就不知道了。我和肖教师被安排到另外一个酒店，我们和楚老师不住在一起。"费亮说。

一切都明明白白。她已经把那个晚上发生了什么全都看得清清楚楚，不是凭着想象，而是女人的天性与第六感。于是，她的世界又一次崩溃了！虽然她知道得不算很多，但她知道这后边的东西肯定更多。这只是冰山的一角，只是在小心翼翼的遮蔽中露出的一只马脚而已。什么样的"爱情"能用如此高洁又含蓄、璀璨而喷发的满天星来讴歌？还需要撩开这道遮盖羞耻的大幕吗？还需要捅破这个精致的骗局吗？

她不想再重复一次雨霏的故事，她要选择自己的将来。想到了这一步，素日的沉静、镇定、理智又回到她的身上。

暮色苍茫时，云天回来，在一楼他没看见隋意。他问小霞："隋意呢？"

小霞说："她说困了，在怡然的屋里睡觉。"

怡然出国后，她在一楼半那间屋子一切照原样保留，以备过年或放假回来时使用。

云天："她干吗不在卧室里睡？"

小霞笑道："她说夜里您打呼噜，早晨院子里鸟叫。她很少睡好觉。她说打今儿起，她搬到怡然的屋里和您各睡各的了。"

云天笑道："随她便吧，反正睡着了也不用聊天，其实从来都是各睡各的。"他并没有任何异样的觉察。

晚饭时，隋意静静坐在那里，温和的微笑，从容的神态，举手投足的稳重，全都一如既往。其实她这种冷静里，透着她心中的苍凉和冷漠。她决心已定，只不过她绝不叫他看出来。她对他严守秘密，正如他也向她严守私密。这或许是一种报复，但她认为，这是他应该承受的。

他向她说了大连来了一个画廊的经纪人，想要为他代理全部作品，还说两年时间要把他的画价打进国内市场排名的前三。他说他只用几句话，就把那个人顶走了。隋意眯着笑眼说："你告她，如果想卖画，早就叫许大有和田雨霏去卖了。"

说完一笑了之。他哪里知道，她有意说出田雨霏。她在用昔日的刀子来割自己今日的伤口。

随后他们又聊到分房睡觉的事。云天说："随你便，咱们结婚时不就睡那屋子吗？那屋子确实挺静。"

隋意说："我更怕早晨那种灰背的山喜鹊叫，天天被它们吵醒。我已经忍太久了，不能再忍了。"

其实，她最后这两句话是一种心理的发泄，但云天不会听出来，依然一笑了之。

跟着，隋意说："今年怡然暑期不想回来了，这里挺热，她想叫我去，她要陪我到法国南部一些古城镇转一转。"

云天说："好啊，要不我也去。我很想去看看艾克斯，那儿有塞尚晚年的画室。塞尚晚年很孤独，一个人在那里画画。"

隋意说："下次吧，我想和怡然多待些时候。你这里忙，在外边也待不住。"

这倒叫云天有些意外，以往外出，她总是希望他在身边，相互牵着手，你呼我应，就像他们的童年、少年、青年，从来如此。这次她何以要单身了？不过云天没有多想，以为她们娘俩相隔万里，朝思暮想，无非想多多亲热些时候。毕竟怡然不到二十岁就一个人漂洋过海，一直孤孤单单在外边，现在还没男朋友。

他说："也好。"

隋意拿定主意，做事不出声息，不多时候就把赴法的签证办好，连整理行囊都躲开云天的视线。她一直没有把哪一天出行的决定告知云天。一天，云天告诉隋意一件事，竟然与白夜有关。现在只要提到白夜，都像在隋意心里戳一刀，只不过她自尊太强，绝不叫他看到。笑眯眯直面于他。

云天说，白夜通过手机告诉他，她从他发表在刊物的散文《无法挽回的风景》获得一个灵感，她想画一套组画，取名《消失的岁月》，都是过去的风物、过去的季节、过去的人群、过去的城市景观，用她的模糊画法，让画中景物蒙上一层韶华已逝、岁月蒙尘的感觉。她想画好之后，请云天为每一幅画写一段文字，只三五百字，图文结合，文学与绘画的结合，这将是一种新的形式。她说，如果他同意，她想最近来一趟面谈。还说，她有许多极好的想法，愈想愈激动。

云天说这事时挺兴奋，看来她的灵感已经撩起他的创作冲动。这件事无异于在准备离开的隋意的背上，再用力猛推一下。隋意心里明白，若要躲开这即将到来的一场风雨来袭，只有早早脱离。一瞬间，她心里已经想好何时离开，但绝不叫他知道。她要走得干脆、突然、一刀两断。

三天后，云天早早地开车去北京了。他北京有事，要去两天。

云天走后，隋意把小霞叫来，说她有事出门几天，也没说去哪里，只嘱咐一下家里应该注意的事。当她说到"最近楚老师血糖有点高，吃饭时你要提醒他吃药"时，竟有点哽咽，这叫小霞不明白怎么回事。然后，她走上楼，直到顶层，站了一会儿，缓缓下来。逐层逐屋，把这座楼整整走了一遍。然后到院子，坐在藤椅上，她最喜欢家中大树下、草地上这几张淡白色宽大的藤椅。她叫小霞给她一杯茶。她望着这爬满青藤、古老沉静、有点疲惫感的老楼，不自觉打开回忆的门，几十年的岁月就百感交集地扑上来，她落下泪来，这更叫小霞诧异和不知所措。她忽然用面巾纸擦一下脸，猛地站起来，把外衣搭在手臂上，过去抱一抱小霞，拉起一只小箱子往外走，门外已经有一辆约定好的出租车在等候她了。

转天中午云天回来了，进门就高兴地喊隋意。这次他在琉璃厂买到一种韧劲很强的皮纸，绵性也好，还是一种又宽又长的卷纸，非常适合他想画的一组画《珍藏四季》。他喊了几声过后，没有回应。小霞跑来说："她昨天就走了。"脸上的表情很奇怪，说不出是惊诧还是困惑。她肯定会想，隋意出门，他怎么不知道呢？

云天说："我从昨天就给她打电话，她一直没接。她去哪儿了。"

小霞说："她没说，我觉得她出远门了。她带两个箱子，一个大的放在车上，一个小的在手里拉着。"

云天这才感到事情不好。她走为什么不跟他说？她不辞而别为了什么？他扔下东西，楼上楼下跑了一圈，她没有留下任何信纸或便条。在匆匆之中，他发现一个细节，他卧室的五斗柜上一个装有他俩年轻时合影照片的立式相框，被放倒，扣在柜上。他跑到画室时，一个景象叫他怔住，再一看所有答案一目了然——

画案上一字排开五本画集，自然都是白夜的画集。那本中日青年画家交流展的画集放在中间,《爱情》一页大敞开来。画册后边是那个漆黑罐子里一大束蓬松而柔情的满天星。光线从窗外透入,散开的花枝花影模糊迷茫,把这大画案和这几本画集全都笼罩在下边……她把无可辩驳的理由全摆在这里,然后离他而去——为了他和白夜!

他抓起电话,他要告诉她,不是那么回事!有误会,有巧合,有的只是猜疑。可是这束他从上海带回来的满天星和画册上的《爱情》怎么说?也是误会、巧合、猜疑吗?他用怎样一个谎言才能再次骗过她,他忍心再一次去欺骗这个天性纯良、死心塌地、傻乎乎爱着自己的女人吗?他无法面对。

隋意的电话拨不通,他拨通了怡然的电话。怡然不等他开口就说:"我妈在我这儿!"跟着她用斥责的口气说:"我妈连我出生前您那件事也告我了。您怎么这么对待她呀。哪儿还有比我妈更好的女人。她一辈子心里只有您一个男人。我知道您那个白夜,她画得好不好我不管,好看不好看也跟我没关系。她现在就是我头号的敌人!我们这些留法的同学全知道她就是一个专门利用人的女人!我忠告您,早晚一天她看上一个比您更有用的人,就把您甩了!"怡然仿佛是从心里往外喷火!

对于云天,怡然是他最娇惯的宠儿。第一次遭到她这样怒不可遏、绝情一般的斥责。这时他才明白,现在他将要失去的不仅是隋意,而是这世界上至亲至爱全部两个人!他说:"怡然,我明天就去办签证,我去法国,我们当面说,这里边有误会。"

怡然一听,态度更坚决,她说:"您千万别来,来也白来。我们明天就去西班牙,而且我要马上搬家。我也不再接您电话了!"

跟着电话挂断！

电话一断，他感觉这世界什么都没有了，自己也空了。他忽然大声喊起来："白夜是谁呀！给我滚呀！"

他把那装着满天星的罐子远远扔到客厅里，破碎的黑罐白花飞溅满地。

小霞从后边厨房跑过来，不知发生了什么，吓得不知所措，她从没见过儒雅的云天今天像头豹子，以为他要疯了。

一连许多天，他给隋意和怡然打了无数电话。天天手机要充三次电，但没人接听；他发了无数短信，没有任何回应。他知道这次隋意与他断绝之心已定，一时很难回转。二十多年来，他两次负心于她。他对她差不多已经"赶尽杀绝"了。他想起当年的雨霏事件，多亏两位好友出手相援，才挽回了他的家庭。他还记得事后在罗潜家，罗潜对他讲起自己一段带血的往事后，说了一句话："伤害了一个真爱你的人，就是扑灭她心里全部的火焰，叫她的心变成一片死灰！"这次自己是不是又一次扑灭了她心里的火焰，甚至扑灭了她一生心里的火焰？她的心里只有灰烬。

他现在最大的痛苦是无人可说。他想到了罗潜。他有脸再对罗潜讲述自己现在这段更荒唐的故事吗？自己怎么能与一个小一代的女孩儿发生这种暧昧与浪漫？可是，他总要找一个信得过的人，帮他分析一下这个女孩儿是真爱他吗？哪怕骂他一顿！

有一天，他实在按捺不住，到电台道后那条小街去找罗潜。车子开到那儿，没有罗潜那个画廊，他以为找错了地方，再看原来罗潜的那个"街边画廊"关门了，现在变成一个理发店，名叫"俊雅"。

他推开玻璃门，店主是个精瘦干练的人。他向店主打听，店主好说话，告诉他的信息又全又可靠。他说原先开画廊的经理姓罗，半年多以前就不干了，因为不赚钱，把铺面盘给他。这罗经理自己也画画，但是天津这地方老百姓家里不挂油画，他去广东了，据说广东那边有画家村，专搞油画加工和批发，挺赚钱。他还说这个罗经理走了好一阵子了，走得很彻底，连他杨柳青那边的房子全都卖了。

他听着听着，感觉自己像一本历史的大书，现在厚厚的一卷全翻过去了。没人知道下边写着什么。

九

还没有到六十岁，楚云天就感受到人生的萧疏。一如秋天的树，风一吹，叶落飘飘，疏阔也寥落。

他早早把画院的副院长辞掉，推荐肖沉来做。美协的职务也辞去了。他推掉这些差事最主要的原因是当今画坛已被商业大潮吞没。正像当年那位拍卖行的俞先生所预言的，没有人再关心画的本质，只盯着画的价位。当优雅的书画转化为世俗的礼物后，它一定要用价位彰显身份。云天不卖画，他的画没有市价，自然没人把他的画太当回事。最后人们看中的只是他的名气与职务。他的影响、才气、威望以及身上各种不凡的经历与花环，都化为一种溢彩流光般的无形资产，被人们尽情地使用和利用着。

这叫他愈来愈厌烦！他站在各式各样的主席台上、聚光灯下、众目睽睽之中，他只是人家一个必不可少的耀眼的装饰品和光鲜的花瓶而已。他开始厌恶自己了！

现在推掉了这些事务，立竿见影，找他的人渐渐少了。现在谁还会来和他谈一谈画呢。他反而能在画室里专心研究画理，琢磨笔墨，平静而有滋味地活着，好像又回到那个无边寂寞却又无功利的七十年代。现在身边唯一缺少的是几个可以来来往往的朋友，还有随时可以说一说的隋意。

只有他自己知道，没有隋意的生活是一种怎样的失落。

连余长水也不会来了。他终于去了深圳，与女友在一幢漂亮的公寓里结了婚。工作也不错，受聘于一所美术学院做了教授。自从到了深圳后，找他买画的人更多了。他的处境叫这边画院里一些年轻人羡慕不已，更确信只有把画卖好才是通往幸福的必由之路。

余长水在去深圳之前，曾带着女友来与楚云天辞行。云天想到这些年来，这位年轻人跟着自己跑东跑西，与他谈笔论墨，相互笃信和帮助，留下了许多美好的记忆。他喜欢这个年轻人的厚道与悟性。这一离开，可能就是人生永远的分手。心里一动，拿出一幅得意之作送给他做纪念。同时，还把心里的话说给他："钱是重要的，但世界上有比钱更重要的东西。凡是钱买不到的东西都比钱重要。比如友谊、健康、真正的爱情，还有对艺术的追求。"然后他加重口气地说："你要十分清醒地把商品画和个人探索的画分开。"

楚云天这句话对于余长水确实很重要。余长水把这句话听到心里了。尽管由于生存的必需，他离不开市场，但是跟随云天闻道多年，他已经深谙真正的艺术是排斥功利的。特别是今天云天的话，叫他刻骨铭心，他从心里感谢楚老师，同时想到他这一走，楚老师身边能说话和贴己的人会更少，尤其隋意离去之后，楚老师很孤单，人都过早地显得老了。心一难过，流下泪来。

他走出门去，不忍回头来，再与站在门口送别的楚老师挥手作别。

一两年后，云天已经习惯了不再给隋意打那种只有忙音的电话了。不过他和怡然渐渐恢复了一些联系。女儿总会惦着父亲。他六十岁生日那天，他还收到女儿寄给他的一本印制得非常精美的奥赛博物馆所藏巴比松画派的作品集。这本画集他翻了三天，不知是看画，还是通过那本泛着纸和油墨香味的画集，触摸往日的时光。然而，女儿对隋意的情况却始终闭口不谈，这一定是遵照母亲的意图。这也叫他间接地感受到隋意所受的伤害之深。

他怎么告诉她，他已经切断了与白夜的联系。他无法告诉她，他现在所承受的这种与她"一切两断"的痛苦。

有人的地方就无法保密。隋意离他而去的事，渐渐圈内圈外的人知道了。云天是名人，名人的轶事和绯闻可供人们消费消闲，幸亏云天平时的口碑很好，传闻中并没有太多恶意。现在更好了，他与外界的联系少了，听到的闲话也就少了。

在隋意离去后，曾出现了两件事。一件是白夜连发来三个短信，要来天津看他。他回信说他太忙，拒绝了她。她却发来一个短信给他："我是春天，冬天是拦不住的。"云天又发一个短信说自己马上要去法国看女儿，对方便再无声息。而且从此之后，白夜好像从人间蒸发了。这叫他非常奇怪，非常不解。

另一件更是离谱。一天，郝俊穿得漂漂亮亮来拜访他。自洛夫遗体告别那天之后，她一直没有音讯，现在怎么忽然蹦出来了？她说，洛夫丧事办完，她和洛夫的两位堂兄大干一场，官司打赢，洛夫的遗产全被她收入囊中。她现在很富有，唯一是缺少一个好伴侣。云天好似听明白她的意思，只是装听不懂，劝慰她人还年轻，来日方长，人生的伙伴早晚会去找她。没想到她居然把话挑明，她声调响亮地说："有你这句话我就放心了，等你多少时候我都不在乎。我想得很清楚，我和你在一起——才是绝配！你有的我没有，我有的你正好也缺少。你原先那个伴儿人是不错，可是没有能力，没本事在你肩上装一对翅膀！我不仅能把你生命搞得五光十色，还能把你的画全盘活了。你看，这些年来，洛夫叫我折腾出多大的产业，可是他没有享福的命。比方说，你这房子虽然讲究，可是年久失修了，得大兴土木翻新了，这些事总得有人给你操办吧……"她说着，忽见楚云天怒目圆睁，像老城那边天后宫墙上画的雷公，有点吓人。

"滚，你、你给我滚——"楚云天突然指着大门那边怒吼。

在一边斟水的小霞吓傻了。郝俊也没见过楚云天发这么大的火。她甚至不明白他何以发火。

事后，外边有传闻说，楚云天向郝俊求婚，被郝俊拒绝了。可是，没等这可气的传闻传到云天这里，一个天崩地裂的坏消息突如一棒子打来！

高宇奇事出意外，在太行山遇到车祸，摔死了！

这事先是郑非从河南打电话来告诉云天的。他听到这消息，脑袋里一片真空。郑非那边泣不成声，说话语无伦次，无法把事情清清楚楚地告诉给云天。没过一小时，肖沉按响门铃，风尘仆仆跑了进来。焦急、悲痛和绝望全写在他的脸上。他说："宇奇是昨晚出的事，车子掉进山谷里，现在还没弄出来。车上只有他们两个人，他和司机。全遇难了！"

云天像傻了一样。听着，怔着。

肖沉接着说："他近来画到最后一部分，都是留守乡村的老年农民和儿童。太行山里山民的形象最典型。他常去收集形象，画素描……太行山太险，山路窄，都是野路，没防护栏，常出事。他们在拐弯的地方，轧上一块石头，一下子就翻到深谷里去了……"

云天用手拦住肖沉，他无法再听下去，同时感到背后一根撑着他的巨大的强有力的支柱断了。沉了半天，他仰起脸问肖沉："什么时候遗体告别？我去！"

肖沉说："遗体告别开不了了，人已经摔得血肉模糊。再说他爱人现在还是接受不了，不停地给他打手机。"

转天，肖沉告诉云天，洛阳那边定下来了，说不搞追悼会了。人们大多不认识高宇奇，也很少有人见过他的画，搞一个追悼会只能是流于形式。出版社的意见是，对河南的美术界开放他的画室——也就是服装厂的那个大车间，请大家去真正领略《农民工》这个时代罕见的巨制。另外，争取年底把这幅百米巨作移师北京美术馆展出，同时召开研讨会。

"这个想法很到位。谁的主意？"云天问。

"郑非。"肖沉说。

云天感慨地说："人生得一知己足矣。多亏他身边有个郑非。"然后对肖沉说："画室开放那天我们去，送一送他。你代我转告郑非，关于画展与研讨会，北京那边需要我做什么，我全力做。"

三天后，云天和肖沉乘飞机抵洛阳，这天阳光明媚，云天和肖沉的心里一片漆黑。郑非来接他们，见到云天就哭了。郑非失去了一生最崇敬的挚友，云天失去的是一片纯净的艺术的天空。两人都知道宇奇在对方心中的意义。这意义都是无人能替代的。郑非说："死掉的为什么偏偏是他呢，太不公平了！"

这句话云天心里也想过许多遍,不能回答,不能理解。只能说是天意。天意总是这么残酷吗?

郑非仍是用他那辆怪异的破车把他们拉到那个工厂、那个车间。进了车间,一切依旧,地上的纸,堆在桌上的作画工具材料,墨罐、水桶、色碟色碗、海量的手稿和书、画册,还有饭盒、勺子筷子、暖瓶,以及那张小小的堆着毯子、被子、衣服的折叠式的行军床……一切保持着画家平时作画时的原生态。屋里唯独在正面墙上多了一张高宇奇的黑白照。不要因此以为画家走了,他就在画上生气勃勃的农民工的千军万马中。云天又一次看到这幅几年里一直心中关切的巨作。今天再次看到,它更完整、更丰满、更自然、更酣畅、更有张力和冲击力、更富一个时代鲜活和独有的激情!没人能想到这个题材,没人关注到这个庞大的底层劳动者的群体,更没有人把他们作为生活的主体,也没有人以如此博大的爱,如此深刻的人性关怀,如此浩瀚而磅礴的艺术才气,把他们如此令人心灵震撼地表现出来!他忽然对郑非说:"我有一个请求,请屋里的人暂时都出去,给我一点时间,让我和他单独在一起,只一会儿,只要七八分钟。"

郑非悄悄和屋里的十余个人说一说,他们全都理解,默默地走出去。只剩他一个人和这幅未完成的巨作。忽然,云天给这幅画跪下来,不知不觉地淌下泪水,嘴唇嚅动,无声地说着心里的话。在这一瞬,他相信他的话高宇奇全听到了。

又一会儿。他站起身来,开开门,一边往外走,一边对站在走廊上的人,不断地说"谢谢、谢谢、谢谢"。

只有郑非发现他两个膝盖处有两块土痕。他知道刚刚云天在屋里是怎么回事。他心里被深深地感动着。

原本，云天与肖沉打算转天就飞回去了。忽听说，郑非等几位高宇奇生前的好友，打算第二天要进太行山，到宇奇遇难的地方去祭奠。云天要去，郑非说那地方十分险峻，不叫他去，并说他们会代他行礼祷念。云天执意要去，肖沉拦他，他表现得很冲动，红着眼说："跟着他一同去死也应该！"于是大家顺着他。转天一早，郑非特意借来一辆日本三菱的越野吉普，为了安全，还请来一位专跑山路的司机。郑非对肖沉说："完事你们不用再返回洛阳了。我叫司机师傅拉你们横穿太行山，从山西平顺那边出山，上高速到太原，你们再坐飞机回去！"

这样的安排很好，肖沉再三感谢。这样，一早他们开车北上，从豫北新乡那边进入太行山。

车子一进入太行山，就进入另一样的天地里。这支横越冀、晋、豫的山脉，全是崇山峻岭，巉岩绝壁，而且与任何大山都绝不一样，岩石全都裸露着，峻嶒粗粝，气象凶烈；每一座山峰，每一块巨岩，都像一张巨大的历经磨难的老农的脸，显得苍老、苦楚和沉雄。

郑非他们的小车跑在前边，云天的小车跟在后面。在这重重大山之间，一会儿直上峰巅，一会儿沉下谷底，一会儿蜿蜒行驶于迂回陡峭的山间，一会儿在云烟之上光秃秃的山脊上小心翼翼地爬行，两边全是万丈深渊。肖沉已经不敢向窗外看了，他感到下肢发凉。云天却异乎寻常的平静。他双目的神情惘然和空茫，仿佛人在高宇奇的世界里。

车子在一个又高又险、突兀的山头上的拐角处，停了下来，地上果然有一块凸起的石头。郑非就指着路旁下边的深谷说："就是这里。"

探头向下望去，幽蓝冷寂的深谷空空荡荡，好像没有谷底，任何人看了都会胆寒。路边的草木缭乱，小树摧折，仍带着宇奇的车子翻下去的那一瞬间惊魂动魄的气氛。

他们一行人面对空谷深山一字行排开，站好。

郑非对着下边空阔浩荡的山谷说："宇奇，我们都来了，楚老师和肖沉也赶来了。你在这儿升到天堂去了，我们永远还是你的好朋友啊！"说完，鞠躬，落泪，拿出一瓶酒和杯子，每人斟了满满一杯，全都倒下去。这一刻，云天感到眼前的景象神奇。他画了大半生的山水，看过无数山谷，美丽的、空阔的、清透的、悠远的、深邃的，第一次感受到这个辽阔的烟岚缥缈的山谷里装满着一个人的灵魂。

他们在这里流连许久，然后分手。郑非他们掉头返回洛阳，云天他们还要继续前行，穿山越岭，前往晋中。他们分别嘱咐对方的司机谨慎慢行，随即握手、拥抱，山风吹着他们缭乱的头发与衣巾。他们相互挥手作别，上车背道而去。

郑非给他们请来的这位师傅，姓古，河南本地人，是个很朴实的中年人，长得结结实实，车开得稳健。脖子上挂一个用细红绳拴着的玉石小佛，据说是多年前从五台山开光求来的。他一年要在太行山里跑三五十趟。这方圆百里大山中所有的沟沟坎坎、弯弯绕绕全在他心里。他说他在山里开车如走平地，但双手一握方向盘，还得全神贯注，一刻不能走神。因为太行山里太难走了，数不尽的老虎嘴和鬼门关。生活在太行山里边的人，往往一辈子待在山坳里，没出过山。现在年轻一代出去打工，往往就不回来了。一是山里边太苦，一是进出一趟翻山越岭实在太难，现在山里的村子至少一半空了。还有一些村子最多只剩下几家。过去，古师傅进山如果忘了带吃的喝的，跑路时渴了饿了，随便在哪个村子都可以弄点东西填饱肚子。现在不行了，村里没人了，每次进山前必须把干粮和水带足，不然就苦了。肖沉问他："如果赶上大雨，是不是得停下来，睡在哪里呢？"

古师傅说："你问得好。碰到特大的雨，路滑，还会有泥石流，没法跑路。过去遇到这种情况，就近找个人家，求一个地方睡。现在嘛——"他笑道："更好办，到前边我领你看看。"

跑了一会儿，有个岔口，古师傅把车拐进去，马上就看见了一个小村。山里边没有大村，都是小小的自然村。他们停车下来一看，这村子已经空了，荒无人烟，只是一些石块石片垒的房子依旧结实完好。山民离开时，把要用的东西都带走了，不用和不好带的东西便扔了下来，比如水缸、石磨、农具。一棵老槐树的树洞里面有一尊小小的石刻的山神，也丢在这里了。所有房门全是开着的。古师傅领他们走进一间房屋，空荡荡的屋内只有大量的干树叶子。古师傅说："这些房子空了好几年。树叶给风刮进去，只要刮进屋是不会再刮出来的。这些房子全是没主的，我想住哪间就住哪间，进来往干树叶子上一躺，挺软和，也挺舒服。"

一路上，也能看到一些山村，偶有几个老人晒太阳、抽烟，或者干活，小孩子在玩耍。他们的子女外出打工，自己留在家中，守家种地，照看下一代。他们就是宇奇来搜集和写生的对象。

古师傅说："我们马上就翻过一道山了。这山很陡，全是峭壁。你们把安全带系好。我常来常往，你们不用担心。过了前边这道山离平顺就不远了。"古师傅还说："你们可以看看两边的山。这地方的大山一层层，现在正是夕照的时候，这片大山给太阳一照，才叫好看。"

果然如古师傅所说，车子走到下边一段路可称挺身弄险，两边全是直上直下的万丈深渊，叫人心惊胆战。古师傅把车子开到一个极高处，把车子停在一个光秃秃的断崖顶上，这崖顶好像用巨刃削出的一个平台，十分奇妙。古师傅叫他们从车里出来看看。四边层层叠叠的大山，宛如一片浩瀚的向上翻滚的云团。此时，晚霞斜照，大山的岩石裂纹沟壑，其影如墨，凹凸分明。石头上染着赤红的霞光，全如汉子脸上健康的红晕，雄劲、强健、坚韧、粗野。这片无边的、雄壮的、峻拔的、豪气冲天的景象，一下子把云天感染了。五岳虽美，名满天下，却没有这股子原始的野性，没有这样的大自然的纯粹！他禁不住说："太行山这么棒，这么有个性，这么伟大，居然没有列入五岳之中，我们的古人辜负了太行！"说到这里，不知为什么，心中忽然涌出一种情感，一种对那位刚刚夭折的天才，对那位至死还是默默无闻的伟大画家的痛惜、悲哀、不平！这情感一下子与眼前这片了无人迹却无比壮美的山水融为一体。

一种情感与一种景象融为一体！

一种艺术的纯粹与一种大自然的纯粹融为一体！

一种精神的坚强与一种生命的坚强融为一体！

一种人性的美与一种天性的美融为一体！

他有一种创作的冲动。他恨不得马上回家，冲进他的画室。此时，他的手上，连蘸足浓墨重彩的大笔在厚厚的丈二匹的大宣纸上皴擦时的感觉都有了。回去之后，很短的时间，他笔下出现许多近十年来少有的力作。他感觉他和一千年前画过太行的荆浩、范宽、郭熙等大师们的精魂遥遥相通了。这期间，他又几次跑到河北和山西一带的太行山里去写生。

冬天里，他与一些画家联合河南的郑非等人，在北京一座新建成的美术馆里为高宇奇的《农民工》举办展览。一个巨型的展览只展出一幅画，前无古人。画一露面，惊动画坛。全国很多画家跑到北京去看。面对这种火热的场面，郑非对云天说："只可惜宇奇自己没看到。"

云天说："我们替他看到了！"

这场面对于全然不知的宇奇是悲哀的，对于云天他们是一种满足。这满足来自画展上一张张被感动、被震撼的观众的面孔。

这是市场时代一个堪称真正的艺术家的胜利。

在研讨会上，楚云天做了一个发言，题目是《拜金狂潮中艺术的纯粹》。这题目本身就说明了一切。他说："这幅画将是一件美术史上的《未完成的交响曲》，未完成是一个悲剧。悲剧的主人公在今天之前还是一位默默无闻的画家，但是从今天起他留在中国绘画史上了。他留给我们的不仅是一件具有这个时代特征的永恒的画作，还有一种用生命祭奠艺术的精神。有人问我，他的画多少钱一平方尺。这是最世俗最卑贱的话题。我告诉他，艺术是一种高贵的精神，艺术是无价的。"

那天，他发言时激情难捺，热血沸腾，讲完话才觉得贴身的内衣像洗过的那样湿淋淋，他的心也像洗过了那样光明透彻。

然而，从心里他感谢高宇奇叫他更纯粹地回到了艺术里。

几年过去，余长水在南方事业与生活上全都顺风顺水。但他一直把楚云天那天与他分手时所说的话，当作自己的座右铭，严格把商品画与个人探索的画清晰地分开。清浊二溪，绝不混流。他一直站在艺术家的立场上，即使商品画也绝不投市场之所好，绝不媚俗，坚持自己的审美品位。这就使他一直站在一个高度上，并一步步向上攀登。

这年初夏，巴黎的一个美术馆邀请他去办个展。他准备了四十幅画，不大，都是妙品、精品、上品，没有商品画；不但笔精墨妙，还都是独出心裁、独一无二之作。欧洲人中，最能理解中国人艺术滋味的是法国人。这个展览开幕式刚刚结束，就有不少法国人围着他问东问西。他不懂法文，英文也一般般。一个研究中国画的满脸胡楂的法国人问他："中国画里有一句话叫'墨分五色'，什么叫五色。为什么不是六色或七色？"这个问题把余长水困住了，怎么也说不明白。

这时一个人过来递给他一封信，他太忙，直到中午才打开看。信纸上用中文写着一句话："余先生：您今天很忙，明天下午三时我在美术馆大门对面一家红色门脸的咖啡馆等您，希望能够见到您。"下边没有落名款。这会是谁呢？他在巴黎认识的人有限。用脑子把认识的人过一过，想不出来。

第二天下午三点，他从美术馆出来，到对面那家很惹眼的红色咖啡馆，推门进去。巴黎的咖啡馆里边都比较暗，安静又幽雅，咖啡的香味弥满空气中。这家咖啡馆里的陈设追求一种怀旧的情调。在众多的花草植物中间，各处墙上挂着许多十九世纪初期巴黎的老照片和剧院演出的老广告；广告上的男男女女的老明星，每个巴黎人都说得出来。

他正想寻找约他的人，只见靠里边的窗前一个女子站起来朝他招手。他走过去，那女子微笑地站起身，称他："余老师！"

这女子大概三十岁左右，略高的身子，优雅又斯文。不用去想是谁，单看她细长的笑眯眯的眼睛，他已经认出来，惊喜地问："怡然吗？"余长水过去与她太熟了，那时他去云天家，她是个可爱又聪慧的姑娘。直到她出国留学后，没怎么见到过。

这女子点点头，说："是。谢谢您能来。"然后给他点了一杯咖啡。

余长水问："你不是在波尔多吗？"

怡然说："我早毕业了，来巴黎读研，毕业后被一个博物馆聘去做中国艺术藏品的整理和研究。他们的中国藏品很多，全堆在库房里。现在欧洲老一代的汉学家不多了，懂得这些东西的人愈来愈少。这几年，我一直住在巴黎。"

"你妈妈还好吧？"余长水问过这句话，就有点后悔，觉得怡然可能不便说。没想到她不介意，很实在地对他说："有一阵很不好，做过一次大手术。现在缓过来了。她一直和我住在一起，就在拉丁区。"

长水知道她家的事。没想到隋意出来后有过这样一次磨难，还是与那次遭遇有关吧。他心里一下子暗了下来。

怡然发现到了。她对长水说："现在过去了，没事了，余老师您放心。"

怡然和她妈妈爸爸性格都不一样。直率、敞快，这一代人心理负担都少一些。

余长水和她简单说说自己的事。怡然笑道："我都知道，给您办画展的巴托克是我的朋友。您的画我也看了，很大气，中国的水墨有抽象成分，法国人很喜欢。昨天开幕式上的人多，您没看见我。如果不是我约您来，您也不会一下子认出我来。"随后怡然开门见山地说："余老师，我今天约您，是想问您一点事，都是我们家的事，也都是过去的事，不会给您找任何麻烦，如果您觉得不方便，自管不说。可以吗？"

余长水说："只要我知道的都会告诉你。我和你家，不是外人。"他没有任何犹豫。

"好，谢谢您。"怡然说，"我爸真和那个白夜好吗？"她问得直截了当。

余长水说："我负责任地说，没有。最初，你爸确实挺喜欢她。她的画挺独特，你爸喜欢有才的人，这你是知道的。另外，她挺会招你爸喜欢。"他停一下，把下边的话说出来："坦率地说，她挺有心计。我在一边看得清楚，但你爸不一定能看出来。你爸爸会看画，可是不会看人。"

怡然淡淡一笑，说："太喜欢一个人，人就变傻了。但是白夜是个非常会利用人的人。留在这儿的她的一些同学都这么说，没人喜欢她！"她说这话时，带着一些气。

余长水说："现在大家都知道了。她与任何人好，都是因为对方有用。她能同时跟几个人好，可是跟谁也不是真有感情。只是让你觉得她对你有意思，叫你为她出力。她和她的副院长绿池也弄得很热乎，绿池为她傻卖力气，后来还闹出了一些绯闻。"

怡然一怔，问道："我爸知道吗？"

"绿池的副院长都免了，调出了画院，你爸怎么会不知道？"

"我爸还与她来往吗？"

"自打你妈一走，你爸就不再与她联系。绿池不做院长之后，两边画院也没什么往来了。那一阵子，总有些关于白夜和你爸的闲话，你爸很郁闷，不和外界联系。后来听说白夜与香港一个富人结婚了，闲话才没了。"

"什么？她嫁给了一个阔佬。"怡然十分惊讶。

"这不奇怪。这社会，真能给她使上劲儿的一定是钱。"余长水说，"有了钱，都不用再费劲卖画了。"

"她还画吗？"

"她人在香港谁知道。这几年哪儿也见不到她的画了。她本来不是为艺术活着的人，画不画都一样。"

怡然长叹了一口气，说："我爸真糊涂！"

说到这里，一时语塞，杯里的咖啡都凉了，只好重新换了热的。过了一会儿，怡然问余长水："我爸现在一个人吗？"

"孤孤单单一个人！如今，洛夫走了，我也离开他了。只有肖沉常去陪陪他。他还有一个好朋友，叫高宇奇，不知你听没听过这人，他是你爸最看重的画家，前些年车祸也没了。"

"我在一个杂志上看过我爸在他的艺术研讨会上的发言。但这里没人知道这个高宇奇。欧洲人把自己当作中心,关于中国艺术的消息很少。我爸的身体怎么样?"

"还可以吧。我去年到北京办事,拐到天津看他一趟。说实话……他情绪不高。一个人在那么大一个空房子里,能和谁聊天?我觉得他有点……有点老了。"

怡然低下头,泪水滴在桌布上。

他们没再说下去。本来余长水还想问一问隋意,但看到怡然这样子,不好再去触碰这个直到今天也没有愈合的伤口。他们分手时,怡然没有给他留电话。他以为,她不会再与他联系,但是在画展结束的前一天,画廊一位工作人员把两包东西交给余长水。有一封信,只写了几句话:

余老师:送去两包东西,一包是给您和您爱人的,一点心意和一点纪念。另一包是我送给爸爸的,请您带给他。您太忙,回国后寄给他就行了。拜托您多关心一下他。我妈问您好。祝您一路平安,为您画展的成功而高兴。怡然。

长水读了这信,感慨万端。他静下来,从这短短的信中读出来一点信息,就是隋意问他好,却没有托他带好给楚云天。那天他在咖啡馆里告诉怡然关于白夜、关于楚云天现状的信息,不会对过去那个悲剧有所挽回吗？人间的裂痕，缘于错误也好，误会也好，就这么难以弥合吗？

长水回国后就把这包东西寄给了楚云天。几天后，云天用手机发来一条短信，只几个字，不能再短："收到，谢谢你。"别的竟然什么也没有向他询问。

历史还在冻结着。

这么多年，每天午睡醒来，云天大都坐在院中几棵高大的冷杉树下的大藤椅上，看信看报看书。这几年人们有事用手机联系，信少了。他怀念这种老旧的用文字的联系方式，看过的信他都收起来。他仍喝绿茶，他说这是自己人生最后的嗜好。

这家中，他最喜欢的地方就是大树下的几张白色的扶圈藤椅。这里是他和友人交谈的地方，也是曾经和隋意闲聊而最惬意的地方。如今常常只是自己坐在这里，另几张椅子空着。

空椅子有点凄凉，放在那里是一种等待。

从大树缝隙中射下的阳光斑斓地照下来，使景物上这一块那一块明亮的斑块如画一般优美。草木在阳光里生气盈盈，在幽暗处昏昏欲睡。他血糖一直较高，身子容易疲乏，时时会坐在藤椅上睡着了，手里的书或报掉在草地上。

一直是小霞照顾他的生活，小霞心细善良，多年在他家里经历了各种事情，与他感同身受，深知他的苦楚，就像女儿一样关照他生活琐碎的一切。这两年小霞在城中找到一个朋友，是一名职业司机，姓孙，老家在河北南皮，退伍军人，为人朴实可信。他在部队就是汽车兵，现在企业里开大货车跑长途，三天两头在外，回来时云天就叫小孙来与小霞住在一起。小孙很感激云天相助于他们，有空就帮助小霞干一些杂活。云天感觉这样挺好，家里还有一些活气儿。

去年，他把一直搁在心里的一件大事办了，就是把自己个人绘画的代表作捐给了艺术博物馆。他知道自己这些作品如《解冻》《大山水图·黄河》《大山水图·长城》《永远的太行》，等等，应该由公共博物馆收藏，才不会流散到社会，被那些唯利是图的人弄去谋财图利。再有一件事——是将洛夫那幅《深耕》也一并捐了。这就为洛夫在当代绘画史上做出的贡献保留了一个见证。这是他为朋友完成的最后的事，也是多年的一个夙愿。他在艺术博物馆为他举行的捐赠仪式上什么也没说。所有漂亮的话都不如一个行动。这时，人们才知道洛夫这幅名作是他悄悄保存下来的，唯洛夫至死也不知晓。这件事叫不少画界的人感叹不已。还有人疑惑近来身体明显有些衰弱的楚云天，是不是在安排身后的事了。但这只是一些俗世俗念而已，出于对他的尊敬，没人乱说。

云天还是习惯上午作画或写作。他从年轻时就感觉早晨起来，身体里充满阳光与氧气，是灵感降临的时候。近来一段时间，他受柴可夫斯基《四季·性格描绘十二幅》的感动，不由自主写了十二篇散文，每篇写一年中一个月的风情与滋味。表面是写对大自然的感受，潜在文字里边的是人生的况味。他每每写东西时，脑袋里都会自然而然浮现出各种画面来。这使他忽然生出个想法，把文字转化为丹青，从一月到十二月，每幅一月，他称为《心中十二月》。这样画起来，大自然的兴衰变幻便与人生种种况味与滋味融为一体，也动情，也排遣，也抒发，也享受。他忽想，这样的画不正是他当年在东京艺术大学和平山郁夫先生所谈的现代文人画吗？他又想，《解冻》和《永远的太行》何尝不是现代的文人画？现代的文人既有小我，也有大我；既有黄钟大吕，也有一弦清音。二者兼有，才是当代文人全部的生命与艺术。

肖沉许多天没有来了。他近来心绪不好，当画坛没有了学术兴趣，评论界便无所作为，发了声也没人听，他们的《艺术家》杂志都快成赠送刊物了。每年里，云天都会有一两次突然收到易了然的一幅画，易了然岁数大一些，不再北上或南下，常常在黄山里不出来。终日与鸟一同晨起，与白云一同暮归，过着神仙一般的生活。他给云天寄画，纯粹是心里想他，在这个时代画是银子金子了，主动给人寄画的人还有谁？云天便以诗画作答。近来，他几次要约肖沉一起上山去看易了然，再晚几年就上不去了。尤其近一年他的膝盖力气明显地差了，高一些的台阶登不上去了，他是不是真的未老先衰？

他的老屋可是真正在衰老了。原先每隔两年，雨季到来之前，就得请人来修一遍房顶。那种当年从海外舶来的灰紫色的大瓦，坚实厚重，很少破裂，瓦垄却必须年年检修与勾缝。泄水的铅管也会给落叶堵塞，需要浚通。烟囱更要打扫。但这些事都要大折腾一番，他怕麻烦，一拖再拖。逢到夏日里大雨一来，顶层漏得一塌糊涂，忙得小霞拿着脸盆水桶、大筒小罐，一趟趟从楼下往楼上跑。有时雨下一夜，整个楼里滴答乱响，他说像"钟表店"。今天的屋顶不单野草丛生，东边房顶一角还生出一棵指头粗的小榆树来。当年隋意在家时，院里的草地一周用除草机割一次，都是隋意自己来做，她最喜欢青草割过时满院的清新沁人的青草气味。现在有的地方野草已经高到腰间了。

太阳刚刚向西一些，院里已经有一点凉。小霞给他拿来一条薄毯，这毛毯是怡然托余长水带给他的。毛毯的颜色是他最喜欢的橄榄绿色。虽说这是怡然送给他的，但只有隋意知道他喜欢什么颜色，需要什么。他心里明白。

这时，有人敲门。

小霞去开门，有人进来。他正戴着老花镜，抬头看远处时模糊不清。但一个身影却叫他心儿陡然快速地跳起来。这身影在一万个人之中，几百米之外，他也能一眼认出来！他已经看了一辈子了——成千上万次从远处走到他的身边。只是他此时此刻不敢相信，不敢奢望，甚至不敢想象。

她回来了？这好像一种幻觉。可是一瞬间，怎么竟是一瞬间，隋意已站在他的眼前！依旧那么优雅而沉静，依旧那样眯着含笑的眼，可是她怎么有点瘦、有点老了，鬓角居然发白，眼角有了细细的鱼尾纹了呢？她受了很多苦吗？他一点也不知道她在国外患过一场大病，做了手术，闯过一道生死关。

这时，他已经闻到了她身上特有的气息，这一切都是真实的了；当然又是意外的，不可想象的，喜从天降的！她从万里之外回来了。

他好像没有力量使自己站起身来，抖动的手指了指身边另一张空着的藤椅说："你的椅子，坐吧，你累了。"

小霞站在不远的地方，抬着手背抹泪。

她坐下来，望着他有些苍老和憔悴的脸，半天才说："我把昨天给你带回来了。"

一种被谅解和宽恕的感动把他紧紧又温暖地拥抱了起来。他的眼角闪出细碎的光。他说："你给我带回来的，还有明天。"

2020 年 4 月 30 日初稿

2020 年 6 月 18 日定稿